Die Beschaffung naturschutzrechtlicher
Ausgleichsflächen im Baurecht

Kölner Schriften zu Recht und Staat

Herausgegeben von
Hartmut Schiedermair

Band 9

PETER LANG
Frankfurt am Main · Berlin · Bern · New York · Paris · Wien

Kristin Möller

Die Beschaffung naturschutzrechtlicher Ausgleichsflächen im Baurecht

PETER LANG
Europäischer Verlag der Wissenschaften

Die Deutsche Bibliothek - CIP-Einheitsaufnahme

Möller, Kristin:

Die Beschaffung naturschutzrechtlicher Ausgleichsflächen im Baurecht / Kristin Möller. - Frankfurt am Main ; Berlin ; Bern ; New York ; Paris ; Wien : Lang, 1999
(Kölner Schriften zu Recht und Staat ; Bd. 9)
Zugl.: Würzburg, Univ., Diss., 1998
ISBN 3-631-34386-8

D 20
ISSN 1433-0253
ISBN 3-631-34386-8
US-ISBN 0-8204-4305-0

Vorwort

Diese Arbeit lag im Sommersemester 1998 der Juristischen Fakultät der Bayerischen Julius-Maximilians-Universität Würzburg als Dissertation vor. Sie wurde im Mai 1998 abgeschlossen. Später erschienene Rechtsprechung und Literatur wurde nach Möglichkeit eingearbeitet.

Besonderer Dank gebührt meinem Doktorvater Herrn Prof. Dr. Bernhard Kempen. Er hat mich bei der Anfertigung dieser Arbeit stets unterstützt und in zahlreichen anregenden und hilfreichen Gesprächen motiviert. Herrn Prof. Dr. Franz-Ludwig Knemeyer bin ich für die zügige Erstellung des Zweitgutachtens ebenso zu Dank verpflichtet wie Herrn Prof. Dr. Hartmut Schiedermair für die Aufnahme meiner Dissertation in die von ihm herausgegebene Schriftenreihe. Außerdem möchte ich an dieser Stelle sehr herzlich meinem Lehrstuhlkollegen Herrn Dr. Jochen Seitz danken, der mir die Anregung gab, mich mit der naturschutzrechtlichen Eingriffsregelung zu befassen, und der mir darüber hinaus während der gesamten Bearbeitungszeit und bei der Erstellung der Druckvorlage überaus hilfreich zur Seite stand. Bei den Korrekturarbeiten war mir dankenswerterweise Herr Klaus Ortmüller behilflich. Dank sagen möchte ich nicht zuletzt auch meinen Eltern, die mich während meines gesamten Studiums unterstützten und mir Rückhalt gaben.

Würzburg, im Januar 1999 Kristin Möller

Inhaltsverzeichnis

Einleitung

Die Natur bzw. ihre Leistungs- und Funktionsfähigkeit ist menschliche Lebensgrundlage. Die Erhaltung der Natur und ihrer Funktionen zählt daher zu den wichtigsten Aufgaben des Menschen. Das ist leicht gesagt, doch stellt sich die Bewältigung dieser Aufgabe nicht selten als sehr schwierig dar. Denn die Bedürfnisse der Zivilisation stehen häufig im Konflikt mit Naturschutzbelangen. Zu nennen sind in diesem Zusammenhang vor allem die Bedürfnisse nach Schaffung von neuem Wohnraum und Verkehrswegen, deren Verwirklichung regelmäßig mit vermehrtem Landschaftsverbrauch und damit oftmals auch mit der Beeinträchtigung oder gar Zerstörung der Natur einhergeht.

Die Lösung des Konflikts zwischen den die Natur beeinträchtigenden Vorhaben und dem Naturschutz sollte durch die naturschutzrechtliche Eingriffsregelung des § 8 im Bundesnaturschutzgesetz von 1976 geschaffen werden.[1] Sofern ein Eingriff in Natur und Landschaft nicht vermieden werden kann, muß seitdem der Verursacher des Eingriffs zumindest für eine Kompensation auf entsprechenden Flächen sorgen, so daß nach Beendigung des Eingriffs summarisch gesehen keine Beeinträchtigung mehr zurückbleibt.[2]

Doch § 8 BNatSchG erwies sich in der Praxis als schwer umsetzbar. Probleme bereitete insbesondere die Einordnung in das baurechtliche Normensystem. Sollte bereits die Gemeinde bei der Bauleitplanung auf einen ausreichenden Ausgleich achten, indem sie entsprechende Flächen ausweist, oder sollte die Eingriffsregelung erst bei der Genehmigung der Bauvorhaben Beachtung finden?[3]

Folge des ungeklärten Verhältnisses zwischen Eingriffsregelung und Baurecht war eine Hemmung der Planungs- und Bautätigkeit, verursacht durch lange Planungs- und Genehmigungsverfahren und erhöhte Planungs- und Baukosten.[4] Daraufhin und angesichts der Anfang der 90er Jahre wachsenden Wohnungsknappheit sah sich der Gesetzgeber veranlaßt, eine Harmonisierung zwischen naturschutzrechtlicher Eingriffsregelung und Baurecht vorzunehmen.[5] Doch erst nach zähem Ringen vor und während des Gesetzgebungsverfahrens wurde mit dem Investitions- und Wohnbaulandgesetz im Jahre 1993 der § 8a BNatSchG eingeführt, gern auch als "Baurechtskompromiß" bezeichnet.[6] Er schuf klare Grundlinien: Die Eingriffsregelung ist auf der Ebene der Bauleitplanung zu beachten, während die Zulässigkeit des einzelnen Vorhabens nur noch an den An-

---

[1]BT-Drucks. 7/ 3879, S. 22.

[2]BT-Drucks. 7/ 3879, S. 17.

[3]Siehe nur: GARBE, Eingriffsregelung, S. 131 ff.; KUCHLER, Eingriffsregelung, S. 208 ff.

[4]Bund-Länder-Kommission Wohnbauland, zit. nach LÜERS, BBauBl 1991, S. 646 (654).

[5]Vgl. die Begründung zum Gesetzentwurf der CDU/ CSU - FDP Fraktionen, BT-Drucks. 12/ 3944, S. 21.

[6]RAMSAUER, Eingriffsregelung, S. 7; BT-Drucks. 13/ 6392, S. 36.

forderungen des Bebauungsplans gemessen werden muß. Zudem wurde der Gemeinde durch § 8a BNatSchG eine doppelte Verantwortung aufgebürdet. Sie muß nicht nur für die Ausweisung der Kompensationsflächen im Bauleitplan sorgen, sondern auch dort vorgesehene Kompensationsmaßnahmen - quasi anstelle des Eingriffsverursachers - selbst durchführen, sofern diese nicht direkt auf den Baugrundstücken vorgenommen werden können.

Trotz der Normierung dieser Leitlinien brachte § 8a BNatSchG nicht zuletzt auf Grund seiner Komplexität auch Unsicherheiten in der Anwendung mit sich.[7] Daher strebte der Gesetzgeber mit dem BauROG 1998 eine Fortentwicklung dieser Regelung mit dem Ziel besserer Praxistauglichkeit an.[8] Durch das BauROG 1998 wurden für die Bauleitplanung relevante Teile des § 8a BNatSchG in einzelne Regelungen des BauGB eingearbeitet, seine materiellen Grundzüge aber beibehalten. Auf diese Weise entstand aus der einen Regelung des § 8a BNatSchG ein Regelungsgefüge, das jedoch an Komplexität nur wenig eingebüßt hat.[9]

Möchte die Gemeinde nun ein neues Baugebiet einschließlich erforderlicher Kompensationsflächen ausweisen, so steht sie nicht nur vor der Schwierigkeit der im einzelnen richtigen Handhabung der naturschutzrechtlichen Eingriffsregelung. Aus ihrer Verantwortung für die Durchführung der Kompensationsmaßnahmen ergibt sich vielmehr ein weiteres Problem: Wie kann sie sich die für die Kompensation erforderlichen Flächen verfügbar machen? Da das Naturschutzrecht kein Instrumentarium für eine solche Flächenbeschaffung zur Verfügung stellt, muß auf bestehende (bau-)rechtliche Instrumente zurückgegriffen werden. Obwohl der Gesetzgeber sich im BauROG 1998 um die Ausräumung einiger gesetzlicher Unklarheiten insbesondere im Umlegungsrecht bemüht hat, sind die Möglichkeiten, die der Gemeinde zur Beschaffung von naturschutzrechtlichen Kompensationsflächen zur Verfügung stehen, keinesfalls eindeutig abgesteckt. Ziel dieser Arbeit ist es, einen Katalog des Instrumentariums aufzustellen, dessen sich die Gemeinde zur Beschaffung von Kompensationsflächen bedienen kann.

---

[7] DÜRR, BauR 1994, S. 460 ff.; ECKER/ ENGEL/ SCHÄFER, VBlBW 1994, S. 217 ff.

[8] BT-Drucks. 13/ 6392, S. 36.

[9] SCHMIDT, NVwZ 1998, S. 337 (337 f.).

A. Naturschutzrechtliche Eingriffsregelung im Baurecht

I. Alte Rechtslage gem. § 8 BNatSchG

Bis zum Inkrafttreten des Investitionserleichterungs- und Wohnbaulandgesetzes am 1. Mai 1993 waren naturschutzrechtliche Eingriffe allein nach § 8 BNatSchG auszugleichen. § 8 BNatSchG stellt gem. § 4 BNatSchG nur eine Rahmenvorschrift auf Grund Art. 75 Nr. 3 GG dar, bedarf also der Ausgestaltung durch den jeweiligen Landesgesetzgeber. Die Landesgesetzgeber sind jedoch laut Bundesverwaltungsgericht an die im Rahmengesetz des Bundes gegebenen tatbestandlichen Voraussetzungen des Eingriffs und Ausgleichs gebunden.[10] Das Bundesverwaltungsgericht begründet dies damit, daß der Bund auf Grund seiner Rahmengesetzgebungskompetenz zwar generell kein unmittelbar geltendes Bundesrecht setzen, bei grundlegenden Begriffsbestimmungen - wie bei Eingriff und Ausgleich in § 8 BNatSchG - aber Fragen inhaltlich voll regeln kann, so daß dem Landesgesetzgeber kein oder nur geringer Spielraum verbleibt.[11] Daher bietet sich eine Darstellung der alten Rechtslage anhand § 8 BNatSchG an.

§ 8 II 1 BNatSchG gebietet, daß der Verursacher eines Eingriffs vermeidbare Beeinträchtigungen zu unterlassen, unvermeidbare auszugleichen hat. Klärungsbedürftig ist somit zunächst der Begriff des Eingriffs.

1. Eingriff

Der Eingriff in Natur und Landschaft findet seine Legaldefinition in § 8 I BNatSchG. Danach liegt ein Eingriff in Natur und Landschaft bei Veränderung der Gestalt oder Nutzung von Grundflächen vor, die die Leistungsfähigkeit des Naturhaushaltes oder das Landschaftsbild erheblich oder nachhaltig beeinträchtigen können. Demgemäß bestimmt sich ein Eingriff aus:

---

[10] BVerwGE 85, 348 (357).

[11] BVerwGE 85, 348 (357).

- Einwirkung auf die Grundfläche in Form von Veränderung ihrer Gestalt oder Nutzung
- Beeinträchtigung von Naturhaushalt oder Landschaftsbild.

a. Veränderung der Grundflächengestalt

Unter Gestalt von Grundflächen wird die äußere Erscheinungsform der Erdoberfläche verstanden, die sich sowohl durch Formen, Konturen und Zusammensetzung der nackten Erdoberfläche auszeichnet[12] als auch durch aufstehende Pflanzenbestände und durch verschiedenste bauliche Anlagen.[13] Demzufolge liegt eine Veränderung der Grundflächengestalt vor, wenn diese prägenden Bestandteile der Erdoberfläche verändert werden.[14] Dies ist regelmäßig der Fall bei der Errichtung oder Änderung von baulichen Anlagen, bei Abgrabungen oder Aufschüttungen oder Ablagerungen größeren Umfangs i. S. d. § 29 I BauGB.[15] Keine Veränderung der Grundflächengestalt stellen aber Nutzungsänderungen von bestehenden baulichen Anlagen dar, da in solchen Fällen keine Veränderung der prägenden Erdoberflächenbestandteile erfolgt. Im Einzelfall entscheidet jedoch die Verkehrsauffassung, ob eine Veränderung der Grundflächengestalt vorliegt.[16]

b. Veränderung der Grundflächennutzung

Nutzung ist in erster Linie die land- und forstwirtschaftliche Bewirtschaftung, daneben aber auch jede andere nachhaltig wirksame Nutzungsart, z. B. als Grünland-, Acker-, Park-, Sportflächen usw.[17] Zur Grundflächennutzung zählt auch die Nutzung baulicher Anlagen, da diese auch zur Gestalt von Grundflächen zählen.[18] Eine Veränderung der Grundflächennutzung liegt vor, wenn die bislang prägende Nutzungsart durch eine andere ersetzt wird, wenn also der

---

[12] Statt vieler: KOLODZIEJCOK/ RECKEN, Naturschutz, § 8 Rn. 3; PIELOW, NuR 1979, S. 15 (15); BREUER, NuR 1980, S. 89 (91); HABER/ LANG/ JESSEL/ SPANDAU/ KÖPPEL/ SCHALLER, Beurteilung von Eingriffen, S. 49.

[13] KOLODZIEJCOK/ RECKEN, Naturschutz, § 8 Rn. 3; SOELL in: SALZWEDEL, Umweltrecht, S. 527; ENGELHARDT/ BRENNER/ FISCHER-HÜFTLE, BayNatSchG, Art. 6 Rn. 3.

[14] GASSNER, NuR 1984, S. 81 (83); BREUER, NuR 1980, S. 89 (91f.).

[15] GARBE, Eingriffsregelung, S. 16.

[16] KOLODZIEJCOK/ RECKEN, Naturschutz, § 8 Rn. 4; SOELL in: SALZWEDEL, Umweltrecht, S. 527.

[17] PIELOW, NuR 1979, S. 15 (15), FRIEDLEIN/ WEIDINGER/ GRAß, BayNatSchG, Art. 6 Rn. 6.

[18] KUCHLER, Eingriffsregelung, S. 124; KOLODZIEJCOK/ RECKEN, Naturschutz, § 8 Rn. 3; SOELL in: SALZWEDEL, Umweltrecht, S. 527; ENGELHARDT/ BRENNER/ FISCHER-HÜFTLE, BayNatSchG, Art. 6 Rn. 3.

Rahmen der bisherigen Nutzungsart verlassen[19] und nicht nur die Nutzungsintensität geändert wird.[20] Ob es sich im Einzelfall um eine Nutzungsänderung handelt, ist wie bei der Veränderung der Grundflächengestalt nach der Verkehrsauffassung zu entscheiden.[21]

Nach der Verkehrsauffassung typische Änderungen der Nutzungsart sind regelmäßig Errichtung und wesentliche Änderung baulicher Anlagen i. S. d. § 29 I BauGB.[22] Auch Aufschüttungen und Abgrabungen größeren Umfangs sowie Ausschachtungen und Ablagerungen gem. § 29 I BauGB können Nutzungsänderungen darstellen.[23] Diese Maßnahmen verändern zwar bereits die Grundflächengestalt, dennoch ist eine gleichzeitige Verwirklichung einer Nutzungsänderung denkbar - die Tatbestandsmerkmale der Grundflächengestaltung und der Nutzungsänderung stehen nebeneinander, da an beide dieselben Rechtsfolgen geknüpft werden.[24] Auch wesentliche Nutzungsänderungen von bestehenden baulichen Anlagen gem. § 29 I BauGB müssen konsequenterweise als Veränderungen der Grundflächennutzung verstanden werden, da auch bauliche Anlagen, wie erwähnt, zur Gestalt der Grundfläche zählen.[25] Damit fallen alle gem. § 29 BauGB bauplanungsrechtlich relevanten Vorhaben unter die Voraussetzung der Veränderung der Gestalt oder Nutzung von Grundflächen gem. § 8 I BNatSchG.

c. Erhebliche oder nachhaltige Beeinträchtigung der Leistungsfähigkeit des Naturhaushaltes oder des Landschaftsbildes

aa. Leistungsfähigkeit des Naturhaushaltes

Der Naturhaushalt ist ein komplexes, durch vielfältige Wechselbeziehungen verknüpftes Wirkungsgefüge aller natürlichen Faktoren wie Boden, Wasser,

[19] BREUER, NuR 1980, S. 88 (92); HOPPE/ BECKMANN, Umweltrecht, S. 306.
[20] GASSNER, NuR 1984, S. 81 (83); PIELOW, NuR 1979, S. 15 (15); FRIEDLEIN/ WEIDINGER/ GRAß, BayNatSchG, Art. 6 Rn. 6; aA: RÖSGEN, Agrarrecht 1983, S. 141 (147).
[21] KUCHLER, Eingriffsregelung, S. 124; SOELL in: SALZWEDEL, Umweltrecht, S. 527; KOLODZIEJCOK/ RECKEN, Naturschutz, § 8 Rn. 5.
[22] KUCHLER, Eingriffsregelung, S. 124 f.
[23] KUCHLER, Eingriffsregelung, S. 124 f.
[24] KUCHLER, Eingriffsregelung, S. 125; GARBE, Eingriffsregelung, S. 18 f.; FRIEDLEIN/ WEIDINGER/ GRAß, BayNatSchG, Art. 6 Rn. 6; OVG Koblenz, NuR 1987, S. 275 (276); OVG Lüneburg, NVwZ-RR 1989, S. 532 (533).
[25] Siehe Fn. 13.

Luft, Klima, Pflanzen- und Tierwelt.[26] Er besteht aus verschiedenen Ökosystemen und fügt diese zu einem einheitlichen Ganzen zusammen.[27]

Der Naturhaushalt ist leistungsfähig, wenn er für den Menschen nutzbar und dazu fähig ist, die Vielzahl seiner Pflanzen und Lebewesen zu erhalten, ihre Lebensbedingungen durch Regulierung und Steuerung zu stabilisieren und Störungen zu absorbieren.[28]

bb. Landschaftsbild

Unter Landschaftsbild versteht man die äußere Erscheinungsform (= Gestalt und spezifischer Charakter) der Landschaft wie sie ein Beobachter optisch wahrnehmen kann.[29]

cc. Erhebliche oder nachhaltige Beeinträchtigung

Von dem Begriff "Beeinträchtigung" werden alle nachteiligen Auswirkungen auf die Leistungsfähigkeit des Naturhaushaltes oder das Landschaftsbild umfaßt.[30] Ein Eingriff liegt aber erst bei einer erheblichen oder nachhaltigen Beeinträchtigung vor, § 8 BNatSchG. Erheblichkeit ist gegeben, wenn eine Veränderung von nicht unerheblicher Größe und nicht unerheblichem Gewicht stattgefunden hat.[31] Dagegen muß eine nachhaltige Beeinträchtigung von einiger Dauer sein, sie darf also nicht nur vorübergehenden Charakter haben.[32]

---

[26] BT-Drucks. 7/886, S. 28.

[27] KOLODZIEJCOK/ RECKEN, Naturschutz, § 1 Rn. 11; KUCHLER, Eingriffsregelung, S. 126 f.; GARBE, Eingriffsregelung, S. 21; FUCHS, Seminarbeiträge 9/ 83, S. 19 (19); was die Fachwissenschaft Ökologie unter dem Begriff "Naturhaushalt" versteht und inwieweit die Begrifflichkeiten der Ökologie bei der Auslegung überhaupt zu berücksichtigen sind: KUCHLER, Eingriffsregelung, S. 126 f.; GARBE, Eingriffsregelung, S. 20 f.; BayVGH, NuR 1980, S. 25 (25).

[28] FRIEDLEIN/ WEIDINGER/ GRAß, BayNatSchG, Art. 6 Rn. 7; KOLODZIEJCOK/ RECKEN, Naturschutz, § 1 Rn. 11.

[29] KETTELER/ KIPPELS, Umweltrecht, S. 276; ENGELHARDT/ BRENNER/ FISCHER-HÜFTLE, BayNatSchG, Art. 6 Rn. 11; FRIEDLEIN/ WEIDINGER/ GRAß, BayNatSchG, Art. 6 Rn. 8; PIELOW, NuR 1979, S. 15 (15); BREUER, NuR 1980, S. 89 (92); aA: GARBE, Eingriffsregelung, S. 32 f. und KOLODZIEJCOK/ RECKEN, Naturschutz, § 8 Rn. 7, die das Landschaftsbild als jede sinnlich wahrnehmbare Erscheinungsform der Landschaft definieren.

[30] KUCHLER, Eingriffsregelung, S. 128; ENGELHARDT/ BRENNER/ FISCHER-HÜFTLE, BayNatSchG, Art. 6 Rn. 14; PETERS, Umweltverwaltungsrecht, S. 329; vgl. DIES. zu der Frage, was unter "nachteilig" zu verstehen ist.

[31] KETTELER/ KIPPELS, Umweltrecht, S. 276; FRIEDLEIN/ WEIDINGER/ GRAß, BayNatSchG, Art. 6 Rn. 9; ENGELHARDT/ BRENNER/ FISCHER-HÜFTLE, BayNatSchG, Art. 6 Rn. 14.

[32] BURMEISTER, Schutz, S. 52; FICKERT, BayVBl 1978, S. 681 (685); KETTELER/ KIPPELS, Umweltrecht, S. 276; KOLODZIEJCOK/ RECKEN, Naturschutz, § 8 Rn.10.

Diese beiden Voraussetzungen "erheblich" und "nachhaltig" stehen zueinander im Verhältnis der Alternativität.[33] Eine solche Sichtweise wird zum Teil abgelehnt, da eine nachhaltige Beeinträchtigung nur bei einiger Erheblichkeit vorliegen könne und eine erhebliche Beeinträchtigung auch immer von einiger Dauer sein müsse. Demnach wären kumulativ Erheblichkeit und Nachhaltigkeit der Beeinträchtigung als Eingriffsvoraussetzung zu fordern.[34] Gegen diese Auffassung spricht jedoch der Wortlaut des § 8 I BNatSchG. Danach muß die Beeinträchtigung alternativ erheblich *oder* nachhaltig sein.

dd. Mögliche Beeinträchtigung

§ 8 I BNatSchG fordert nicht, daß Beeinträchtigungen tatsächlich eintreten, sondern bezeichnet es als ausreichend, wenn Beeinträchtigungen eintreten können. Dazu genügt zwar noch nicht die bloße abstrakt-theoretische Möglichkeit der Beeinträchtigung[35], wohl aber ein gewisses Maß an Wahrscheinlichkeit.[36] Bei bauplanungsrechtlich relevanten Vorhaben gem. § 29 I BauGB ist eine solche Wahrscheinlichkeit grundsätzlich gegeben. Daher müssen diese Vorhaben auch regelmäßig der Eingriffsprüfung unterliegen.

2. Mit baulicher Nutzung verbundene Eingriffe

Wie bereits erwähnt, führen Vorhaben gem. § 29 I BauGB regelmäßig sowohl zu einer Veränderung der Grundflächengestalt als auch der Grundflächennutzung. Hat dies eine wahrscheinlich erhebliche oder nachhaltige Beeinträchtigung des Naturhaushaltes oder des Landschaftsbildes zur Folge, so liegt ein Eingriff vor.[37]

Hinzu kommt, daß das Gesetz in den §§ 30, 33, 34, 35 BauGB die Zulassung von Bauvorhaben von der Sicherung der Erschließung des konkreten Grundstücks abhängig macht. Daher muß die Gemeinde für entsprechende Anlagen und Einrichtungen sorgen, vgl. §§ 123 ff. BauGB. Auch durch die Errichtung dieser Erschließungsanlagen und -einrichtungen kann eine Veränderung der

---

[33] PIELOW, NuR 1979, S. 15 (16); KETTELER/ KIPPELS, Umweltrecht, S. 276; FICKERT, BayVBl 1978, S. 681 (685); BURMEISTER, Schutz, S. 52.

[34] So KOLODZIEJCOK/ RECKEN, Naturschutz, § 8 Rn. 10 f.; KUCHLER, Eingriffsregelung, S. 130; EMIG, NuR 1988, S. 178 (181).

[35] So aber BURMEISTER, Schutz, S. 53.

[36] KETTELER/ KIPPELS, Umweltrecht, S. 276; KOLODZIEJCOK/ RECKEN, Naturschutz, § 8 Rn. 6; ENGELHARDT/ BRENNER/ FISCHER-HÜFTLE, BayNatSchG, Art. 6 Rn. 17; BREUER, NuR 1980, S. 89 (92); GARBE, Eingriffsregelung, S. 30.

[37] Das OVG Lüneburg, NuR 1997, S. 298 (300) hat beispielsweise ein Bauvorhaben in einer Aue als einen Eingriff qualifiziert.

Grundflächengestalt und/ oder der Grundflächennutzung erfolgen, die sich bei einer wahrscheinlich erheblichen oder nachhaltigen Beeinträchtigung der Leistungsfähigkeit des Naturhaushalts oder des Landschaftsbildes als ein durch die jeweiligen Vorhaben gem. § 29 I BauGB verursachter Eingriff auswirkt. Der Bau von Erschließungsanlagen ist allerdings nicht stets ein Eingriff in Natur und Landschaft. So ist z. B. auch eine Grünanlage Erschließungsanlage gem. § 127 II Nr. 4 BauGB.[38]

3. Rechtsfolgen eines Eingriffs

Die Eingriffsregelung knüpft an das Vorliegen eines Eingriffs Pflichten des Eingreifenden, die in einer Stufenordnung stehen. Damit verleiht sie dem Verursacherprinzip Ausdruck.[39] Im einzelnen sieht sie vor:

- Vermeidbare Beeinträchtigungen sind zu unterlassen, § 8 II 1 HS 1 BNatSchG. Unvermeidbare Beeinträchtigungen sind auszugleichen, § 8 II 1 HS 2 BNatSchG.
- Ist die Beeinträchtigung weder vermeidbar noch ein Ausgleich möglich, erfolgt eine Abwägung über die Zulässigkeit des Eingriffs, § 8 III BNatSchG.
- Bei Zulässigkeit des Eingriffs gem. § 8 III BNatSchG sind Ersatzmaßnahmen auf der Grundlage des § 8 IX BNatSchG vorzunehmen.

a. Pflicht zur Unterlassung vermeidbarer Beeinträchtigungen

aa. Umfang der Vermeidungspflicht

Gem. § 8 II 1 HS 1 BNatSchG sind vermeidbare Beeinträchtigungen zu unterlassen. Tatsächlich betrachtet ist Vermeidbarkeit schon immer dadurch gegeben, daß das Vorhaben gänzlich unterlassen wird. Auf eine solche faktische Vermeidbarkeit kann es jedoch nicht ankommen, da das Gesetz in § 8 II 1 HS 2 BNatSchG die Möglichkeit des Ausgleichs bei unvermeidbaren Beeinträchtigungen eröffnet und damit nicht jede Inanspruchnahme von Natur und Landschaft versagt.[40] Zudem trennt § 8 II 1 HS 1 BNatSchG in der Terminologie zwischen "Eingriff" und "Beeinträchtigung". Lediglich die Beeinträchtigungen sind nach dem Gesetzeswortlaut bei Vermeidbarkeit zu unterlassen. Damit wird die grundsätzliche Zulässigkeit des Eingriffs, die sich aus dem jeweiligen Fach-

---

[38] Vgl. Mustersatzung zur Kostenerstattung, Erläuterungen, S. 6 Punkt 3. 2. 2.

[39] Vgl. BT-Drucks. 7/ 3879, S. 22.

[40] BREUER, NuR 1980, S. 89 (93); KUCHLER, NuR 1991, S. 465 (466); ENGELHARDT/ BRENNER/ FISCHER-HÜFTLE, BayNatSchG, Art. 6a Rn. 8; KETTELER/ KIPPELS, Umweltrecht, S. 280; BURMEISTER, Schutz, S. 77; VGH Mannheim, NuR 1989, S. 439 (439).

gesetz ergibt, vorausgesetzt.[41] Die Vermeidbarkeitspflicht gilt demnach nur für die konkrete Ausführung des Vorhabens, sie betrifft also das "Wie" und nicht das "Ob" des Vorhabens.[42]

Eine Beeinträchtigung ist jedoch zumeist nicht vollständig vermeidbar. Die Vermeidungspflicht ist aber dahingehend zu verstehen, daß Beeinträchtigungen so weit zu vermeiden sind als sich die Beeinträchtigung reduzieren läßt. Insoweit kann man von einer Minimierungs- oder Verminderungspflicht sprechen.[43] Soweit die Beeinträchtigung nicht zu vermeiden ist, handelt es sich um eine unvermeidbare Beeinträchtigung.

Streitig ist, ob auch die örtliche Festlegung eines Vorhabens in die Vermeidbarkeitsprüfung einzubeziehen ist. Da diese aber schon bei der Zulässigkeit des Vorhabens im jeweiligen Fachplanungsrecht geprüft wird - und damit quasi zum "Ob" des Vorhabens zählt - kann die Standortfrage nicht mehr Gegenstand der Vermeidbarkeitsprüfung sein.[44]

Ebenso kann die Vermeidbarkeitsprüfung nicht zur Versagung des Eingriffs selbst führen. Das Gesetz trennt klar zwischen vermeidbaren Beeinträchtigungen, die ein Eingriff hervorruft und die gem. § 8 II 1 HS 1 BNatSchG zu unterlassen sind, und der Untersagung des Eingriffs an sich, die aber nicht nach § 8 II 1 HS 1 BNatSchG, sondern nach § 8 III BNatSchG erfolgen soll.[45] [46]

bb. Grenzen der Vermeidungspflicht

Grenzen der Vermeidungspflicht ergeben sich in tatsächlicher Hinsicht aus den technischen Möglichkeiten im konkreten Fall[47], in rechtlicher Hinsicht aus dem Prinzip der Verhältnismäßigkeit.[48] Dies bedeutet, daß die auferlegte Ver-

---

[41]RONELLENFITSCH, VerwArch 1986, S. 177 (181); KUCHLER, Eingriffsregelung, S. 160.

[42]KETTELER/ KIPPELS, Umweltrecht, S. 280; KUCHLER, NuR 1991, S. 465 (466); BREUER, NuR 1980, S. 89 (93).

[43]MITSCHANG, Belange von Natur und Landschaft, S. 120 f.; RONELLENFITSCH, VerwArch 1986, S. 177 (181); PIELOW, NuR 1987, S. 165 (166).

[44]KUCHLER, NuR 1991, S. 465 (466), ENGELHARDT/ BRENNER/ FISCHER-HÜFTLE, BayNatSchG, Art. 6a Rn. 8; DÜRR, UPR 1991, S. 81 (90); VGH Mannheim, VBlBW 1988, S. 337 (341); aA.: BREUER, NuR 1980, S. 89 (93); SCHROETER, DVBl 1979, S. 14 (16); GARBE, Eingriffsregelung, S. 50 ff.

[45]SCHMIDT, UPR 1992, S. 361 (361); KUCHLER, NuR 1991, S. 465 (467); ENGELHARDT/ BRENNER/ FISCHER-HÜFTLE, BayNatSchG, Art. 6a Rn. 7; DE WITT in: HOPPENBERG, Öffentliches Baurecht, Abschn. E Rn. 284; aA.: BURMEISTER, Schutz, S. 94; BLUME, NuR 1989, S. 332 (334); UEBERSOHN, NuR 1989, S. 114 (115).

[46]Zum gesamten Streitstand: GARBE, Eingriffsregelung, S. 47 ff.

[47]KUCHLER, Eingriffsregelung, S. 165.

[48]BT-Drucks. 7/ 5251, S. 8; BREUER, NuR 1980, S. 89 (93); GARBE, Eingriffsregelung, S. 59; KETTELER/ KIPPELS, Umweltrecht, S. 280; KOLODZIEJCOK/ RECKEN, Naturschutz, § 8 Rn. 18.

meidungsmaßnahme geeignet, erforderlich und angemessen sein muß. Geeignet ist eine Maßnahme, wenn durch sie das angestrebte Ziel, nämlich die Verringerung der schädlichen Auswirkungen auf Natur und Landschaft, erreicht wird.[49] Die Erforderlichkeit ist gegeben, wenn die Vermeidungsmaßnahme von mehreren in Betracht kommenden Mitteln das mildeste darstellt, wenn also keine den Verursacher oder die Allgemeinheit weniger belastende Maßnahme zur Verfügung steht.[50] Im Rahmen der Angemessenheitsprüfung sind Aufwand und Erfolg gegenüberzustellen und gegeneinander abzuwägen.[51] Für diese Abwägung ist § 1 II BNatSchG maßgebend[52], in dessen Rahmen auch private Belange Berücksichtigung finden.[53] Dem Gewinn für die Natur stehen somit nicht nur der Kostenaufwand, sondern auch andere private und öffentliche Interessen an der Durchführung des Vorhabens gegenüber.[54] Bei Unverhältnismäßigkeit einer geforderten Vermeidungsmaßnahme ist diese unvermeidbar i. S. d. § 8 II BNatSchG.

b. Ausgleichspflicht

Der Eingriffsverursacher hat gem. § 8 II 1 HS 2 BNatSchG nicht vermeidbare Beeinträchtigungen auszugleichen. Dabei ist ein Eingriff ausgeglichen, wenn nach seiner Beendigung keine erhebliche oder nachhaltige Beeinträchtigung des Naturhaushaltes zurückbleibt und das Landschaftsbild landschaftsgerecht wiederhergestellt oder neu gestaltet ist, § 8 II 4 BNatSchG.

Der Begriff des Ausgleichs selbst wird nicht legaldefiniert. Ziel ist es nach dem Gesetzeswortlaut jedoch, durch Ausgleichsmaßnahmen unvermeidbare Beeinträchtigungen bis unter die Schwelle der Erheblichkeit oder Nachhaltigkeit zu reduzieren.[55] Dies kann allerdings nicht im Wege einer Naturalrestitution erfolgen[56], da eine Herstellung des status quo ante schon aus naturwissenschaftlichen

---

[49] GARBE, Eingriffsregelung, S. 60; KUCHLER, NuR 1991, S. 465 (467).

[50] KETTELER/ KIPPELS, Umweltrecht, S. 280; KUCHLER, NuR 1991, S. 465 (467).

[51] GARBE, Eingriffsregelung, S. 60; KOLODZIEJCOK/ RECKEN, Naturschutz, § 8 Rn. 18.

[52] KOLODZIEJCOK/ RECKEN, Naturschutz, § 8 Rn. 18; ausführlich: GARBE, Eingriffsregelung, S. 63 ff.; aA.: KUCHLER, NuR 1991, S. 465 (467 f.).

[53] DE WITT in: HOPPENBERG, Öffentliches Baurecht, Abschn. E Rn. 69; BENDER/ SPARWASSER, Umweltrecht, Rn. 1249; SCHMIDT-ASSMANN, NuR 1979, S. 1 (3 f.); BGH, NuR 1981, S. 77 (79); VGH Mannheim, NJW 1984, S. 1700 (1701); aA.: KOLODZIEJCOK/ RECKEN, Naturschutz, § 8 Rn. 22.

[54] Anders KUCHLER, NuR 1991, S. 465 (467 f.), der private und öffentliche Interessen nicht berücksichtigt; vgl. denselben zum sich aus seiner Auffassung ergebenden Problem der faktischen Verhinderung des Vorhabens.

[55] ENGELHARDT/ BRENNER/ FISCHER-HÜFTLE, BayNatSchG, Art. 6a Rn. 16.

[56] So aber: KOLODZIEJCOK/ RECKEN, Naturschutz, § 8 Rn. 21; SOELL in: SALZWEDEL, Umweltrecht, S. 530.

Gründen nicht möglich ist.[57] Vielmehr sollen Ausgleichsmaßnahmen die entstandenen, nicht zu vermeidenden Beeinträchtigungen - vom Ergebnis her betrachtet - kompensieren.[58] Der Ausgleich bezieht sich somit nicht auf das konkrete Vorhaben selbst, sondern dieses bildet mit den entstehenden Beeinträchtigungen nur den Anknüpfungspunkt. Ausgleichsmaßnahmen sind daher auch nicht an den Ort des Eingriffs gebunden.[59] Da es auf die Kompensation der Beeinträchtigung ankommt, muß der Ausgleich dort wirken, wo die Beeinträchtigung entsteht und unterliegt nur insoweit einer räumlichen Bindung. Der Zusammenhang zwischen Eingriff und Ausgleichsmaßnahmen ist daher nur ein funktioneller.[60]

Die Ausgleichspflicht unterliegt denselben Grenzen wie die Vermeidungspflicht, insbesondere dem Verhältnismäßigkeitsgrundsatz.[61] Ist eine geforderte Ausgleichsmaßnahme unverhältnismäßig, so handelt es sich um eine nicht ausgleichbare Beeinträchtigung.

Die Ausgleichsmaßnahmen sind gem. § 8 II 1 HS 2 BNatSchG innerhalb einer zu bestimmenden Frist durchzuführen, welche unter Berücksichtigung des jeweiligen Einzelfalles festzusetzen ist.[62] Kann eine solche aus ökologischen Gründen gesetzte Frist nicht eingehalten werden, ist die Beeinträchtigung nicht ausgleichbar.

c. Untersagung des Eingriffs

Gem. § 8 III BNatSchG sind Eingriffe zu untersagen, wenn die Beeinträchtigungen von Natur und Landschaft nicht zu vermeiden oder nicht im erforderlichen Maße auszugleichen sind und die Belange des Naturschutzes und der Landschaftspflege bei der Abwägung aller Anforderungen an Natur und Land-

---

57 ERZ, Seminarbeiträge 9/ 83, S. 14 (16); KAULE, Seminarbeiträge 9/ 83, S. 24 (24); BENDER/ SPARWASSER, Umweltrecht, Rn. 1299.

58 PIELOW, NuR 1979, S. 15 (17); KUCHLER, Eingriffsregelung, S. 171; OVG Saarlouis, NuR 1992, S. 348 (351); wie eine Kompensation im einzelnen aussehen soll: GARBE, Eingriffsregelung, S. 72 ff.; HABER/ LANG/ SPANDAU/ KÖPPEL/ SCHALLER, Beurteilung von Eingriffen, S. 82 ff.

59 So aber: CZYBULKA, VBlBW 1991, S. 85 (90); SCHROETER, DVBl 1979, S. 14 (17); DÜRR, UPR 1991, S. 81 (90).

60 BVerwGE 85, 348 (360); KLOEPFER, Umweltrecht, S. 558; BENDER/ SPARWASSER, Umweltrecht, Rn. 1298; SOELL in: SALZWEDEL, Umweltrecht, S. 530; FICKERT, BayVBl 1978, S. 681 (687); KUCHLER, NuR 1991, S. 465 (469); KETTELER/ KIPPELS, Umweltrecht, S. 281; EHRLEIN, VBlBW 1990, S. 121 (123).

61 KOLODZIEJCOK/ RECKEN, Naturschutz, § 8 Rn. 19; FRIEDLEIN/ WEIDINGER/ GRAß, BayNatSchG, Art. 6a Rn. 4; BREUER, NuR 1980, S. 89 (94).

62 GARBE, Eingriffsregelung, S. 79; EHRLEIN, VBlBW 1990, S. 121 (123).

schaft im Range vorgehen. Dabei ist die Abwägung keine sogenannte "nachvollziehende" Abwägung, die uneingeschränkter gerichtlicher Kontrolle unterliegt, sondern eine "echte", bei der sich in einer Gesamtschau alle betroffenen Belange gegenüberstehen.[63] Zu diesen Belangen zählen konsequenterweise auch private Interessen[64], ohne deren Berücksichtigung es sich nicht um eine von § 8 III BNatSchG geforderte Abwägung *aller* Anforderungen handelte.[65] Eine teilweise Vermeidung oder ein teilweiser Ausgleich ist in der Abwägung zu berücksichtigen.[66] Allerdings begründet die Abwägung in § 8 III BNatSchG keine planerische Gestaltungsfreiheit, Standortvergleiche sind damit nicht möglich.[67] Eine Untersagung des Eingriffs hat gem. § 8 III BNatSchG zu erfolgen, wenn sich die Belange des Naturschutzes und der Landschaftspflege gegenüber den anderen Interessen durchsetzen. Dies kann regelmäßig nur dann der Fall sein, wenn ein gesteigertes Maß an Beeinträchtigung vorliegt, da eine erhebliche Beeinträchtigung bereits Voraussetzung dafür ist, daß überhaupt von einem Eingriff gesprochen werden kann.[68]

d. Ersatzmaßnahmen

§ 8 IX BNatSchG besagt, daß die Länder zu den Absätzen 2 und 3 weitergehende Vorschriften erlassen können, insbesondere zu Ersatzmaßnahmen der Verursacher bei nicht ausgleichbaren, aber vorrangigen Eingriffen. Ersatzmaßnahmen dienen dazu, bei nicht ausgleichbaren Eingriffen eine anderweitige Verbesserung der Belange von Natur und Landschaft zu erzielen.[69]

§ 8 IX BNatSchG macht die Nichtausgleichbarkeit eines Eingriffs zur Vor-

---

[63] BVerwG NVwZ 1991, S. 69 (70); MITSCHANG, Belange von Natur und Landschaft, S. 123 f.; DE WITT in: HOPPENBERG, Öffentliches Baurecht, Abschn. E Rn. 294; KUCHLER, NuR 1991, S. 465 (470).

[64] ENGELHARDT/ BRENNER/ FISCHER-HÜFTLE, BayNatSchG, Art. 6a Rn. 30; RONELLENFITSCH, VerwArch 1986, S. 177 (183); DE WITT in: HOPPENBERG, Öffentliches Baurecht, Abschn. E Rn. 294; EHRLEIN, VBlBW 1990, S. 121 (123); FRIEDLEIN/ WEIDINGER/ GRAß, BayNatSchG, Art. 6a Rn. 7; aA.: FICKERT, BayVBl 1978, S. 681 (686); PAETOW, NuR 1986, S. 144 (147).

[65] BT-Drucks. 7/ 5251, S. 124; KUCHLER, Eingriffsregelung, S. 183; MITSCHANG, Belange von Natur und Landschaft, S. 124.

[66] DE WITT in Hoppenberg, Öffentliches Baurecht, Abschn. E Rn. 296; Kuchler, NuR 1991, S. 465 (470).

[67] KUCHLER, Eingriffsregelung, S. 185; DE WITT in: HOPPENBERG, Öffentliches Baurecht, Abschn. E Rn. 296; aA.: RONELLENFITSCH, VerwArch 1986, S. 177 (183).

[68] DE WITT in: HOPPENBERG, Öffentliches Baurecht, Abschn. E Rn. 297; MITSCHANG, Belange von Natur und Landschaft, S. 125; EHRLEIN, VBlBW 1990, S. 121 (124); GASSNER, Recht der Landschaft, S. 158; VGH Mannheim, DVBl 1986, S. 364 (367).

[69] GARBE, Eingriffsregelung, S. 79; MITSCHANG, Belange von Natur und Landschaft, S. 132; BVerwGE 81, 220 (221).

aussetzung einer Ersatzmaßnahme. Daraus ergibt sich eine klare Trennung zwischen Ausgleichs- und Ersatzmaßnahmen; keinesfalls dürfen Ersatzmaßnahmen anstelle von Ausgleichsmaßnahmen durchgeführt werden.[70] Aus dieser begrifflichen Unterscheidung folgt auch, daß Ausgleichs- und Ersatzmaßnahmen in ihren Voraussetzungen differieren müssen.

Überwiegend wird auch für Ersatzmaßnahmen - wie für Ausgleichsmaßnahmen - ein räumlich-funktioneller Zusammenhang zum Eingriff gefordert, wenn auch im Gegensatz zu Ausgleichsmaßnahmen in gelockerter Form.[71] Ohne einen solchen Zusammenhang sei die Wiedergutmachungsfunktion der Ersatzmaßnahmen nicht gewährleistet.[72] Der Wortlaut des § 8 IX BNatSchG enthält allerdings keine Hinweise auf das Erfordernis eines räumlich-funktionellen Zusammenhanges.[73] Im übrigen sollte bedacht werden, daß ein solcher Zusammenhang auch bei Ersatzmaßnahmen zu Abgrenzungsschwierigkeiten zwischen diesen und den Ausgleichsmaßnahmen führen kann[74], und daß eine Begrenzung der Ersatzmaßnahmen in räumlich-funktionalem Sinne letztendlich auf Kosten der Natur erfolgt. Denn je enger die Voraussetzungen für Ersatzmaßnahmen gehalten werden, desto seltener können diese tatsächlich durchgeführt werden.[75] Somit überwiegen die Argumente gegen einen räumlich-funktionellen Zusammenhang.[76]

Grenzen erfährt die Pflicht zur Durchführung von Ersatzmaßnahmen - wie auch die Vermeidungs- und Ausgleichspflicht - duch den Grundsatz der Verhältnismäßigkeit.[77]

Die Länder haben von ihrer durch § 8 IX BNatSchG begründeten Möglichkeit Gebrauch gemacht, haben aber im einzelnen den Spielraum, den das Rahmengesetz gibt, nicht voll ausgenutzt.[78] Neben den realen, soeben erörterten Ersatz-

---

[70] KOLODZIEJCOK/ RECKEN, Naturschutz, § 8 Rn. 47; ENGELHARDT/ BRENNER/ FISCHER-HÜFTLE, BayNatSchG, Art. 6a Rn. 37; KUCHLER, Eingriffsregelung, S. 188; MITSCHANG, Belange von Natur und Landschaft, S. 132 f.; SCHINK, DVBl 1992, S. 1390 (1401).

[71] BVerwG NVwZ 1997, S. 486 (487); KUSCHNERUS in: CARLSEN, Naturschutz, 11 (26); KLOEPFER, Umweltrecht, S. 558; SOELL in: SALZWEDEL, Umweltrecht, S. 530; DE WITT in: HOPPENBERG, Öffentliches Baurecht, Abschn. E Rn. 299; KOLODZIEJCOK, NuR 1992, S. 309 (310); BREUER, NuR 1980, S. 89 (95 f.); GASSNER, NuR 1988, S. 67 (70).

[72] BERKEMANN, NuR 1993, S. 97 (105).

[73] KUCHLER, Eingriffsregelung, S. 189; GARBE, Eingriffsregelung, S. 80 f.

[74] GARBE, Eingriffsregelung, S. 80; vgl. auch BURMEISTER, Schutz, S. 123 ff. zu Abgrenzungsproblemen in der Praxis.

[75] KUCHLER, Eingriffsregelung, S. 190; GARBE, Eingriffsregelung, S. 81; vgl. auch FUCHS, Seminarbeiträge 9/ 83, S. 19 (23).

[76] Gegen das zwingende Erfordernis eines solchen Zusammenhangs auch: MITSCHANG, Belange von Natur und Landschaft, S. 133; RONELLENFITSCH, NuR 1986, S. 284 (288).

[77] ENGELHARDT/ BRENNER/ FISCHER-HÜFTLE, BayNatSchG, Art. 6a Rn. 38.

[78] Vgl. zu den einzelnen landesrechtlichen Regelungen: MITSCHANG, Belange von Natur und

maßnahmen haben die Länder sogenannte Ausgleichsabgaben als "weitergehende Vorschriften" i. S. d. § 8 IX BNatSchG vorgesehen. Bayern, Hessen, Niedersachsen, Rheinland-Pfalz, Sachsen-Anhalt und Thüringen verlangen vom Vorhabenträger die Kosten für Ersatzmaßnahmen, die von der öffentlichen Hand durchgeführt werden.[79] In Baden-Württemberg, Berlin, Brandenburg, Bremen, Hamburg, Mecklenburg-Vorpommern, Nordrhein-Westfalen, Rheinland-Pfalz, Saarland, Sachsen, Schleswig-Holstein und Thüringen ist eine subsidiäre Ausgleichsabgabe für den Fall vorgesehen, daß keine Ersatzmaßnahmen möglich sind.[80] [81]

4. Bedeutung des § 8 BNatSchG für die Bauleitplanung

Ob § 8 BNatSchG schon auf der Ebene der Bauleitplanung bei den Darstellungen und Festsetzungen im Bauleitplan beachtet werden muß, wurde uneinheitlich beurteilt. Die Auffassungen reichten von einer unmittelbaren Anwendbarkeit über eine nur mittelbare bis hin zur Bedeutungslosigkeit der Eingriffsregelung für die Bauleitplanung. Eine unmittelbare Anwendbarkeit ergab sich aus § 8 IV BNatSchG, wenn man den Bauleitplan als einen Fachplan i. S. d. § 8 IV BNatSchG einstufte.[82] Eine solche Einordnung wurde jedoch überwiegend - mit unterschiedlichen Argumenten - abgelehnt.[83] Nach vorherrschender Auffassung war somit die Eingriffsregelung jedenfalls nicht unmittelbar auf die Bauleitplanung anwendbar - der Bauleitplan selbst begründe keinen Eingriff, sondern bereite einen solchen höchstens vor.[84] Außerdem setze § 8 II 2 BNatSchG eine behördliche Bewilligung, Erlaubnis, Genehmigung, Zustimmung, Planfeststellung oder sonstige Entscheidung voraus. Eine solche behörd-

---

Landschaft, S. 134 ff.; GARBE, Eingriffsregelung, S. 84 ff.

[79]Vgl. Art. 6a III 2 BayNatSchG; § 6b I HeNatG; § 12 II NdsNatSchG; § 5 III LpflGRhPf; § 13 II NatSchG LSA; § 7 V VorlThürNatG.

[80]§ 11 V NatSchGBW; § 14 VI NatSchG Berlin; § 15 I BbgNatSchG; § 11 VII BremNatSchG; § 9 VI 2 HmbNatSchG; § 1 III 2 NatSchG M-V; § 5 III LGNRW; § 5a I LpflGRhPf; § 11 IV SaarNG; § 9 IV SächsNatSchG; § 8 III Nr. 2 LNatSchG S-H; § 7 VI VorlThürNatG.

[81]Vgl. im einzelnen, insbesondere zur Frage der Zulässigkeit solcher Abgaben: KUCHLER, Eingriffsregelung, S. 192 ff.; MITSCHANG, Belange von Natur und Landschaft, S. 140 ff.

[82]So KOLODZIEJCOK/ RECKEN, Naturschutz, § 8 Rn. 23.

[83]STOLLMANN, VerwRundschau 1993, S. 339 (340), der unter Fachplan einen Plan i. S. des in den verschiedenen Fachgesetzen geregelten Planfeststellungsrechts versteht; KUCHLER, Eingriffsregelung, S. 215 f. unterscheidet zwischen Fachplan und Gesamtplan und ordnet den Bauleitplan letzterem zu.

[84]RUNKEL, DVBl 1992, S. 1402 (1406); STICH, UPR 1989, S. 166 (169 f.); DE WITT in: HOPPENBERG, Öffentliches Baurecht, Abschn. E Rn. 314; SCHULTE, VerwArch 1986, S. 372 (380); MITSCHANG, Belange von Natur und Landschaft, S. 156.

liche Zulassungsentscheidung treffe ein Bauleitplan aber nicht, er habe lediglich vorbereitende Funktion.[85] Aus dieser Argumentation wurden verschiedene Konsequenzen gezogen. Zum einen wurde eine Anwendung der Eingriffsregelung auf die Bauleitplanung überhaupt abgelehnt.[86] Zum anderen ging man von einer nur mittelbaren Anwendbarkeit aus - dahingehend, daß die Eingriffsregelung in die Abwägung des § 1 VI BauGB einfließen sollte, entweder als Konkretisierung des Abwägungsbelangs Natur und Landschaft[87] oder aber beim Gebot der Konfliktbewältigung, in dessen Rahmen bei konkreter Absehbarkeit von Eingriffen eine spätere Kompensation bauleitplanerisch zu ermöglichen sein sollte.[88] Aber auch auf Grundlage dieser Auffassung wurde für den Einzelfall teilweise eine unmittelbare Anwendung der Eingriffsregelung - vor der Abwägung nach § 1 VI BauGB - gefordert.[89]

5. Bedeutung des § 8 BNatSchG für die Vorhabengenehmigung

Auch hinsichtlich der Bedeutung des § 8 BNatSchG im Rahmen des Vorhabengenehmigungsverfahrens war man sich nicht einig. Lediglich bezüglich der Genehmigung von Außenbereichsvorhaben (§ 35 BauGB) trat man einheitlich für eine unbeschränkte Anwendung der Eingriffsregelung im Rahmen des Genehmigungsverfahrens ein.[90] Dagegen sollte nach einer Ansicht die Eingriffsregelung bei der Genehmigung von Vorhaben gem. § 30 BauGB gar keine Anwendung finden, da schon in der bauleitplanerischen Abwägung eine abschließende Beurteilung der naturschutzrechtlichen Belange stattgefunden habe.[91] Diese Nichtanwendbarkeit sollte auch für Vorhaben gem. § 34 BauGB

[85] SCHINK, DVBl 1992, S. 1390 (1393); GAENTZSCH, NuR 1990, S. 1 (6); MITSCHANG, Belange von Natur und Landschaft, S. 156.

[86] RONELLENFITSCH, NuR 1986, S. 284 (285); SCHULTE, VerwArch 1986, S. 372 (380).

[87] BUNGE in: LÜBBE-WOLFF, Umweltschutz, Rn. 147; LOUIS/ KLATT, NuR 1987, S. 347 (350).

[88] DE WITT in: HOPPENBERG, Öffentliches Baurecht, Abschn. E Rn. 316; KUCHLER, Eingriffsregelung, S. 218 f., 222; EHRLEIN, VBlBW 1990, S. 121 (127); GASSNER, UPR 1987, S. 249 (251); GAENTZSCH, NuR 1986, S. 89 (97); OVG Lüneburg, NuR 1989, S. 443 (443 f.).

[89] Siehe Erläuterungen und Nachweise dazu bei: GARBE, Eingriffsregelung, S. 133 ff.

[90] DE WITT in: HOPPENBERG, Öffentliches Baurecht, Abschn. E Rn. 321 ff.; KUCHLER, Eingriffsregelung, S. 227 ff.; SCHULTE, VerwArch 1986, S. 372 (376 ff.); GAENTZSCH, NuR 1986, S. 89 (93 f.); vgl. DIES. auch zu der Frage, inwieweit zwischen privilegierten und nichtprivilegierten Vorhaben zu unterscheiden ist.

[91] SÖFKER in: ERNST/ ZINKAHN/ BIELENBERG, BauGB, § 1 Rn. 298; SCHULTE, VerwArch 1986, S. 372 (374 f.), der auch aus der Nichteinbeziehung der Naturschutzbehörde in das Genehmigungsverfahren gem. § 8 V 2 BNatSchG herleitet, daß eine abschließende Abwägung in der Bauleitplanung stattgefunden haben muß.

gelten.[92] Weniger streng fiel die Beurteilung durch eine andere Ansicht aus. Abschließend sei die im Bebauungsplan enthaltene Entscheidung lediglich bezüglich der Bauvorhaben im Planbereich.[93] Ebenso stelle § 34 BauGB zwar eine bodenrechtlich abschließende Regelung dar, die aber nur die Zulässigkeit eines Vorhabens an sich betreffe.[94] Demnach konnte § 8 III BNatSchG keine Anwendung finden, es war aber möglich, auf der Eingriffsregelung beruhende Maßnahmen, die nicht die Zulässigkeit des Vorhabens an sich betrafen, anzuordnen.[95] Für eine umfassende Anwendung der Eingriffsregelung auch auf Vorhaben nach §§ 30, 34 BauGB trat eine dritte Ansicht ein. Sie beurteilte die Eingriffsregelung als eine andere öffentlich-rechtliche Vorschrift i. S. d. § 29 S. 4 BauGB a. F./ § 29 II BauGB n. F.[96] Nach dieser Auffassung stellte weder § 34 BauGB noch der Bebauungsplan eine abschließende Regelung bezüglich der Zulässigkeit eines Vorhabens dar, so daß sogar § 8 III BNatSchG angewendet werden konnte.[97] Dies wurde auch in eigentumsrechtlicher Hinsicht als unbedenklich betrachtet, da die Eingriffsregelung als zulässige Sozialbindung des Eigentums eingestuft wurde[98] und somit nicht mit einer eigentumskräftig verfestigten Anspruchsposition in Form der Bebauungsmöglichkeit kollidierte.[99]

Die unterschiedlichen Positionen bezüglich der Anwendbarkeit der naturschutzrechtlichen Eingriffsregelung führten zu uneinheitlichen Regelungen auf Länderebene und unterschiedlichster Praxis.[100] Die bestehenden Rechtsunsicherheiten waren schließlich der Grund für eine gesetzliche Neuregelung des Verhältnisses von naturschutzrechtlicher Eingriffsregelung zur Bauleitplanung und Baugenehmigung.[101]

---

[92] SCHULTE, VerwArch 1986, S. 372 (375).

[93] GAENTZSCH, NuR 1990, S. 1 (6); BURMEISTER, Schutz, S. 43.

[94] GAENTZSCH, NuR 1986, S. 89 (94); STEINFORT, Städtetag 1993, S. 10 (13); KOLODZIEJCOK, NuR 1992, S. 309 (311).

[95] GAENTZSCH, NuR 1986, S. 89 (94); KOLODZIEJCOK, NuR 1992, S. 309 (311).

[96] DE WITT in: HOPPENBERG, Öffentliches Baurecht, Abschn. E Rn. 318; KUCHLER, Eingriffsregelung, S. 209.

[97] Siehe Fn. 96.

[98] DE WITT in: HOPPENBERG, Öffentliches Baurecht, Abschn. E Rn. 320.

[99] So aber EHRLEIN, VBlBW 1990, S. 121 (126).

[100] STEINFORT, Städtetag 1993, S. 10 (10); KRAUTZBERGER, NVwZ 1993, S. 520 (523).

[101] DÜRR, BauR 1994, S. 460 (461).

II. Neue Rechtslage

Mit dem Investitionserleichterungs- und Wohnbaulandgesetz, das am 1.Mai 1993 in Kraft trat, wurden, gestützt auf die Gesetzgebungskompetenz des Bundes aus Art. 74 I Nr. 18 GG, die §§ 8a-c BNatSchG eingefügt, die gem. § 4 S. 3 BNatSchG unmittelbar galten. Das BauROG 1998 schließlich überführte die für die Bauleitplanung relevanten Regelungen des § 8a BNatSchG in das BauGB. Der Schwerpunkt der Regelung des § 8a BNatSchG a. F. lag in § 8a I 1 BNatSchG a. F., wonach bei der Aufstellung von Bauleitplänen, die Eingriffe in Natur und Landschaft erwarten lassen, über die Belange des Naturschutzes und der Landschaftspflege im Bauleitplan unter entsprechender Anwendung des § 8 II 1 BNatSchG und der Vorschriften über Ersatzmaßnahmen gem. § 8 IX BNatSchG zu entscheiden war. Bei der Genehmigung von Vorhaben gem. §§ 30, 33, 34 BauGB fand die Eingriffsregelung grundsätzlich keine Anwendung, § 8a II, VI BNatSchG a. F. Damit bestand eine Vermeidungs- bzw. Kompensationspflicht nunmehr nur auf der Ebene der Bauleitplanung. Lediglich die Umsetzung der entsprechenden Festsetzungen im Bebauungsplan erfolgte im Rahmen der Vorhabengenehmigung. Von diesen Grundsätzen wird auch durch die Neuregelung der Eingriffsregelung durch das BauROG 1998 nicht abgewichen. In ihrer Entwicklungsgeschichte stellen sich diese, zunächst in § 8a BNatSchG a. F. niedergelegten Prinzipien als Kompromiß zwischen der "baurechtlichen Lösung" und der "naturschutzrechtlichen Lösung" dar. Die "baurechtliche Lösung" sah keine Geltung der Eingriffsregelung für die Bauleitplanung vor, lediglich eine Berücksichtigung von Natur- und Landschaftsbelangen gem. § 1 V 2 Nr. 7, VI BauGB a. F. und eine Anwendung der Eingriffsregelung auf die Genehmigung von Außenbereichsvorhaben.[102] Nach der "naturschutzrechtlichen Lösung" sollte die Eingriffsregelung sowohl in der Bauleitplanung Berücksichtigung finden als auch bei der Genehmigung aller Vorhaben gem. §§ 29 ff. BauGB.[103]

1. § 8a BNatSchG a. F. im Überblick

§ 8a BNatSchG a. F. traf Regelungen über das Verhältnis von § 8 BNatSchG zur Bauleitplanung und Vorhabengenehmigung und über den Vollzug von Festsetzungen.

---

[102] Bund-Länder-Kommission, Darstellung bei LÜERS, BBauBl 1991, S. 646 (654).

[103] Beschluß des Bundesrates, BR-Drucks. 82/ 93, Nr. 10.

a. Verhältnis des § 8 BNatSchG zur Bauleitplanung

§ 8a I 1 BNatSchG a. F. besagte, daß in die Abwägungsentscheidung nach § 1 BauGB a. F. die Belange von Natur und Landschaft in Form einer entsprechenden Anwendung von § 8 II 1 BNatSchG und der Vorschriften über Ersatzmaßnahmen gem. § 8 IX BNatSchG einfließen sollten.

§ 8a I 2-4 BNatSchG a. F. betraf die Darstellungs- und Festsetzungspflicht im Bauleitplan bezüglich Vermeidungs- und Kompensationsmaßnahmen bzw. die Art und Weise der Darstellungen und Festsetzungen.

§ 8a I 1-4 BNatSchG a. F. galt auch für erweiterte Abrundungssatzungen gem. § 4 IIa BauGBMaßnG und Satzungen über einen Vorhaben- und Erschließungsplan gem. § 7 BauGBMaßnG, § 8a I 5 BNatSchG a. F.

Gem. § 8a VIII BNatSchG a. F. hatte § 8 BNatSchG für planfeststellungsersetzende Bebauungspläne unmittelbare Geltung.

b. Verhältnis des § 8 BNatSchG zur Vorhabengenehmigung

Auf Vorhaben gem. §§ 30 und 33 BauGB waren die Vorschriften des § 8 II 1 BNatSchG und die Vorschriften über Ersatzmaßnahmen nach § 8 IX BNatSchG nur anzuwenden, wenn der Bebauungsplan oder sein Entwurf bereits Vermeidungs- oder Kompensationsmaßnahmen festgesetzt hatte, § 8a II BNatSchG a. F.; die Sicherstellung der Realisierung dieser Maßnahmen war Voraussetzung für die Erteilung der Vorhabengenehmigung. Vorhaben gem. § 34 BauGB stellten keine Eingriffe dar, § 8a VI BNatSchG a. F. Für Vorhaben gem. § 35 BauGB blieb die Eingriffsregelung unberührt.[104]

c. Vollzug festgesetzter Maßnahmen

§ 8a III 1, 2 BNatSchG a. F. normierte fest, wer festgesetzte Ausgleichs- und Ersatzmaßnahmen durchzuführen hatte.

§ 8a III 3 BNatSchG a. F. betraf den Zeitpunkt der Durchführung.

§ 8a IV 1-3 BNatSchG a. F. regelte die Kostenverteilung für den Fall, daß die Gemeinde Ausgleichs- und Ersatzmaßnahmen vornimmt.

Gem. § 8a V BNatSchG a. F. konnten die Gemeinden Satzungen über die Ausgestaltung von Ausgleichs- und Ersatzmaßnahmen, über die Kostenermittlung und die Modalitäten der Kostenerstattung erlassen.

---

[104] BT-Drucks. 13/ 6392, S. 91.

2. Änderungen durch das BauROG 1998 im Überblick[105]

Durch das BauROG 1998 wurde § 8a BNatSchG a. F. in seinen materiellen Grundzügen nicht verändert. So ist die Eingriffsregelung noch immer auf der Ebene der Bauleitplanung in der bauleitplanerischen Abwägung zu beachten, §§ 1 V Nr. 7, 1a II BauGB. Hingegen ist sie bei der Genehmigung von Vorhaben gem. §§ 30, 33, 34 BauGB nicht anzuwenden, § 8a II 1 BNatSchG, es sei denn im Bebauungsplan wurden Vermeidungs- oder Kompensationsmaßnahmen festgesetzt.[106] Für Vorhaben gem. § 35 BauGB gilt die Eingriffsregelung jedoch, § 8a II 2 BNatSchG n. F.

Entscheidende Änderungen traten dadurch ein, daß die für die Bauleitplanung relevanten Regelungen des § 8a BNatSchG a. F. in das BauGB überführt wurden. Soweit Eingriffe in Natur und Landschaft auf Grund der Aufstellung, Änderung, Ergänzung oder Aufhebung von Bauleitplänen oder Satzungen nach § 34 IV 1 Nr. 3 BauGB zu erwarten sind, verweist § 8a I BNatSchG n. F. nunmehr nur noch auf die Regelungen des BauGB. Dort ist in §§ 1 V Nr. 7, 1a II das Einfließen der naturschutzrechtlichen Eingriffsregelung in die bauleitplanerische Abwägungsentscheidung geregelt. Die Pflicht zu Darstellungen und Festsetzungen im Bauleitplan und deren Art und Weise haben in §§ 1a III, 5 IIa und 9 Ia BauGB Niederschlag gefunden. Die §§ 135 a-c BauGB betreffen den Vollzug festgesetzter Kompensationsmaßnahmen. Lediglich die Normierung über die Bedeutung der Eingriffsregelung für die Vorhabengenehmigung verbleibt in § 8a BNatSchG, und zwar in den Absätzen 2 und 3.

Hinzuweisen bleibt auf eine Änderung der Terminologie: In § 200a S. 1 BauGB werden die Begriffe Ausgleichs- und Ersatzmaßnahmen bzw. Ausgleichs- und Ersatzflächen zu dem planungsrechtlichen Begriff der Ausgleichsmaßnahmen/-flächen zusammengefaßt. Darüber hinaus legt § 200a S. 2 BauGB fest, daß ein unmittelbarer räumlicher Zusammenhang zwischen Eingriff und Ausgleich nicht erforderlich ist, soweit dies mit einer geordneten städtebaulichen Entwicklung und den Zielen der Raumordnung sowie des Naturschutzes und der Landschaftspflege vereinbar ist. Beschränkungen, die sich aus engen Definitionen von Ausgleich und Ersatz ergeben können, entfallen daher. Geht es im folgenden nicht mehr um die Darstellung der alten Rechtslage, so soll auch von der geänderten Terminologie ausgegangen werden.

---

[105]Ein anschaulicher Überblick über die Neuregelung der naturschutzrechtlichen Eingriffsregelung im BauROG 1998 nun auch bei KRAUTZBERGER, NuR 1998, S. 455 ff.

[106]Vgl. BT-Drucks. 13/ 6392, S. 91, § 8a II BNatSchG n. F. ist danach die inhaltlich unveränderte Neuregelung des § 8a II BNatschG a. F.

3. Anwendung der naturschutzrechtlichen Eingriffsregelung im Baurecht

Die grundlegenden Änderungen bzw. Klarstellungen gegenüber der Rechtslage nach § 8 BNatSchG erfolgten durch die Einführung des § 8a BNatSchG im Jahre 1993. Das BauROG 1998 bezweckte lediglich eine Verbesserung bzw. Vereinfachung der Handhabung dieser Vorschrift.[107] Als Leitfaden für die Darstellung der geltenden Rechtslage sollen daher §§ 8a-c BNatschG a. F. dienen; trotzdem werden Hinweise auf die jeweils geltende neue Rechtslage und die dadurch eingetretenen Verbesserungen und Vereinfachungen gegeben. Abschließend wird eine Zusammenfassung der neuen Rechtslage vorgenommen. Diese Vorgehensweise bietet sich auch deshalb an, weil die naturschutzrechtliche Eingriffsregelung des § 8a BNatSchG a. F. durch das BauROG 1998 in einzelne Vorschriften des BauGB eingearbeitet wurde. Eine übersichtliche und klare Darstellung der komplexen Rechtslage anhand dieser Einzelvorschriften wäre nur schwer möglich.

a. Anwendungsbereich der naturschutzrechtlichen Eingriffsregelung im Baurecht

Gem. § 8a I 1 BNatSchG a. F., § 8a I BNatSchG n. F. sind Eingriffe, die durch die Aufstellung, Änderung, Ergänzung oder Aufhebung von Bauleitplänen verursacht werden, grundsätzlich zu kompensieren. Die Kompensationspflicht betrifft also sowohl Eingriffe durch Bauvorhaben als auch durch Erschließungsanlagen verursachte Eingriffe. Allerdings stellen Ausgleichsflächen, die auf Grund von Eingriffen durch Erschließungsanlagen festgesetzt wurden, ebenfalls Erschließungsanlagen dar, § 127 II Nr. 4 BauGB.[108] Daher ist auf diese Flächen auch Erschließungsrecht anwendbar. Die speziell für den naturschutzrechtlichen Ausgleich im Baurecht geschaffenen Vorschriften, insbesondere solche, die mit dem Vollzug und der Kostenerstattung für die Durchführung des Ausgleichs zusammenhängen, haben insoweit keine Relevanz. Aus diesem Grunde sollen die folgenden Ausführungen auf die durch Bauvorhaben verursachten Eingriffe beschränkt bleiben.

b. Berücksichtigung der Eingriffsregelung in der Abwägung gem. § 1 BauGB

Gem. § 8a I 1 BNatSchG a. F. war über die Belange von Natur und Landschaft im Bauleitplan unter entsprechender Anwendung des § 8 II 1 BNatSchG

[107] BT-Drucks. 13/ 6392, S. 36 f.

[108] SANDMANN, GuG 1995, S. 1 (3); BIRK, VBlBW 1998, S. 81 (85).

und der Vorschriften über Ersatzmaßnahmen i. S. d. § 8 IX BNatSchG in der Abwägung nach § 1 BauGB a. F. zu entscheiden. Höchst streitig war, mit welcher Qualität die entsprechenden Regelungen des § 8 II 1, IX BNatSchG in die Abwägung einfließen sollten. Nach einer Ansicht wurde die Eingriffsregelung als abstrakt gleichwertiger Belang unter vielen in die Abwägung einbezogen. Demnach standen die Gebote der Eingriffsregelung unter Abwägungsvorbehalt und konnten zugunsten anderer Belange zurücktreten.[109] Die entgegengesetzte Meinung vertrat, daß § 8 II 1, IX BNatSchG nur verfahrensmäßig in das Bauleitplanverfahren vorgezogen wird, die materiellen Anforderungen aber unverändert bestehen bleiben. Diese Meinung verstand die Gebote des § 8 II 1, IX BNatSchG als Planungsleitsätze, die in der planerischen Abwägung strikt beachtet werden müssen.[110] Schließlich gab es zwei vermittelnde Ansätze. Der erste dieser Ansätze bezog die Regelungen des § 8 II 1, IX BNatSchG im Sinne einer Optimierungspflicht in die Abwägung ein.[111] Inhalt des zweiten vermittelnden Ansatzes war es, in zwei Abwägungsschritten zu entscheiden. Der erste Schritt sollte der Entscheidung über die Zulässigkeit der Planung dienen. War die Zulässigkeit gegeben, mußten also andere Belange - wie Naturschutz und Landschaftspflege - dafür zurückstehen, konnte in einem zweiten Abwägungsschritt die Eingriffsregelung Anwendung finden und über erforderliche Ausgleichs- und Ersatzmaßnahmen entschieden werden.[112] Angesichts dieser ausgeprägten Auseinandersetzung sah offensichtlich auch der Gesetzgeber Handlungsbedarf. §§ 1 V Nr. 7, 1a II Nr. 2 BauGB stellen nun klar, daß die Eingriffsregelung als gleichwertiger Belang unter vielen in die Abwägung einzustellen ist.

c. Umsetzung der Vermeidungs- und Kompensationspflicht im Bauleitplan

Die Gemeinde mußte gem. § 8a I 2 BNatSchG a. F. bei der Bauleitplanung darüber entscheiden, wie sie die Maßnahmen zur Verminderung und Kompensation der Beeinträchtigungen im Flächennutzungsplan darstellt und im Bebauungsplan festsetzt.[113] Diese Regelung findet sich nun in sprachlich gestraffter

---

[109] BVerwG DVBl 1997, S. 1121 (1121); VGH Mannheim, NuR 1997, S. 92 (94); OVG Münster, ZUR 1995, S. 315 (315); KRAUTZBERGER in BATTIS/ KRAUTZBERGER/ LÖHR, BauGB, § 1 Rn. 78 d; DERS., NVwZ 1993, S. 520 (523); ENDERLE, VerwRundschau 1995, S. 37 (38); RUNKEL, UPR 1993, S. 203 (205); LÜERS, LKV 1993, S. 185 (188); STEINFORT, VerwArch 1995, S. 107 (117 f.); KLINGE, BauR 1995, S. 289 (295); POHL in: HIMMELMANN/ POHL/ TÜNNESEN-HARMES, Umweltrecht, Abschn. B7 Rn. 37.

[110] KUCHLER, NuR 1994, S. 209 (209 Fn. 3); GASSNER, NuR 1993, S. 252 (254 f.); PEINE in: RAMSAUER, Eingriffsregelung, S. 39 (55).

[111] FELDER in: CARLSEN, Naturschutz, S. 41 (56); GARBE, Eingriffsregelung, S. 182; SENDLER, UPR 1995, S. 41 (46 f.); JANNASCH, DÖV 1994, S. 950 (953).

[112] LOUIS, DÖV 1994, S. 903 (907).

[113] Setzt die Gemeinde aufgrund des Abwägungsergebnisses für notwendig gehaltene Kompen-

Form in § 1a III 1 BauGB wieder. § 1a III 3 BauGB läßt anstelle von Darstellungen und Festsetzungen nach Satz 1 oder 2 auch vertragliche Vereinbarungen gem. § 11 BauGB oder sonstige geeignete Maßnahmen zum Ausgleich auf von der Gemeinde bereitgestellten Flächen zu.[114] Allerdings bezieht sich § 1a III BauGB nicht mehr auf die Vermeidungs- bzw. Verminderungspflicht [115], sondern nur noch auf den Ausgleich.[116]

aa. Darstellungs- und Festsetzungsmöglichkeiten

Als Darstellungsmöglichkeiten bieten sich insbesondere an:[117]

- Grünflächen gem. § 5 II Nr. 5 BauGB
- Wasserflächen gem. § 5 II Nr. 7 BauGB
- Flächen für die Landwirtschaft gem. § 5 II Nr. 9a BauGB
- Wald gem. § 5 II Nr. 9b BauGB
- Flächen für Maßnahmen zum Schutz, zur Pflege und zur Entwicklung von Boden, Natur und Landschaft gem. § 5 II Nr. 10 BauGB.

Folgende Festsetzungen kommen insbesondere in Betracht:[118]

- Grünflächen gem. § 9 I Nr. 15 BauGB[119]

---

sationsmaßnahmen nicht verbindlich fest, so hat dies die Unwirksamkeit des Bebauungsplans zur Folge, BVerwG NuR 1998, S. 364 (364); OVG Koblenz, NuR 1998, S. 383 (383).

[114]Siehe dazu Punkt A. II. 3. c. cc.

[115]Dieser Umstand erscheint verwunderlich, da zwar oftmals schon durch ein bloßes Unterlassen Beeinträchtigungen vermieden werden können, jedoch auch durch Festsetzungen, die Vorgaben für die Ausführung des Vorhabens beinhalten, eine Verminderung der Beeinträchtigungen erreicht werden könnte; vgl. MITSCHANG, Belange von Natur und Landschaft, S. 196 f.; GARBE, Eingriffsregelung, S. 151.

[116]Vgl. dazu § 200a BauGB, der die Differenzierung zwischen Ausgleich und Ersatz aufgibt und stattdessen beide Begriffe in dem planungsrechtlichen Begriff des Ausgleichs zusammenfaßt.

[117]ARGEBAU, Muster-Einführungserlaß, S. 113 f., Punkt 11. 4. 4. 1; Runderlaß Niedersachsen, Nds. Ministerialblatt 1995, S. 671 (673), Punkt 3. 4. 1; LOUIS, NuR 1998, S. 113 (121).

[118]ARGEBAU, Muster-Einführungserlaß, S. 114, Punkt 11. 4. 4. 2; Runderlaß Niedersachsen, Nds. Ministerialblatt 1995, S. 671 (673), Punkt 3. 4. 2; BT-Drucks. 12/ 3944, S. 51; LOUIS, NuR 1998, S. 113 (121).

[119]Gem. § 9 I Nr. 15 BauGB ausgewiesene Grünflächen können sowohl Kompensationsflächen als auch Grünanlagen i. S. d. § 127 II Nr. 4 BauGB sein und damit eine Doppelfunktion erfüllen, STEINFORT, VerwArch 1995, S. 107 (129); Mustersatzung zur Kostenerstattung, Erläuterungen, S. 6 f. Punkt 3. 2. 2.

- Wasserflächen gem. § 9 I Nr. 16 BauGB
- Flächen für die Landwirtschaft gem. § 9 I Nr. 18a BauGB
- Wald gem. § 9 I Nr. 18b BauGB
- Flächen oder Maßnahmen zum Schutz, zur Pflege und zur Entwicklung von Boden, Natur und Landschaft gem. § 9 I Nr. 20 BauGB
- Anpflanzungen und Bindungen für Bepflanzungen und die Erhaltung von Bepflanzungen und Gewässern gem. § 9 I Nr. 25 BauGB.

Ob die Gemeinde die für die Kompensationsmaßnahmen erforderlichen Flächen als öffentliche oder private ausweist, bleibt grundsätzlich ihr überlassen.[120]
Die Gemeinde kann im Baugenehmigungsverfahren nur solche Maßnahmen gegenüber dem Vorhabenträger durchsetzen, die bereits im Bebauungsplan festgesetzt wurden, vgl. § 8a II BNatSchG a. F./ § 8a II 1 BNatSchG n. F.[121] Dies macht es erforderlich, daß nicht nur Flächenfestsetzungen vorgenommen, sondern mitunter auch durchzuführende Maßnahmen festgesetzt werden (Doppelfestsetzungen).[122]
Fraglich ist, ob bezüglich der Darstellungen und Festsetzungen zur Kompensation der Eingriffsfolgen das Gebot der planerischen Zurückhaltung zur Anwendung kommt.[123] Dann müßte eine vollständige Konfliktlösung noch nicht auf der Ebene der Bauleitplanung durch planerische Ausweisungen erfolgen[124], sondern erst im Genehmigungsverfahren. Nach § 8a I BNatSchG a. F. und n. F. bestand und besteht die Kompensationspflicht aber nur auf der Ebene der Bauleitplanung. Im Genehmigungsverfahren wurden und werden gem. § 8a II BNatSchG a. F./ § 8a II 1 BNatSchG n. F. nur noch die bereits getroffenen Festsetzungen umgesetzt. Die Forderung nach planerischer Zurückhaltung wäre daher widersinnig.[125]

---

[120] STEINFORT, VerwArch 1995, S. 107 (125 f.); GARBE, Eingriffsregelung, S. 185; SCHMIDT-ASSMANN, Studien zur Umlegung, S. 93; aA: GREIVING, Eingriffsregelung, S. 151 f., der für die grundsätzliche Ausweisung als öffentliche Flächen plädiert; SANDMANN, GuG 1995, S. 1 (4), der für die Ausweisung als private Flächen eintritt.

[121] Trotz kleiner Änderungen im Wortlaut bei der Neufassung des § 8a II BNatSchG blieb der materielle Gehalt des § 8a II BNatSchG a. F. bestehen, vgl. BT-Drucks. 13/ 6392, S. 91.

[122] GARBE, Eingriffsregelung, S. 185; MITSCHANG, Belange von Natur und Landschaft, S. 197.

[123] So RUNKEL, UPR 1993, S. 203 (206); DERS., BBauBl 1994, S. 19 (24); ARGEBAU, Muster-Einführungserlaß, S. 116 Punkt 11. 4. 4. 4; CHOLEWA/ DYONG/ V. D. HEIDE/ SAILER, BauGB, § 1 Anm. 7b; FELDER, NuR 1994, S. 53 (60).

[124] BROHM, Baurecht, § 1 Rn. 26.

[125] So auch KOCH in: RAMSAUER, Eingriffsregelung, S. 205; GARBE, Eingriffsregelung, S. 188; im Ergebnis ebenso BLUME, NVwZ 1993, S. 941 (942).

bb. Plangebiet

(1) Rechtslage nach § 8a BNatschG a. F.

(a) Erweiterung des Plangebietes

Gem. § 8a I 2 BNatSchG a. F. waren die zu erwartenden Beeinträchtigungen auf den Grundstücksflächen, auf denen Eingriffe zu erwarten sind, oder im sonstigen Geltungsbereich des Bauleitplanes auszugleichen, zu ersetzen oder zu mindern. Damit wurden die Verminderungs- und Kompensationsmaßnahmen auf das Plangebiet beschränkt. Unproblematisch war dies bei Vermeidungsmaßnahmen, die sich regelmäßig auf die Vorhabensausführung beziehen und daher direkt auf dem Eingriffsgrundstück - also innerhalb des Plangebietes - erfolgen. Bezüglich der Kompensationsmaßnahmen stellte es jedoch eine unzulässige Vorgehensweise der Gemeinde dar, sich auf den nicht ausreichenden Zuschnitt des Bebauungsplanes zu berufen oder diesen sogar bewußt zu klein zu halten und sich somit der Realisierung von Naturschutzmaßnahmen zu entziehen.[126] Vielmehr hatte die Gemeinde den Geltungsbereich des Bebauungsplanes ausreichend groß zu wählen bzw. diesen gegebenenfalls zu erweitern, damit die erforderlichen Kompensationsmaßnahmen vollständig durchgeführt werden konnten.[127]

Es schloß sich die Frage an, ob auch ein Bebauungsplan beschlossen werden kann, der aus räumlich getrennten Geltungsbereichen besteht, so daß die Kompensationsmaßnahmen getrennt von den Bauvorhaben festgesetzt werden können, falls eine Durchführung der Kompensationsmaßnahmen weder im Baugebiet noch in der daran angrenzenden Umgebung möglich ist.

(b) Zulässigkeit eines Bebauungsplans mit geteiltem Geltungsbereich

Die Frage der Zulässigkeit eines Bebauungsplans mit geteiltem Geltungsbereich war heftig umstritten und für die Gemeinden als Planungsträger von nicht unerheblicher Bedeutung. Hätte nämlich die Möglichkeit bestanden, Kompensationsmaßnahmen in einem von den Bauvorhaben getrennten Teil eines einheitlichen Bebauungsplans festzusetzen, hätte die Gemeinde Zuordnungen gem. § 8a I 4 BNatSchG a. F. treffen und so die Vorhabenträger zur Kostentragung bezüglich der Kompensationsmaßnahmen verpflichten können, § 8a III 2 BNatSchG a. F. Gegen die Teilung des Bebauungsplans in zwei Geltungsbereiche wurde hauptsächlich eingewendet, daß sie lediglich der Finanzierung der Kompensationsmaßnahmen diene. Denn die bloße Festsetzung und Durchset-

---

[126] ENDERLE, VerwRundschau 1995, S. 37 (38); STOLLMANN, UPR 1994, S. 170 (173); ECKER/ ENGEL/ SCHÄFER, VBlBW 1994, S. 217 (220).

[127] ECKER/ ENGEL/ SCHÄFER, VBlBW 1994, S. 217 (220); BLUME, NVwZ 1994, S. 973 (974); GASSNER, NuR 1993, S. 252 (255); RUNKEL, UPR 1993, S. 203 (205 f.); STOLLMANN, UPR 1994, S. 170 (173); aA: STEINFORT, VerwArch 1995, S. 107 (120 f.).

zung dieser Maßnahmen könnte auch erfolgen, wenn diese in einem zweiten, räumlich von den Bauvorhaben getrennten Bebauungsplan ausgewiesen wären.[128] Rechtsprechung und herrschende Lehre hielten es jedoch für zulässig, Kompensationsmaßnahmen in einem von den Bauvorhaben getrennten Teil eines Bebauungsplans festzusetzen.[129] Dies wurde zumeist folgendermaßen begründet: Als einzige Norm betreffe § 9 VII BauGB den Umfang eines Bebauungsplans. Danach setzt der Bebauungsplan die Grenzen seines räumlichen Geltungsbereichs fest. Dies spreche jedoch nicht gegen eine räumliche Trennung dieses Geltungsbereichs.[130] Außerdem gab man zu bedenken, daß § 8a I 2 BNatSchG a. F. vom Geltungsbereich des Bauleitplans ausgeht. Bauleitplan sei aber auch der Flächennutzungsplan, in dem schon für die Kompensation vorgesorgt werden kann und der auch Kompensationsflächen räumlich getrennt von den Bauvorhaben vorzusehen vermag.[131] Auch Gerechtigkeitserwägungen bei der Finanzierungsfrage und der Umstand, daß die gemeindliche Planung unzumutbar beeinflußt würde, wenn ein geteilter Bebauungsplan unzulässig wäre, wurden in der Argumentation angeführt.[132]

(2) Änderungen durch das BauROG 1998

Um die dargestellten Unsicherheiten zu beseitigen und die Praxistauglichkeit der Eingriffsregelung zu erhöhen, nahm der Gesetzgeber einige Gesetzesände-

---

[128] SCHMIDT-EICHSTAEDT, DVBl 1994, S. 1165 (1172 ff.); LÖHR, LKV 1994, S. 324 (325); ebenfalls gegen die Zulässigkeit eines Bebauungsplans mit geteiltem Geltungsbereich mit z. T. unterschiedlicher bzw. ohne Begründung: JANNASCH, DÖV 1994, S. 950 (954); RUNKEL, NVwZ 1993, S. 1136 (1140); LÖHR in: BATTIS/ KRAUTZBERGER/ LÖHR, BauGB, § 9 Rn. 57a; ARGEBAU, Muster-Einführungserlaß, S. 115, Punkt 11. 4. 4. 3; STICH in: SCHLICHTER/ STICH, Berliner Kommentar, § 8a BNatSchG, Rn. 45.

[129] BVerwG NVwZ 1997, S. 1121 (1122); KUCHLER, LKV 1994, S. 101 (101); BLUME, NVwZ 1994, S. 973 (974); DÜRR, BauR 1994, S. 460 (467); STEINFORT, VerwArch 1995, S. 107 (121 ff.); STOLLMANN, UPR 1994, S. 170 (173); GASSNER, NuR 1993, S. 252 (255); LOUIS, DÖV 1994, S. 903 (909); DERS., ZUR 1993, S. 146 (150); BIELENBERG in: ERNST/ ZINKAHN/ BIELENBERG, BauGB, § 9 Rn. 91; SCHRÖDTER in: SCHRÖDTER, BauGB, § 9 Rn. 202; FISCHER-HÜFTLE, NuR 1996, S. 64 (69); einschränkend: OLDIGES, Eingriffsregelung, S. 53 ff, insbes. S. 72.

[130] KUCHLER, LKV 1994, S. 101 (101); BUNZEL, NVwZ 1994, S. 960 (960 f.); STEINFORT, VerwArch 1995, S. 107 (121 f.); GASSNER, NuR 1993, S. 252 (255).

[131] ECKER/ ENGEL/ SCHÄFER, VBlBW 1994, S. 217 (223); GASSNER, NuR 1993, S. 252 (255); FISCHER-HÜFTLE, NuR 1996, S. 64 (69); LOUIS in: RAMSAUER, Eingriffsregelung, S. 113 (114).

[132] BUNZEL, NVwZ 1994, S. 960 (961 f.); LOUIS; DÖV 1994, S. 903 (909).

rungen vor.[133] Gem. § 1a III 2 BauGB ist es möglich, daß Darstellungen und Festsetzungen[134] an anderer Stelle als am Ort des Eingriffs erfolgen, soweit dies mit einer geordneten städtebaulichen Entwicklung und den Zielen der Raumordnung sowie des Naturschutzes und der Landschaftspflege vereinbar ist. Dies besagt allerdings noch nicht zwangsläufig, daß Kompensationsmaßnahmen auch außerhalb des Bebauungsplans, der Beeinträchtigungen zuläßt, durchgeführt werden können. Beispielsweise stehen Ausgleichsmaßnahmen im Sinne des Naturschutzgesetzes zwar in räumlich-funktionellem Zusammenhang zum Eingriff, dies bedeutet aber nicht, daß sie an den Ort des Eingriffs gebunden sind.[135] § 1a III 2 BauGB könnte als eine Verdeutlichung dieser Tatsache verstanden werden. Tatsächlich wollte der Gesetzgeber jedoch eine "räumliche Abkoppelung" des Ausgleichs von der Beeinträchtigung ermöglichen.[136] Diese Absicht des Gesetzgebers wird in § 9 Ia BauGB offenkundig. Dort wird unmißverständlich klargestellt, daß Flächen oder Maßnahmen zum Ausgleich auf den Grundstücken, auf denen Eingriffe zu erwarten sind, oder an anderer Stelle sowohl im sonstigen Geltungsbereich des Bebauungsplans als auch in einem anderen Bebauungsplan festgesetzt werden können, § 9 Ia 1 BauGB, und daß auch die in einem anderen Bebauungsplan festgesetzten Kompensationsflächen den Eingriffsgrundstücken zugeordnet werden können, § 9 Ia 2 BauGB. Somit besteht keine Beschränkung der Kompensationsmaßnahmen auf das Plangebiet, in dem Beeinträchtigungen zugelassen werden.

cc. Vertragliche Vereinbarungen oder sonstige Maßnahmen

Gem. § 1a III 3 Alt. 1 BauGB können anstelle von Darstellungen und Festsetzungen nach § 1a III 1 oder 2 auch vertragliche Vereinbarungen gem. § 11 BauGB getroffen werden. Dies kann allerdings nicht bedeuten, daß die Gemeinde in dem betreffenden Gebiet gar keine Darstellungen und Festsetzungen trifft, sondern stattdessen vertragliche Vereinbarungen eingeht. Denn die Gemeinde hat die Bauleitplanung durch Bauleitpläne in der durch das Baugesetzbuch getroffenen Ausgestaltung vorzunehmen (Gebot typenkonformer Regelungen).[137] Sie kann also nicht auf Darstellungen und Festsetzungen vollständig zugunsten vertraglicher Vereinbarungen verzichten.[138] Allerdings muß sie keine Doppelfestsetzungen vornehmen. Es reicht aus, wenn sie Flächenfestsetzungen trifft; die Sicherung der Durchführung von Kompensationsmaßnahmen, die

[133] BT-Drucks. 13/ 6392, S. 36 f.

[134] Die Darstellungen und Festsetzungen beziehen sich nur auf Kompensations-, nicht auf Vermeidungsmaßnahmen, vgl. § 1a III 1 BauGB, s. auch Punkt A. II. 4.

[135] KUCHLER, Eingriffsregelung, S. 172 f.; vgl. Punkt A. I. 2. b.

[136] BT-Drucks. 13/6392, S. 44.

[137] SÖFKER in: ERNST/ ZINKAHN/ BIELENBERG, § 1 Rn. 20.

[138] GREIVING, Eingriffsregelung, S. 86; STICH in: KORMANN, Bundesbaurecht, S. 9 (18).

ansonsten durch Festsetzung von entsprechenden Maßnahmen geschieht[139], kann auch durch vertragliche Vereinbarungen erfolgen.[140] Für ein solches Verständnis des § 1a III 3 Alt. 1 BauGB spricht zum einen der Verweis auf § 11 BauGB, in dessen Absatz 1 Nr. 2 auch nur von der Regelung der Durchführung des Ausgleichs die Rede ist und nicht etwa von der Begründung der Ausgleichspflicht, wie sie durch Flächenfestsetzungen erfolgt. Zum anderen versteht auch der Ausschuß für Raumordnung, Bauwesen und Städtebau in seinem Bericht zum Gesetzesentwurf der Bundesregierung § 1a III 3 Alt. 1 BauGB nur im Sinne einer möglichen vertraglichen Verpflichtung zur Durchführung.[141]

Neben vertraglichen Vereinbarungen ist es möglich, daß geeignete Maßnahmen zum Ausgleich auf von der Gemeinde bereitgestellten Flächen getroffen werden, § 1a III 3 Alt. 2 BauGB. In diesem Fall kann auf gesonderte Festsetzungen von Kompensationsmaßnahmen im Bebauungsplan oder einen weiteren Ausgleichsbebauungsplan für gemeindeeigene Flächen verzichtet werden.[142]

d. Zuordnungsmöglichkeit

Gem. § 8a I 4 BNatSchG a. F. konnten Festsetzungen von Ausgleichs- und Ersatzmaßnahmen, die außerhalb der Grundstücksflächen, auf denen Eingriffe zu erwarten sind (Eingriffsgrundstücke), festgesetzt wurden, ganz oder teilweise den Eingriffsgrundstücken zugeordnet werden. Diese Regelung ist nun Inhalt von § 9 Ia 2 BauGB; dort wird jedoch zusätzlich die Zuordnung von Flächen in einem anderen Bebauungsplan und die Zuordnung von den von der Gemeinde für Maßnahmen bereitgestellten Flächen für zulässig erklärt. Durch die Zuordnungsmöglichkeit werden die grundsätzlich abschließenden[143] Festsetzungsmöglichkeiten des § 9 BauGB erweitert.[144]

Eine Zuordnung muß nicht erfolgen, insoweit ist der Wortlaut eindeutig.[145] Dennoch ist eine solche Zuordnung ratsam, da sie gem. § 8 III 2 BNatSchG a. F./ § 135a II 1 BauGB Voraussetzung dafür ist, daß dem Vorhabenträger die Durchführungskosten der Kompensationsmaßnahmen auferlegt werden können. Die Zuordnung kann in Form von Sammel- oder Einzelzuordnungen vorgenommen werden.[146] Bei der Sammelzuordnung werden alle im Plangebiet vorhandenen Ausgleichsflächen pauschal allen Eingriffsgrundstücken zugeord-

---

[139] Siehe Punkt A. II. 3. c. aa.

[140] STICH, UPR 1998, S. 121 (127).

[141] BT-Drucks. 13/ 7589, S. 12.

[142] BT-Drucks. 13/ 7589, S. 12.

[143] BIELENBERG in: ERNST/ ZINKAHN/ BIELENBERG, BauGB, § 9 Rn. 3.

[144] LÖHR in: BATTIS/ KRAUTZBERGER/ LÖHR, BauGB, § 9 Rn. 57a.

[145] Zu einer Zuordnungspflicht im Einzelfall: STEINFORT, VerwArch 1995, S. 107 (140).

[146] BUNDESVEREINIGUNG, Erläuterungen zur Mustersatzung, S. 2, Punkt I. 3. 1.

net.[147] Die Sammelzuordnung hat den Vorteil, daß vor der Abrechnung noch keine Entscheidung über den Anteil der Zahlungsverpflichtung des Vorhabenträgers zu treffen ist.[148] Werden einzelne Ausgleichsflächen einzelnen Bauflächen zugeordnet, so handelt es sich um eine detaillierte Einzelzuordnung.[149] Will die Gemeinde auf diese Weise vorgehen, muß sie bereits bei der Zuordnung den Grad der Zahlungsverpflichtung des einzelnen Vorhabenträgers festlegen, was nur sehr schwer möglich sein wird.[150] Aus diesem Grunde ist grundsätzlich eine Sammelzuordnung zu empfehlen. Die Zuordnungsmöglichkeit eröffnet den Gemeinden die Möglichkeit, die Kompensationsmaßnahmen innerhalb des Plangebietes großräumiger zu gestalten. Die Planung dieser Maßnahmen ist nicht mehr - wie noch vor Einführung des § 8a BNatSchG - an den einzelnen Genehmigungsfall gebunden.

Eine zusätzliche Zuordnungsmöglichkeit bietet der durch das BauROG 1998 geänderte § 5 IIa BauGB bereits auf der Ebene des Flächennutzungsplans. Danach können Flächen zum Ausgleich im Sinne des § 1a III BauGB im Geltungsbereich des Flächennutzungsplans den Flächen, auf denen Eingriffe in Natur und Landschaft zu erwarten sind, ganz oder teilweise zugeordnet werden. Nehmen die Gemeinden diese Möglichkeit wahr, entlasten sie das Bebauungsplanverfahren. Außerdem können sie schon aus dem Flächennutzungsplan einen Ausgleichsbebauungsplan entwickeln. Auf diese Weise können die Kompensationsmaßnahmen durch die Gemeinden bereits durchgeführt werden, ohne daß der Bebauungsplan, der Beeinträchtigungen zuläßt, realisiert wurde; es kann also ein sog. "Öko-Konto" eingerichtet werden. Allerdings kann die Abrechnung dieser Kompensationsmaßnahmen erst mit Realisierung des Vorhabenbebauungsplans erfolgen.[151]

e. Durchführungsverantwortlichkeit

§ 8a III 1, 2 BNatSchG a. F. regelte die Verantwortlichkeit für die Durchführung festgesetzter Ausgleichs- und Ersatzmaßnahmen. Diese ist nun Inhalt von § 135a I, II BauGB.

Gem. § 8a III 1 BNatSchG a. F./ § 135a BauGB ist der Vorhabenträger für die Durchführung der Ausgleichs- und Ersatzmaßnahmen[152] verantwortlich. Dies gilt nach § 8a III 2 BNatSchG a. F./ § 135a II 1 BauGB aber nicht, wenn eine

---

147 BUNDESVEREINIGUNG, Erläuterungen zur Mustersatzung, S. 2, Punkt I. 3. 1.

148 BUNDESVEREINIGUNG, Erläuterungen zur Mustersatzung, S. 2, Punkt I. 3. 1.

149 BUNDESVEREINIGUNG, Erläuterungen zur Mustersatzung, S. 2, Punkt I. 3. 1.

150 BUNDESVEREINIGUNG, Erläuterungen zur Mustersatzung, S. 2, Punkt I. 3. 1.

151 Vgl. zu diesen Möglichkeiten BT-Drucks. 13/ 6392, S. 44, 47.

152 Vgl. zum neuen einheitlichen bauplanungsrechtlichen Begriff des Ausgleichs anstelle von Ausgleich und Ersatz § 200a BauGB.

Zuordnung getroffen wurde. In dem Fall ist die Gemeinde zur Durchführung der Festsetzungen verpflichtet. Es können jedoch nur Kompensationsflächen zugeordnet werden, die außerhalb des Eingriffsgrundstücks liegen, vgl. § 8a I 4 BNatSchG a. F./ § 9 Ia 1 BauGB. Haben Zuordnungen stattgefunden, ergibt sich daraus, daß der Vorhabenträger nur noch zur Durchführung der auf seinem (Eingriffs-) Grundstück getroffenen Festsetzungen verpflichtet ist. Diese Durchführungsverpflichtung läßt sich unproblematisch durch eine Nebenbestimmung zur Baugenehmigung sicherstellen.[153] Trotz der Durchführungsverpflichtung der Gemeinde bleibt die grundsätzliche Verantwortlichkeit des Verursachers - also des Vorhabenträgers - bestehen[154]; die Durchführung der Festsetzungen außerhalb der Eingriffsgrundstücke durch die Gemeinde gem. § 8a III 2 BNatSchG a. F./ § 135a II 1 BauGB ist als eine Ersatzvornahme für den Vorhabenträger zu qualifizieren.[155] Daraus wurden und werden unterschiedliche Folgerungen gezogen: Vor Inkrafttreten des BauROG 1998 wurde vertreten, daß es bei der Festsetzung von Kompensationsmaßnahmen auf privaten Grundstücken dem Vorhabenträger obliegt, für die Zustimmung des jeweiligen Eigentümers zur Durchführung dieser Maßnahmen zu sorgen bzw. den Erwerb des einzelnen Grundstücks zu ermöglichen.[156] Diese Ansicht konnte jedoch keine Zustimmung verdienen, da die Durchführungsverpflichtung der Gemeinde bezüglich zugeordneter Kompensationsmaßnahmen gerade eingeführt wurde, weil es den Vorhabenträgern bezüglich der Flächen außerhalb der Eingriffsgrundstücke regelmäßig an der Verfügungsgewalt fehlt, wohingegen die Gemeinde mehrere Möglichkeiten hat, Flächen im weitesten Sinne zu beschaffen.[157] [158] Diese Intention des Gesetzgebers wird nun auch in § 135a II 1 BauGB deutlich, in dem es heißt, daß die Gemeinde die erforderlichen Flächen bereitzustellen hat, sofern sie durchführungsverantwortlich ist. Von LOUIS wird aus der grundsätzlichen Verantwortlichkeit des Vorhabenträgers gefolgert, dieser sei dann für die Durchführung der Kompensationsmaßnahmen auch außerhalb des Eingriffsgrundstücks verantwortlich ist, wenn die Gemeinde ihrer Verpflichtung aus § 8a III 2

---

[153] ARGEBAU, Muster Einführungserlaß, S. 129, Punkt 11. 9. 2.; RUNKEL, UPR 1993, S. 203 (207); STEINFORT, VerwArch 1995, S. 107 (138).

[154] ARGEBAU, Muster-Einführungserlaß, S. 127, Punkt 11. 9. 1; RUNKEL, UPR 1993, S. 203 (207); KUSCHNERUS in: CARLSEN, Naturschutz, S. 11 (28); SCHINK in: CARLSEN, Naturschutz, S. 67 (68); MITSCHANG, Belange von Natur und Landschaft, S. 218 f.

[155] MITSCHANG, Belange von Natur und Landschaft, S. 224; STEINFORT, VerwArch 1995, S. 107 (137); GARBE, Eingriffsregelung, S. 204; BT-Drucks. 12/ 4340, S. 26; aA: FISCHER-HÜFTLE, NuR 1996, S. 64 (73).

[156] QUAAS, NVwZ 1995, S. 840 (842).

[157] So sind jedenfalls die Ausführungen in BT-Drucks. 12/ 3944, S. 52 zu verstehen; siehe auch SCHINK in: CARLSEN, Naturschutz, S. 67 (75); DERS., NuR 1993, S. 365 (375).

[158] Zur Flächenbeschaffung im einzelnen unter B.

BNatSchG a. F./ § 135a II 1 BauGB nicht nachkommt.[159] Diese Auffassung erscheint zunächst plausibel, wenn man bedenkt, daß die grundsätzliche Durchführungsverantwortlichkeit beim Vorhabenträger liegt und die Gemeinde nur in Form einer Ersatzvornahme handelt. Als logische Folge muß der Vorhabenträger für die Durchführung sorgen, wenn eine Ersatzvornahme nicht erfolgt. Allerdings ist zu bedenken, daß der Gemeinde die Aufgabe, die Kompensationsmaßnahmen außerhalb der Eingriffsgrundstücke durchzuführen, gerade deshalb zugewiesen wurde, weil ihr die besseren Möglichkeiten dazu zur Verfügung stehen (s. o.). Wiese man dem Vorhabenträger diese Aufgabe für den Fall zu, daß selbst der Gemeinde die Durchführung der Kompensationsmaßnahmen nicht gelingt, würde dies dem Zweck des § 8a III 2 BNatSchG a. F./ § 135a II 1 BauGB zuwiderlaufen.[160] Die Ansicht von LOUIS ist deshalb abzulehnen. Nach anderer Meinung treffen den Vorhabenträger trotz seiner grundsätzlichen Durchführungsverantwortlichkeit keine Verpflichtungen oder Folgen mehr, sobald die Gemeinde zur Durchführung verpflichtet ist. Insbesondere das Vorhabengenehmigungsverfahren sei vom Vollzug der Kompensationsmaßnahmen außerhalb der Eingriffsgrundstücke abgekoppelt[161], da diese Maßnahmen regelmäßig und sinnvollerweise nur einheitlich durchgeführt werden könnten. Dies sei aber bei Sammelzuordnungen dann nicht möglich, wenn die Durchführung an jede einzelne Vorhabengenehmigung geknüpft wäre.[162] Nach dieser Ansicht kann eine Vorhabengenehmigung nicht deshalb verweigert werden, weil Kompensationsmaßnahmen noch nicht durchgeführt wurden, und auch nicht aus dem Grunde, daß Rechtsgründe der Durchführung der Kompensationsmaßnahmen entgegenstehen (Beispiel: Der Gemeinde gelingt es nicht, die erforderlichen Flächen zu beschaffen.).[163] Ausreichende Sicherung dafür, daß die im Bebauungsplan festgesetzten Kompensationsmaßnahmen auch im Genehmigungsverfahren umgesetzt werden, wie es § 8a II BNatSchG a. F./ § 8a II 1 BNatSchG n. F. i. V. m. §§ 30, 33 BauGB fordert, sei allein die Tatsache, daß die Gemeinde durchführungsverpflichtet ist.[164] Eine ausreichende Sicherung ist aber gerade dann nicht gegeben, wenn der Durchführung der Kompensationsmaßnahmen Rechtsgründe entgegenstehen. Denn dann liegt es gar

[159] LOUIS, ZUR 1993, S. 146 (151).

[160] So auch GARBE, Eingriffsregelung, S. 206.

[161] RUNKEL, BBauBl 1994, S. 172 (174); ARGEBAU, Muster-Einführungserlaß, S. 128, Punkt 11. 9. 3; SCHINK in: CARLSEN, Naturschutz, S. 69 (77).

[162] RUNKEL, BBauBl 1994, S. 172 (174); ARGEBAU, Muster-Einführungserlaß, S. 128, Punkt 11. 9. 3; SCHINK in: CARLSEN, Naturschutz, S. 67 (75).

[163] SCHINK in: CARLSEN, Naturschutz, S. 67 (77); ARGEBAU, Muster-Einführungserlaß, S. 130, Punkt 11. 9. 4.

[164] RUNKEL, BBauBl 1994, S. 172 (175); ARGEBAU, Muster-Einführungserlaß, S. 131, Punkt 11. 9. 4.

nicht mehr in der Macht der Gemeinde, die Maßnahmen durchzuführen.[165] Ließe man eine solche Vorgehensweise zu, wären die naturschutzrechtlichen Eingriffe zwar planungsrechtlich bewältigt, werden aber nicht auf der Vollzugsebene umgesetzt. Dies kann nicht gewollt sein.[166] Die Vorhabengenehmigung kann daher nur dann unabhängig vom Stadium des Vollzugs der Kompensationsmaßnahmen durch die Gemeinde erteilt werden, wenn sichergestellt wurde, daß der Durchführung der Maßnahmen keine rechtlichen Hindernisse entgegenstehen. Nur insoweit kann von einer Entkoppelung der Vorhabengenehmigung vom Vollzug der Kompensation gesprochen werden.

Die Durchführungspflicht der Gemeinde entfällt, wenn die Durchführung auf andere Weise gesichert ist, § 8a III 2 BNatSchG a. F./ § 135a II 1 BauGB.[167]

f. Zeitpunkt der Durchführung der Kompensationsmaßnahmen

Während der Geltung des § 8a BNatSchG a. F. mußten die Kompensationsmaßnahmen durchgeführt werden, wenn der Eingriff erfolgte oder konkret vorbereitet wurde.[168] Eine frühere Durchführung war gem. § 8a III 3 HS 1 BNatSchG a. F. nur möglich, wenn dies aus städtebaulichen Gründen oder Gründen des Naturschutzes erforderlich war. § 135a II 2 BauGB ermöglicht nun, daß die Kompensation sowohl vor den Baumaßnahmen als auch vor der Zuordnung durchgeführt wird. Die Gemeinden können so aus dem Flächennutzungsplan einen Ausgleichsbebauungsplan entwickeln (vgl. § 5 IIa BauGB), die Kompensationsmaßnahmen durchführen und diese später den neuen Baugebieten zuordnen. Auf diese Weise findet eine Anrechnung bereits vor den Baumaßnahmen erbrachter Kompensation statt (sog. "Öko-Konto"). Dies entzerrt die Bauleitplanung auch in zeitlicher Hinsicht.[169]

g. Kostenerstattung

Zugeordnete Festsetzungen führt die Gemeinde gem. § 8a III 2 BNatSchG a. F./ § 135a II 1 BauGB auf Kosten der Vorhabenträger durch. Zur Deckung ihres Aufwands erhebt sie einen Kostenerstattungsbetrag, § 135a III 2 BauGB.[170]

---

[165]Im Ergebnis ebenso: DÜRR, BauR 1994, S. 460 (471).

[166]Ein solches Ergebnis ebenso mißbilligend: ECKER/ ENGEL/ SCHÄFER, VBlBW 1994, S. 217 (224); ähnlich: GARBE, Eingriffsregelung, S. 207 f.

[167]Zu den einzelnen anderweitigen Sicherungsmöglichkeiten vgl. unten Punkt B. II. 2.

[168]SCHINK in: RAMSAUER, Eingriffsregelung, S. 124 (140).

[169]Vgl. auch BT-Drucks. 13/ 6392, S. 63 f.

[170]Dieser Kostenerstattungsbetrag ist allerdings nicht als Beitrag zu qualifizieren, wie von SCHINK, NuR 1993, S. 365 (375); DEMS. in: RAMSAUER, Eingriffsregelung, S. 124 (146); FISCHER-HÜFTLE, NuR 1996, S. 64 (73) vor Inkrafttreten des BauROG 1998 vertreten, da

Voraussetzung für einen Kostenerstattungsanspruch der Gemeinde gegen den Vorhabenträger aufgrund der Durchführung zugeordneter Kompensationsmaßnahmen ist zunächst, daß die Grundstücke, auf denen Eingriffe erwartet werden, bereits baulich oder gewerblich genutzt werden dürfen, § 8a III 3 HS 2 BNatSchG a. F./ § 135a III 1 BauGB. Darüber hinaus muß die Gemeinde die Kompensationsmaßnahmen bereits hergestellt haben, was in § 135a III 3 BauGB nunmehr klargestellt wurde.[171] Schließlich verlangt der Grundsatz vom Vorbehalt des Gesetzes, daß im Rahmen der Eingriffsverwaltung die Befugnisse der Exekutive gesetzlich nach Inhalt, Gegenstand, Zweck und Ausmaß hinreichend bestimmt und begrenzt sind, so daß die Eingriffe für den Bürger meßbar, voraussehbar und berechenbar sind.[172] Aus diesem Grund muß die Gemeinde grundsätzlich eine Satzung im Sinne des § 8a V BNatSchG a. F./ § 135c BauGB[173] erlassen, in der die Kostenerstattung im einzelnen geregelt wird.[174] [175] Regelungsgehalt einer Satzung gem. § 8a V BNatSchG a. F./ § 135c BauGB ist zunächst der Umfang der Kostenerstattung, § 8a V Nr. 2 BNatSchG a. F./ § 135c Nr. 2 BauGB. Aus den letztgenannten Normen ergibt sich eine entsprechende Anwendbarkeit des § 128 I S. 1 Nr. 1, 2, S. 2 BauGB. So umfassen die erstattungsfähigen Kosten den Aufwand für Erwerb und Freilegung der Kompensationsflächen sowie deren erstmalige Herstellung und den Wert der von der Gemeinde aus ihrem Vermögen bereitgestellten Flächen. Dabei können die Kosten gem. § 8a V Nr. 3 BNatSchG a. F./ § 135c Nr. 3 BauGB im einzelnen nach den tatsächlich entstandenen Kosten oder nach einem Einheitssatz ermittelt werden, welcher sich aus den in der Gemeinde üblicherweise durchschnittlich aufzuwendenden Kosten für vergleichbare Anlagen ergibt.[176]

---

§ 135a IV BauGB die Vorschriften über kommunale Beiträge nur für entsprechend anwendbar erklärt. Zur Rechtsnatur des Kostenerstattungsbetrags vgl. i. ü. GARBE, Eingriffsregelung, S. 222 ff.; STEINFORT, VerwArch 1995, S. 107 (144 f.); GRUBER, BayVBl 1995, S. 420 (421).

[171] Auch vor Inkrafttreten des § 135a III 3 BauGB ergab sich dieses Erfordernis bereits mittelbar aus § 8a V Nr. 5 BNatSchG a. F. Dieser besagte nämlich, wie nun § 135c Nr. 5 BauGB, daß eine Vorauszahlung vor Durchführung der Kompensationsmaßnahmen einer speziellen Regelung bedarf.

[172] BVerfGE 8, 274 (325).

[173] § 8a V BNatSchG wurde wörtlich in § 135c BauGB übernommen.

[174] MITSCHANG, Belange von Natur und Landschaft, S. 243; RICHARZ/ STEINFORT, Erschließung, S. 269 f.; FISCHER-HÜFTLE, NuR 1996, S: 64 (73); SCHINK in: RAMSAUER, Eingriffsregelung, S. 222; STICH in: SCHLICHTER/ STICH, Berliner Kommentar, Vor § 8 BNatSchG Rn. 9 ; aA: STOLLMANN, UPR 1994, S. 170 (174); GRUBER, BayVBl 1995, S. 420 (423), der allerdings dem Gesetzesvorbehalt durch eine detaillierte Beschreibung der Kompensationsmaßnahmen im Bebauungsplan gerecht werden will.

[175] Zur Frage, ob § 8a V BNatSchG a. F./ § 135c BauGB abschließenden Charakter hat: GRUBER, BayVBl 1995, S. 420 (423f.).

[176] SCHINK in: RAMSAUER, Eingriffsregelung, S. 124 (125).

Auf die einzelnen Grundstücke sind die Kosten für die zugeordneten Kompensationsmaßnahmen gemäß den Verteilungsmaßstäben des § 8a IV BNatSchG a. F./ § 135b BauGB[177] zu verteilen.

§ 8a V Nr. 4 BNatSchG a. F./ § 135c Nr. 4 BauGB eröffnet die Möglichkeit, die Schwere der zu erwartenden Beeinträchtigung (§ 8a IV 2 Nr. 3 BNatSchG a. F./ § 135b II Nr. 4 BauGB) nach Biotop- und Nutzungstypen zu pauschalieren.

§ 8a V Nr. 5 BNatSchG a. F./ § 135c Nr. 5 BauGB betrifft die Voraussetzungen für eine Vorauszahlung, § 8a V Nr. 6 BNatSchG a. F./ § 135c Nr. 6 BauGB die Regelung der Fälligkeit des Kostenerstattungsbetrags.[178]

h. Zusammenfassung der Neuregelung durch das BauROG 1998

Zusammenfassend sollen zur Übersicht die Regelungen aufgelistet werden, in denen § 8a BNatSchG a. F. aufgegangen ist:

- § 8a BNatSchG:
  Die materielle naturschutzrechtliche Kernregelung verbleibt im Bundesnaturschutzgesetz. Ansonsten wird auf die Vorschriften im Baugesetzbuch verwiesen.
- §§ 1 V Nr. 7, 1a II Nr. 2 BauGB:
  In den §§ 1 V Nr. 7, 1a II Nr. 2 BauGB wird die Rolle der Eingriffsregelung in der bauleitplanerischen Abwägung klargestellt.
- § 1a III BauGB:
  § 1a III BauGB betrifft die Umsetzung der Kompensationspflicht, insbesondere durch Darstellungen und Festsetzungen im Bauleitplan, vertragliche Vereinbarungen oder sonstige geeignete Maßnahmen.
- § 5 IIa BauGB:
  Durch § 5 IIa BauGB wird die erweiterte Zuordnungsmöglichkeit auf Flächennutzungsplanebene eröffnet.
- § 9 Ia BauGB:
  In § 9 Ia BauGB wird die Möglichkeit, Flächen oder Maßnahmen zum Ausgleich den Eingriffsgrundstücken zuzuordnen, geregelt. Außerdem erfolgt die Klarstellung, daß ein Bebauungsplan mit geteiltem Geltungsbereich zulässig ist.

---

[177] § 135b BauGB entspricht bis auf die eingefügte Nr. 3 dem § 8a IV BNatSchG a. F.

[178] Ein anschauliches Beispiel für eine Satzung gem. § 8a V BNatSchG a. F./ § 135c BauGB gibt die Mustersatzung der BUNDESVEREINIGUNG der kommunalen Spitzenverbände zur Erhebung von Kostenerstattungsbeträgen nach § 8a BNatSchG.

- § 135a BauGB:
  Diese Vorschrift beinhaltet Regelungen über den Vollzug der Kompensationsmaßnahmen, insbesondere über die Durchführungsverantwortlichkeit und die Grundsätze der Kostenerstattung.
- § 135b BauGB:
  In § 135b BauGB sind die Verteilungsmaßstäbe für die Abrechnung festgelegt.
- § 135c BauGB:
  Inhalt des § 135c BauGB ist das Satzungsrecht der Gemeinde.
- § 200a BauGB:
  Durch § 200a BauGB wird die Differenzierung zwischen Ausgleich und Ersatz auf der Ebene der Bauleitplanung zugunsten eines einheitlichen Ausgleichsbegriffs aufgehoben.

Die Befugnis der Länder, bestimmte abweichende Regelungen bezüglich der naturschutzrechtlichen Eingriffsregelung zu treffen, vorher in § 8b BNatSchG normiert, findet sich nun in § 246 BauGB. §243 BauGB beinhaltet Übergangsbestimmungen.

B. Flächenbeschaffung

I. Problemstellung

Die Durchführung der Ausgleichsmaßnahmen für Eingriffe auf Baugrundstücken kann auf den sogenannten Eingriffsgrundstücken erfolgen oder auf zugeordneten Ausgleichsflächen, § 9 Ia BauGB. Für Maßnahmen auf den Eingriffsgrundstücken müssen keine zusätzlichen Flächen bereitstehen. Die Zuordnungsflächen müssen jedoch als zusätzliche Flächen zur Verfügung stehen.

Gem. § 135a II 1 BauGB ist die Gemeinde für die Durchführung der Kompensationsmaßnahmen auf Grundstücken, die den Eingriffsgrundstücken zugeordnet sind, verantwortlich, sofern diese nicht auf andere Weise gesichert ist. Die Gemeinde muß sich demnach diese Flächen verfügbar machen, um darauf die Kompensationsmaßnahmen selbst durchführen zu können.

Ist sie dazu nicht willens oder in der Lage, so besteht die Möglichkeit der anderweitigen Sicherung der Durchführung von Ausgleichsmaßnahmen. Eine solche anderweitige Sicherung kann z. B. darin liegen, daß die Durchführung der Maßnahmen vertraglich geregelt wurde.[179] Anderweitig gesichert ist die Durchführung beispielsweise auch dann, wenn der Ausgleich für einen Eingriff des Vorhabenträgers auf einem anderen in seinem Eigentum stehenden Grundstück erfolgen kann, das dem Eingriffsgrundstück zugeordnet wurde. In einem solchen Fall könnte die Durchführung der Kompensationsmaßnahmen durch eine Nebenbestimmung zur Baugenehmigung sichergestellt werden.

Aber auch wenn sich die Gemeinde durch eine anderweitige Sicherung von ihrer Durchführungsverantwortlichkeit gem. § 135a II 1 HS 2 BauGB lösen möchte, bleibt es ihre Aufgabe, für eine solche zu sorgen, sei es durch Abschluß von Verträgen oder durch das Aufgeben einer Nebenbestimmung. Insofern kann man auch hier von einer Pflicht zur Flächenbeschaffung im weiteren Sinne sprechen.

---

[179] STICH in: SCHLICHTER/ STICH, Berliner Kommentar, § 8a BNatSchG Rn. 61; DERS. in: KORMANN, Bundesbaurecht, S. 9 (24 f.); SCHINK in: RAMSAUER, Eingriffsregelung, S. 124 (137 ff.); ARGEBAU/ RUNKEL in: KORMANN, Bundesbaurecht, S. 75 (96).

II. Instrumente zur Flächenbeschaffung

1. Durchführungsverantwortlichkeit der Gemeinde gem. § 135a II 1 HS 2 BauGB

Ist die Gemeinde zur Durchführung der Kompensationsmaßnahmen verpflichtet, so muß sie für die Verfügbarkeit der erforderlichen Flächen sorgen. Denn im Gegensatz zur Sicherstellung der Durchführung auf andere Weise gem. § 135a II 1 HS 3 BauGB muß die Gemeinde bei Durchführungsverantwortlichkeit selbst in der Lage sein, die Ausgleichsmaßnahmen durchzuführen. Mit Hilfe welcher Instrumente sie dafür sorgen kann, daß ihr die notwendigen Flächen zur Realisierung des naturschutzrechtlichen Ausgleichs zur Verfügung stehen, soll im folgenden untersucht werden. Um eine möglichst hohe Akzeptanz der Flächenbeschaffung bei den betroffenen Grundstückseigentümern zu erreichen, sollte die Gemeinde zunächst einvernehmliche Regelungen mit diesen zu treffen versuchen. Daher wird mit der Darstellung solcher Maßnahmen begonnen, die Einvernehmlichkeit zwischen Gemeinde und Grundstückseigentümern erfordern.

a. Freihändiger Erwerb

Ob ein freihändiger Erwerb von Grundstücken, die als Ausgleichsflächen vorgesehen sind, möglich ist, hängt stark vom Einzelfall ab. Voraussetzung ist zunächst, daß der Gemeinde die nötigen Mittel zur Finanzierung des freihändigen Erwerbs zur Verfügung stehen. Vor allem in Gemeinden mit einem hohen Bodenpreisniveau wird dies häufig nicht der Fall sein. Abgesehen von dieser Problematik muß der jeweilige Eigentümer auch überhaupt Verkaufsbereitschaft zeigen. Diese kann positiv beeinflußt werden, wenn der Gemeinde eine Enteignungsmöglichkeit zusteht, sie sich das Grundstück also ohnehin beschaffen könnte und dem Grundstückseigentümer dies bekannt ist.

Die Verkaufsbereitschaft könnte auch dadurch beeinflußt werden, daß die Gemeinde sich der amtlichen Umlegung zur Beschaffung von Ausgleichsflächen bedienen kann, sollte ein freihändiger Erwerb scheitern.[180] Die amtliche Umlegung, §§ 45 ff. BauGB, hat zum Ziel, bebaute und unbebaute Grundstücke in der Weise neu zu ordnen, daß nach Lage, Form und Größe für die bauliche und sonstige Nutzung zweckmäßig gestaltete Grundstücke entstehen, § 45 I 1 BauGB, und dient damit der Planverwirklichung.[181] Sie zeichnet sich dadurch aus, daß alle Grundstücke im Umlegungsgebiet zu einer Umlegungsmasse vereinigt wer-

---

[180] Vgl. im einzelnen Punkt B. II. 1. g.

[181] LÖHR in: BATTIS/ KRAUTZBERGER/ LÖHR, BauGB, § 45 Rn. 13.

den, § 55 I BauGB, und jeder einzelne Grundstückseigentümer aus der nach dem Flächenabzug gem. § 55 II, V BauGB gebildeten Verteilungsmasse (§ 55 IV BauGB) ein Baugrundstück erhält, das dem ihm zustehenden Anteil entspricht, § 59 I BauGB. Dieser Anteil berechnet sich aus dem Verhältnis der Werte oder dem Verhältnis der Flächen, in dem die früheren Grundstücke vor der Umlegung zueinander gestanden haben, §§ 59 I, 56 I, 57, 58 BauGB. Legt nun der einzelne Grundstückseigentümer mehr Wert darauf, Bauland im Wege der Umlegung zu erhalten - vorausgesetzt sein Grundstück kann in das Umlegungsverfahren einbezogen werden[182] - als den Kaufpreis für sein Grundstück, kann sich dies auf seine Verkaufsbereitschaft negativ auswirken. In einer solchen Situation kann nur ein Anreiz zum Verkauf geboten werden, wenn die Gemeinde nach folgendem umlegungsähnlichen Modell vorgeht: Sie bemüht sich um den Erwerb aller Grundstücke im Bebauungsplangebiet unter Einräumung eines Anspruchs auf Rückübereignung von Bauland zugunsten des einzelnen Grundstückseigentümers. Die Grundstücke werden vor Rückübertragung gemäß dem Bebauungsplan zweckmäßig gestaltet. Flächen, die man für Ausgleichsmaßnahmen benötigt, werden von der Masse der erworbenen Grundstücke abgezogen, bevor die Rückübertragung der verbleibenden Baugrundstücke auf die ursprünglichen Eigentümer erfolgt.[183] Im Rahmen der Umlegung gilt allerdings der Grundsatz wertgleicher Zuteilung, d. h. die dem Grundstückseigentümer im Umlegungsverfahren zugeteilte Baufläche muß wertmäßig mindestens der ins Umlegungsverfahren eingebrachten Fläche entsprechen.[184] Um mit der amtlichen Umlegung konkurrieren zu können, muß also auch beim Ankaufsmodell mit Rückübertragungsanspruch eine solche Wertgleichheit gewährleistet werden. Grundsätzlich ist dies auch bei einem Flächenabzug möglich, da durch die zweckmäßige, dem Bebauungsplan entsprechende Gestaltung eine Wertsteigerung der Grundstücke erfolgt.[185] Mit dem Modell des Ankaufs mit Rückübertragungsanpruch kann auch dem Verkäufer von Ausgleichsflächen ein Anspruch auf Bauland eingeräumt und somit seine Verkaufsbereitschaft möglicherweise gesteigert werden. Allerdings ist bei dem erörterten Modell der Erwerb aller im Bebauungsplangebiet gelegenen Grundstücke erforderlich, so daß es nicht nur auf die Verkaufsbereitschaft des Einzelnen, sondern aller Grundstückseigentümer ankommt.

Auch der gebotene Kaufpreis hat Einfluß auf die Verkaufsbereitschaft der Grundeigentümer. Maßgeblich für den Kaufpreis ist der Verkehrswert des Grundstücks, § 194 BauGB. Dieser bestimmt sich insbesondere nach dem Entwicklungszustand des Grundstücks, § 3 II 2 WertV. Auf Ausgleichsflächen, die

[182]Vgl. dazu Punkt B. II. 1. g. bb. (2).

[183]Zu diesem Modell: DIETERICH, Baulandumlegung, Rn. 481; vgl. auch: LEMMEN, Entwicklungsmaßnahmen, S. 130 ff.

[184]Vgl. §§ 57 S. 2, 58 I 1 HS 1 BauGB; im übrigen Punkt B. II. 1. g. aa.

[185]Vgl. zur Wertsteigerung Punkt B. II. 1. g. aa.; zur Problematik der wertgleichen Zuteilung bei Flächenabzug Punkt B. II. 1. g. cc. (1) (b) (bb).

im Bebauungsplan als solche ausgewiesen sind, kann keine bauliche Nutzung stattfinden, was eine Bewertung als Agrarland nahelegt, vgl. § 4 WertV.[186] Wurden die Ausgleichsflächen jedoch im Flächennutzungsplan noch als Bauflächen und erst im Bebauungsplan als Ausgleichsflächen ausgewiesen, so läßt sich vertreten, diese Flächen als Rohbauland[187] zu bewerten. Die Ausgleichsflächen werden nämlich in der Regel rein zufällig von der Planung für diese Zwecke ausgewählt, so daß sich eine Ungleichbehandlung gegenüber den übrigen von der Planung betroffenen Grundstückseigentümern nicht rechtfertigen läßt.[188] Anders ist dies, wenn die Ausgleichsflächen schon im Flächennutzungsplan als solche dargestellt wurden. Dann bestand nie eine Bauerwartung; diese Grundstücke können als Agrarland bewertet werden. Im übrigen wird der Bodenwert eines Grundstücks nach dem Vergleichswertverfahren ermittelt, §§ 15 II, 13, 14 WertV. Dabei sind zum Vergleich Kaufpreise solcher Grundstücke heranzuziehen, die hinsichtlich der ihren Wert beeinflussenden Merkmale mit dem zu bewertenden Grundstück hinreichend übereinstimmen, § 13 I 1 WertV. Auch Bodenrichtwerte können zum Vergleich dienen, § 13 II 1 WertV.

Die Gemeinde sollte darauf achten, daß ihr Angebot ein angemessenes im Sinne des § 87 II BauGB ist, wenn sie sich die Möglichkeit einer Enteignung offenhalten will. Diese ist nur dann zulässig, falls der freihändige Erwerb des betreffenden Grundstücks zu angemessenen Bedingungen gescheitert ist. Angemessen ist ein Kaufangebot, wenn der Verkäufer durch den Verkauf nicht schlechter steht als durch eine Enteignung. Daher muß sich das Kaufangebot an der Höhe der Entschädigung im Falle einer Enteignung (§§ 93 ff. BauGB) orientieren.[189] Zu beachten ist in diesem Zusammenhang, daß nicht nur Entschädigung für den eintretenden Rechtsverlust, sondern auch für sonstige eintretende Vermögensnachteile, also für Folgeschäden, geleistet wird, § 93 II BauGB.

b. Freiwillige Umlegung

aa. Grundsätze

Um einen Bebauungsplan zu verwirklichen, ist oftmals eine Neuordnung der Grundstücke nötig. Zu diesem Zweck ist das amtliche Umlegungsverfahren im

---

[186] Vgl. STEMMLER/ OTTE in: ERNST/ ZINKAHN/ BIELENBERG, BauGB, § 57 Rn. 10.

[187] Rohbauland besteht ab der Rechtsverbindlichkeit des Bebauungsplans bis zum Ende der Ordnungsphase, vgl. auch § 4 III WertV, STEMMLER/ OTTE in: ERNST/ ZINKAHN/ BIELENBERG, BauGB, § 57 Rn. 10.

[188] HECKER, VR 1994, S. 73 (81).

[189] BGH BauR 1975, S. 117 (117); BERKEMANN in: SCHLICHTER/ STICH, Berliner Kommentar, § 87 Rn. 35; MAINCZYK, BauGB, § 87 Rn. 5; RUNKEL in: ERNST/ ZINKAHN/ BIELENBERG, BauGB, § 7 Rn. 82.

BauGB normiert, §§ 45 ff. BauGB.[190] Die Grundstücksumlegung dient der Umgestaltung von Grundstücksgrenzen, mit dem Ziel, bebaute und unbebaute Grundstücke in der Weise neu zu ordnen, daß nach Lage, Form und Größe für die bauliche oder sonstige Nutzung zweckmäßig gestaltete Grundstücke entstehen, § 45 I 1 BauGB. Die Grundstücke des Umlegungsgebietes werden rechnerisch zu einer Umlegungsmasse vereinigt, § 55 I BauGB; aus dieser Umlegungsmasse sind vorweg Verkehrs- und Grünflächen und sonstige für öffentliche Zwecke bestimmte Flächen auszuscheiden, § 55 II, V BauGB. Ein solches Bodenordnungsverfahren zur Bebauungsplanverwirklichung kann auch auf freiwilliger Basis, auf der Grundlage eines Umlegungsvertrages[191] stattfinden, dann handelt es sich um eine sogenannte "freiwillige Umlegung".[192] Vertragspartner des Umlegungsvertrages sind die Grundstückseigentümer und der jeweilige Träger des Umlegungsverfahrens.[193] Ein solcher Träger kann sowohl die Gemeinde als auch eine Gesellschaft des Privatrechts, z. B. eine Siedlungsentwicklungsgesellschaft sein.[194] Die Zulässigkeit solcher freiwilliger Umlegungsvereinbarungen ergibt sich mittlerweile aus § 11 I Nr. 1 BauGB, der die Neuordnung von Grundstücksverhältnissen zu einem zulässigen Gegenstand eines städtebaulichen Vertrages erklärt.

Die Rechtsnatur eines solchen Vertrages ist allerdings umstritten. BIRK qualifiziert ihn als gemischt-öffentlich-rechtlich-zivilrechtlich.[195] Dies führt jedoch schnell zu Abgrenzungsschwierigkeiten. Schon bei den von BIRK angesprochenen Mehr- oder Minderzuteilungen ist nicht eindeutig, ob sie dem zivilrechtlichen Vertragsteil zuzuordnen sind[196] oder vielmehr dem öffentlich-rechtlichen Vertragsteil angehören, weil sie die gesetzlichen Regelungen über Zuteilung und Abfindung (§59 BauGB) ersetzen. Die von BIRK vorgenommene Einordnung des Umlegungsvertrages ist daher wenig praktikabel. VONDUNG, BROHM und JÄDE ordnen den Umlegungsvertrag als öffentlich-rechtlich ein.[197] Diese Einordnung kann aber dann nicht richtig sein, wenn die Verfahrensträgerschaft bei einem privaten Träger liegt. In einem solchen Fall handelt es sich um einen Vertrag zwischen Privaten - dem Träger und den Grundeigentümern. Öffentlich-

---

[190]Dazu vgl. im einzelnen Punkt B. II. 1. g.

[191]BROHM, Baurecht, § 25 Rn. 29; SCHRIEVER in: BRÜGELMANN, BauGB, Vor §§ 45-84 Rn. 43; VONDUNG, Freiwillige Umlegung, S. 50.

[192]LÖHR in: BATTIS/ KRAUTZBERGER/ LÖHR, BauGB, § 46 Rn. 5; STICH in: SCHLICHTER/ STICH, Berliner Kommentar, Vor § 45 Rn. 6; ausführlich zu den tatsächlichen und rechtlichen Grundlagen der freiwilligen Umlegung: VONDUNG, Freiwillige Umlegung, S. 4 ff.

[193]Vgl. BREUER in: SCHRÖDTER, BauGB, § 45 Rn. 46, 51.

[194]BREUER in: SCHRÖDTER, BauGB, § 45 Rn. 43, 46, 51.

[195]BIRK, Städtebauliche Verträge, Rn. 112 ff.

[196]So BIRK, Städtebauliche Verträge, Rn. 114.

[197]VONDUNG, Freiwillige Umlegung, S. 143; BROHM, Baurecht, § 25 Rn. 29; JÄDE, BayVBl 1992, S. 549 (550).

rechtliche Verträge unter Privaten kann es aber nur geben, soweit diese über die Zuordnung öffentlich-rechtlicher Rechte und Pflichten bestimmen können und die Rechtsordnung dies vorsieht.[198] Eine solche Dispositionsbefugnis wird dem privaten Träger, der bei einer freiwilligen Umlegung eingeschaltet wird, von der Rechtsordnung nicht verliehen.[199] Es erscheint daher sinnvoll, wie BREUER, DIETERICH und SCHMIDT-ASSMANN/ KREBS die Qualifizierung des Umlegungsvertrages nach der Verfahrensträgerschaft zu bestimmen. Liegt diese in der Hand der Gemeinde, so handelt es sich um einen öffentlich-rechtlichen Vertrag, liegt sie bei einem privaten Träger, so ist ein privatrechtlicher Vertrag zu befürworten.[200] In dieses Abgrenzungsschema lassen sich sowohl die Rechtsprechung des Bundesverwaltungsgerichts als auch die Meinung von BAUR einordnen. Das Bundesverwaltungsgericht geht bei Trägerschaft der Gemeinde von einem öffentlich-rechtlichen Vertrag aus.[201] BAUR nimmt für den Fall einer privaten Trägerschaft einen privatrechtlichen Vertrag an.[202]

Die freiwillige Umlegung ist grundsätzlich nicht an die gesetzlichen Vorgaben der §§ 45 ff. BauGB gebunden.[203] Voraussetzung für eine freiwillige Durchführung der Bodenordnung ist, daß alle betroffenen Grundeigentümer sich mit einem solchen Vorhaben einverstanden erklären, was auf Grund möglicher Sonderinteressen einzelner Eigentümer nicht immer einfach zu erreichen sein mag.[204] Für die Beteiligten kann die freiwillige Umlegung gegenüber dem amtlichen Verfahren diverse Vorteile bringen. Zum einen öffnen sich für sie Möglichkeiten der Einflußnahme und Mitgestaltung, da die Modalitäten der Grundstücksneuordnung ausgehandelt werden. Auch eine mögliche Verzögerung der Neuordnung durch Rechtsmitteleinlegung beispielsweise gegen den Einleitungsbeschluß oder den Beschluß des Umlegungsplans kann im freiwilligen Verfahren vermieden werden. Da im freiwilligen Verfahren keine Bindung an die Verfahrensvorschriften der amtlichen Umlegung besteht, ist unter Umständen eine Verkürzung der Verfahrensdauer gegenüber der amtlichen Umlegung möglich.[205] Allerdings ist auch ein Nachteil zu nennen. Im Gegensatz zur

---

[198] ERICHSEN in: ERICHSEN, Verwaltungsrecht, § 24 III Rn. 9 mit weiteren Nachweisen; vgl. auch BGHZ 35, 175 (177).

[199] Vgl. auch BREUER in: SCHRÖDTER, BauGB, § 46 Rn. 61.

[200] BREUER in: SCHRÖDTER, BauGB, § 46 Rn. 58 ff.; DIETERICH, Baulandumlegung, Rn. 469 f.; SCHMIDT-ASSMANN/ KREBS, Städtebauliche Verträge, S. 44 f.

[201] BVerwG NJW 1985, S. 989 (989).

[202] BAUR in: FS für MÜHL, S. 71 (83).

[203] BREUER in: SCHRÖDTER, BauGB, § 45 Rn. 43; JÄDE, BayVBl 1992, S. 549 (550); zu den Grenzen der freiwilligen Umlegung vgl. aber: BVerwG NJW 1985, S. 989 f.; BUSSE, BayVBl 1994, S. 353 (355).

[204] BUNZEL/ COULMAS/ METSCHER/ SCHMIDT-EICHSTAEDT, Städtebauliche Verträge, S. 60.

[205] Vgl. BUNZEL/ COULMAS/ METSCHER/ SCHMIDT-EICHSTAEDT, Städtebauliche Verträge, S. 60; BIRK, Städtebauliche Verträge, Rn. 78 ff.; BREUER in: SCHRÖDTER, BauGB, § 45

amtlichen Umlegung fällt bei der freiwilligen Umlegung Grunderwerbssteuer an.[206] Dennoch findet die freiwillige Umlegung noch immer verbreitet Anwendung.[207] Die Bereitschaft der Grundstückseigentümer zur freiwilligen Grundstücksneuordnung und das Zustandekommen einer solchen wird aber nicht nur von den genannten Vor- und Nachteilen beeinflußt, sondern hängt z. B. auch von der Größe des betroffenen Gebietes, der Zahl der beteiligten Eigentümer und oftmals dem Verhandlungsgeschick und der Flexibilität der Gemeindeverwaltung ab.[208] Sind die Grundstückseigentümer schließlich zu einer freiwilligen Regelung bereit und in der Lage, so ist eine amtliche Umlegung nicht erforderlich im Sinne des § 46 I BauGB; die freiwillige Umlegung geht insoweit der Anordnung einer amtlichen Umlegung vor.[209]

bb. Gewinnung von Ausgleichsflächen

Wie bei der amtlichen Umlegung werden auch im freiwilligen Verfahren meist alle Grundstücke des Gebietes zu einer Masse vereinigt. Dies geschieht, indem die Einzeleigentümer ihre Grundstücke dem Verfahrensträger auflassen.[210] [211] Bevor eine Neuzuteilung der Grundstücke stattfindet, müssen die erforderlichen Verkehrs- und Grünflächen und eventuell sonstige Flächen für öffentliche Zwecke - bei entsprechender Ersatzlandgestellung - aus der Umlegungsmasse ausgeschieden und der Gemeinde zugeteilt werden[212], ansonsten ist die freiwillige Umlegung unzulässig.[213] Unter diese Abzugsflächen fallen regelmäßig auch die für die Bebauung erforderlichen Ausgleichsflächen.[214]

Im amtlichen Umlegungsverfahren ist der zulässige Flächenabzug von Ver-

---

Rn. 43 ff.; VONDUNG, Freiwillige Umlegung, S. 51 f.; BAUR in: FS für MÜHL, S. 71 (72); JÄDE, BayVBl 1992, S. 549 (550); TESMER, ZfV 1971, S. 161 (162 f.).

[206] Dazu: DIETERICH, Baulandumlegung, Rn. 505.

[207] BUSSE, BayVBl 1994, S. 353 (355); JÄDE, BayVBl 1992, S. 549 (550); DIETERICH, Baulandumlegung, Rn. 473; BROHM, Baurecht, § 35 Rn. 29.

[208] BREUER in: SCHRÖDTER, BauGB, § 45 Rn. 56.

[209] BGH NJW 1981, S. 2124 (2124); DIETERICH, Baulandumlegung; Rn. 471; ERNST/ OTTE in: ERNST/ ZINKAHN/ BIELENBERG, BauGB, § 46 Rn. 5; SCHRIEVER in: BRÜGELMANN, BauGB, § 45 Rn. 47.

[210] DIETERICH, Baulandumlegung, Rn. 483 f.; SCHRIEVER in: BRÜGELMANN, BauGB, Vor §§ 45-84 Rn. 40 f.

[211] Zur Möglichkeit, die Grundstücke einer Gesellschaft bürgerlichen Rechts aufzulassen, die durch die Grundstückseigentümer selbst gebildet wird, siehe DIETERICH, Baulandumlegung, Rn. 483.

[212] Vgl. für das amtliche Umlegungsverfahren § 55 II, V BauGB.

[213] LÖHR in: BATTIS/ KRAUTZBERGER/ LÖHR, BauGB, § 46 Rn. 5; ERNST/ OTTE in: ERNST/ ZINKAHN/ BIELENBERG, Vorb. §§ 45-84 Rn. 1.

[214] Vgl. dazu § 55 II 2, V 1 BauGB und Punkt B. II. 1. g. cc. (1) (a), B. II. 1. g. cc. (2) (a).

kehrs- und Grünflächen allerdings auf 30% der eingeworfenen Fläche begrenzt, vgl. § 58 I 2 BauGB, so daß eine vollständige Beschaffung der Ausgleichsflächen durch einen Vorwegabzug gem. § 55 II BauGB unter Umständen nicht möglich ist.[215] Diese Begrenzung bei der hoheitlichen Umlegung dient dem Schutz des Eigentums des an der Bodenordnung Beteiligten: Er soll am Ende ein Grundstück erhalten, das mindestens den gleichen Verkehrswert besitzt wie das, welches er zu Beginn eingebracht hat.[216] Diese Schutzwürdigkeit entfällt, sobald die Vertragspartner des Umlegungsvertrages die Zuteilungsansprüche der Grundeigentümer und damit korrespondierend den möglichen Flächenabzug einvernehmlich im Rahmen der freiwilligen Umlegung regeln.[217] Fraglich ist aber, ob man eine Mehrflächenabtretung auch immer dann als unproblematisch einstufen kann, wenn die Gemeinde Trägerin des Umlegungsverfahrens und damit Vertragspartnerin der Grundstückseigentümer ist. Denn dann gilt es zu bedenken, daß die Gemeinde als Planungsträgerin stets eine überlegene Position gegenüber den Grundstückseigentümern innehat. Denkbar ist z. B., daß die Gemeinde die Bebauungsplanaufstellung von einer in der Höhe bestimmten Mehrflächenabtreteung im freiwilligen Umlegungsverfahren abhängig macht. Selbst wenn sie dies nicht ausdrücklich tut, so steht diese Möglichkeit doch ständig im Raume. Der Vorhabenträger ist zwar frei in der Entscheidung, sich am freiwilligen Umlegungsverfahren zu beteiligen, dennoch wird durch die Gemeinde faktisch Druck ausgeübt. GRZIWOTZ spricht von "freiwilligem Zwang".[218] Da aber auf die Aufstellung des Bebauungsplans kein Anspruch besteht (§ 2 III BauGB), kann die Gemeinde diese grundsätzlich auch von einer Gegenleistung des Bürgers abhängig machen.[219] Der Bürger wiederum kann sich grundsätzlich im Rahmen der Vertragsfreiheit zu beliebigen Gegenleistungen verpflichten. Das Gesetz sieht allerdings für die vorliegende Situation Schranken vor. Die Mehrflächenabtretung für Ausgleichsmaßnahmen läßt sich unter § 11 I 2 Nr. 3 BauGB subsumieren.[220] Danach können in einem städtebaulichen Vertrag der Gemeinde Grundstücke bereitgestellt werden, die sie für städtebauliche Maßnahmen benötigt und die Voraussetzung oder Folge des geplanten Vorhabens sind. Die Ausgleichsmaßnahmen dienen dem Städtebau und sind Voraussetzung

---

[215] Zu dieser Problematik siehe Punkt B. II. 1. g. cc. (1) (b) (bb).

[216] Zur Bedeutung dieses Grundsatzes der wertgleichen Landabfindung siehe Punkt B. II. 1. g. aa.

[217] So auch BVerwG DÖV 1985, S. 32 (33); BAUR in: FS für MÜHL, S. 71 (82); SCHRIEVER in: BRÜGELMANN, BauGB, § 45 Rn. 44; JÄDE, BayVBl 1992, S. 549 (551). Zum Grundrechtsschutz bei Verwaltungsverträgen siehe SEITZ, Planungshoheit und Grundeigentum, S. 150 f.

[218] GRZIWOTZ, Baulanderschließung, S. 224.

[219] DIETERICH, Baulandumlegung, Rn. 496a; vgl. auch § 56 VwVfG.

[220] BUNZEL/ COULMAS/ METSCHER/ SCHMIDT-EICHSTAEDT, Städtebauliche Verträge, S. 69; BIRK, Städtebauliche Verträge, Rn. 128, alle noch zu § 6 III BauGBMaßnG.

von Bauvorhaben. Gem. § 11 II 1 BauGB müssen die vereinbarten Leistungen den gesamten Umständen nach angemessen sein; die durch die freiwillige Umlegung bezweckte Bebaubarkeit der Grundstücke muß sich für die Vorhabenträger also trotz der zusätzlichen Flächenabtretung noch lohnen.[221] Dies ist bei der Mehrflächenabtretung für erforderliche Ausgleichsmaßnahmen jedenfalls nicht ausgeschlossen. Diese Anforderungen der Kausalität entsprechen insoweit denen des § 56 VwVfG und dienen dazu, den potentiell schwächeren Vertragspartner der Gemeinde vor deren faktischer Überlegenheit zu schützen.[222] Da Kausalität und Angemessenheit der Leistungen der Mehrflächenabtretung grundsätzlich nicht entgegenstehen, ist eine solche möglich.[223]

Die Grundstücksneuordnung läßt sich somit auf freiwilliger Basis grundsätzlich flexibler handhaben. Wie der Flächenabzug insbesondere bezüglich der Ausgleichsflächen ausfällt und in welcher Höhe ein solcher erfolgt, ist aber letztlich eine Frage des Einzelfalles und der Einigungsbereitschaft der Beteiligten.

Allgemeine Umlegungsbestimmungen und grundsätzliche Regelungen wie die Höhe des Flächenbeitrags und der Zuteilungsanspruch werden schon ausgehandelt, bevor die Grundstückseigentümer über ihr Einverständnis zur freiwilligen Umlegung entscheiden.[224] Wird das Einverständnis - unter Umständen auch aufgrund des Festgelegten - nicht erteilt, so kommt die freiwillige Umlegung nicht zustande, eine Grundstücksneuordnung kann dann nur noch im Wege des amtlichen Umlegungsverfahrens erfolgen.[225]

c. Miete (§§ 535 ff. BGB); Pacht (§§ 581 ff. BGB)

Grundsätzlich wäre es denkbar, daß die Gemeinde mit den Grundeigentümern unbefristete Miet- oder Pachtverträge abschließt. Sie wäre dann dauerhaft in der Lage, Ausgleichsmaßnahmen auf diesen Grundstücken durchzuführen. Regelmäßig werden aber die Grundeigentümer nicht bereit sein, Besitz und Nutzung an ihrem Grundstück dauerhaft aufzugeben.[226] Bevor die Grundeigentümer ihr

---

[221] BUNZEL/ COULMAS/ METSCHER/ SCHMIDT-EICHSTAEDT, Städtebauliche Verträge, S. 110; vgl. auch BIRK, Städtebauliche Verträge, Rn. 118, 128; KRAUTZBERGER in: ERNST/ ZINKAHN/ BIELENBERG, BauGB, § 6 BauGBMaßnG, Rn. 157.

[222] KOPP, VwVfG, § 56 Rn. 1.

[223] aA: DOLDE, NJW 1986, S. 815 (825), der eine weitergehende Einschränkung der Mehrflächenabtretung bei faktischer Druckausübung durch die Gemeinde fordert, allerdings ohne nähere Begründung.

[224] DIETERICH, Baulandumlegung, Rn. 486.

[225] STICH in: SCHLICHTER/ STICH, Berliner Kommentar, § 45 Rn. 2.

[226] So auch STICH in: SCHLICHTER/ STICH, Berliner Kommentar, § 8a BNatSchG Rn. 62; DERS., GuG 1996, S. 264 (266).

Grundstück vermieten oder verpachten, stellen sie sich besser, dies an die Gemeinde zu verkaufen und ein neues Grundstück zu erwerben, auf dem sie die bisherige Nutzung weiterführen können. Selbst wenn die Gemeinde mangels einvernehmlicher Regelungen gezwungen sein sollte, eine Umlegung gem. §§ 45 ff. BauGB einzuleiten oder eine Enteignung gem. §§ 85 ff. BauGB zu betreiben, befänden sich die Grundeigentümer dadurch grundsätzlich keinesfalls in einer ungünstigeren Lage als bei einer Vermietung oder Verpachtung ihres Grundstücks - von individuellen Interessen abgesehen. Im Rahmen der Umlegung bekämen die Grundeigentümer ein Baugrundstück zugeteilt, das wertmäßig ihrem alten Grundstück entspricht[227], bei einer Enteignung würden sie für den Entzug des Grundstücks entschädigt, §§ 93 ff. BauGB[228]. Hinzu kommt, daß der von der Gemeinde zu zahlende Miet- oder Pachtzins nicht von § 135c BauGB erfaßt wird und damit von den Eigentümern der Baugrundstücke keine Erstattung verlangt werden kann.[229] Entscheidend ist aber folgendes: Um Ausgleichsmaßnahmen auf Dauer sicherstellen zu können, müßten die Miet-/ Pachtverträge unbefristet abgeschlossen werden und das gem. §§ 564 II, 565 BGB/ §§ 581 II, 564 II, 565 BGB beiden Vertragspartnern zustehende Kündigungsrecht müßte ausgeschlossen werden. Da aber der Miet-/ Pachtvertrag seinem Wesen nach nur ein vorübergehendes Gebrauchsrecht einräumen soll, ist ein dauerhafter Ausschluß des Kündigungsrechts bei einem unbefristeten Vertrag nicht zulässig.[230] Eine dauerhafte Sicherstellung der Eingriffskompensation ist somit nicht möglich. Miet- oder Pachtverträge eignen sich daher nicht für die Gewinnung von Ausgleichsflächen.

d. Beschränkt persönliche Dienstbarkeit (§§ 1090 ff. BGB); öffentliche Baulast

aa. Beschränkt persönliche Dienstbarkeit, §§ 1090 ff. BGB

Gem. § 1090 I BGB kann ein Grundstück in der Weise belastet werden, daß derjenige, zu dessen Gunsten die Belastung erfolgt, berechtigt ist, das Grundstück in einzelnen Beziehungen zu benutzen. Die beschränkt persönliche Dienstbarkeit gem. § 1090 BGB ist ein dingliches Nutzungsrecht.[231] Die Belastung des

[227]Siehe zu den Grundsätzen der Umlegung: Punkt B. II. 1. a.; Punkt B. II. 1. b. aa.; Punkt B. II. 1. g. aa.

[228]Vgl. zur Enteignung: Punkt B. II. 1. h.

[229]STICH in: SCHLICHTER/ STICH, Berliner Kommentar, § 8a BNatSchG Rn. 62.

[230]SONNENSCHEIN in: STAUDINGER, BGB, § 564 Rn. 55; HEINTZMANN in: SOERGEL, BGB, § 564 Rn. 30.

[231]BAUR/ STÜRNER, Sachenrecht, § 33 I 1.

Grundstücks kann auch zugunsten einer juristischen Person des öffentlichen Rechts erfolgen.[232]

Denkbar wäre, daß der Grundstückseigentümer der Gemeinde auf vertraglicher Grundlage eine beschränkt persönliche Dienstbarkeit an seinem Grundstück einräumt. Diese müßte die Berechtigung der Gemeinde zur Durchführung von Ausgleichsmaßnahmen zum Inhalt haben. STICH hält dies nicht für möglich, da eine beschränkt persönliche Dienstbarkeit gem. § 1090 I BGB dem Begünstigten nur erlaubt, das Grundstück in einzelnen Beziehungen zu benutzen, die Durchführung von Ausgleichsmaßnahmen aber die volle Inanspruchnahme des Grundstücks erfordere.[233] Eine solche Benutzung in einzelnen Beziehungen setzt aber nur voraus, daß der Eigentümer nicht von jeder wirtschaftlich sinnvollen Nutzung seines Grundstücks ausgeschlossen ist.[234] Dies muß aber trotz Durchführung von Ausgleichsmaßnahmen nicht zwangsläufig der Fall sein. Soll z. B. als Ausgleichsmaßnahme eine Obstwiese angepflanzt werden, ist diese durchaus landwirtschaftlich sinnvoll nutzbar. Die Bestellung einer beschränkt persönlichen Dienstbarkeit zugunsten der Gemeinde zur Beschaffung von Ausgleichsflächen ist somit grundsätzlich möglich[235], soweit das Grundstück noch wirtschaftlich sinnvoll nutzbar ist. Allerdings ist sehr fraglich, ob die Grundeigentümer bereit sind, eine solche beschränkt persönliche Dienstbarkeit vertraglich zu begründen und auch zu bestellen. Durch die Dienstbarkeit wären sie dauerhaft in der Nutzbarkeit des Grundstücks beschränkt. Für die Grundstückseigentümer böte sich eher ein Verkauf des Grundstücks an, um mit dem Erlös ein neues vielseitig nutzbares zu erwerben. Müßte die Gemeinde mangels einvernehmlicher Regelungen zu Umlegung oder Enteignung[236] greifen, um Ausgleichsflächen zu gewinnen, so gilt das zur Miete/ Pacht Gesagte.[237] Die Grundstückseigentümer wären durch die Zuweisung eines Baugrundstücks oder den Erhalt einer Enteignungsentschädigung - jedenfalls aus objektiver Sicht - nicht schlechter gestellt als wenn sie die Nutzbarkeit ihres Grundstücks durch Bestellung einer beschränkt persönlichen Dienstbarkeit einschränkten, so daß auch unter diesem Gesichtspunkt kein Anreiz für die Bestellung einer beschränkt persönlichen Dienstbarkeit besteht. Liegt jedoch zusätzlich eine Vereinbarung zwischen dem durch die Bestellung einer Dienstbarkeit letztlich begünstigten Vorhabenträger (denn die Genehmigung eines Bauvorhabens setzt voraus, daß die Gemeinde die

---

[232] BASSENGE in: PALANDT, BGB, § 1090 Rn. 3.

[233] STICH in: SCHLICHTER/ STICH, Berliner Kommentar, § 8a BNatSchG Rn. 62; DERS., GuG 1996, S. 264 (266).

[234] FALCKENBERG in: MüKo, BGB, § 1018 Rn. 28.

[235] Ebenso: TIDICK in: RAMSAUER, Eingriffsregelung, S. 161 (166 f.).

[236] Zur Umlegung siehe Punkt B. II. 1. a.; Punkt B. II 1. b. aa.; Punkt B. II. 1. g. aa.; zur Enteignung: Punkt B. II. 1. h.

[237] Punkt B. II. 1. c.

erforderlichen Ausgleichsflächen beschaffen kann[238]) und dem Eigentümer der Ausgleichsfläche vor, in der sich der Vorhabenträger zu einer Leistung gegenüber dem Eigentümer der Ausgleichsfläche verpflichtet, so könnte sich daraus möglicherweise die Motivation für die Bestellung einer beschränkt persönlichen Dienstbarkeit zugunsten der Gemeinde ergeben. Eine solche Vereinbarung ist in der Regel wohl nur möglich, wenn eine Ausgleichsfläche nur einer Baufläche zugeordnet wurde (Einzelzuordnung) und keine Sammelzuordnung erfolgte. Denkbar ist allerdings auch bei einer Sammelzuordnung eine Vereinbarung zwischen allen Bauflächeneigentümern und dem Eigentümer der Ausgleichsfläche. Letztlich wird die beschränkt persönliche Dienstbarkeit aber wohl wegen mangelnder Bereitschaft der Grundeigentümer nur im Einzelfall zur Beschaffung von Ausgleichsflächen dienen können.

bb. Öffentliche Baulast

Die öffentliche Baulast ist ein öffentlich-rechtliches Rechtsinstitut[239], das nach dem Vorbild des § 107 Musterbauordnung (MusterbauO)[240] in alle Landesbauordnungen außer die Bayerns und Brandenburgs eingang gefunden hat.[241] Die einzelnen Landesregelungen stimmen im wesentlichen überein. Nach diesen Regelungen entsteht die öffentliche Baulast durch Erklärung des Grundstückseigentümers gegenüber der zuständigen Bauaufsichtsbehörde, mit welcher der Eigentümer bestimmte öffentlich-rechtliche Verpflichtungen zu einem sein Grundstück betreffenden Tun, Dulden oder Unterlassen übernimmt, die sich nicht schon aus öffentlich-rechtlichen Vorschriften ergeben.[242] Die Baulast ruht als öffentliche Last auf dem Grundstück.[243] Sie ist eine freiwillig übernommene Verpflichtung[244], die den Sinn und Zweck hat, ein gegen öffentlich-rechtliche Vorschriften verstoßendes Bauvorhaben genehmigungsfähig zu machen.[245] Geht es dabei um das Bauvorhaben eines anderen als des Grundstückseigentümers,

---

[238] Vgl. Punkt A. II. 3. e.

[239] UPMEIER in: HOPPENBERG, Öffentliches Baurecht, Abschn. A Rn. 130; SAUTER, LBauOBW, § 71 Rn.1.

[240] Abgedruckt in: HAASE, Landesbauordnungen, S. 611.

[241] Vgl. UPMEIER in: HOPPENBERG, Öffentliches Baurecht, Abschn. A Rn. 130.

[242] Vgl. die einzelnen Regelungen der Landesbauordnungen, angegeben bei UPMEIER in: HOPPENBERG, Öffentliches Baurecht, Absch. A Rn. 130.

[243] SAUTER, LBauOBW, § 71 Rn. 3.

[244] DI FABIO, BauR 1990, S. 25 (25); SAUTER, LBauOBW, § 71 Rn. 3; THIEL/ RÖßLER/ SCHUMACHER, BauR in NRW, Anm. 1.

[245] BVerwG NVwZ 1995, S. 377 (378); OVG Hamburg, NJW 1987, S. 915 (916); LOHRE, NJW 1987, S. 877 (877); KLUTH/ NEUHÄUSER, NVwZ 1996, S. 738 (740); GRZIWOTZ, BauR 1990, S. 20 (20); GRABIS/ KAUTHER/ RABE/ STEINFORT, Bau- u. PlanungsR, S. 231; FINKELNBURG/ ORTLOFF, Öffentliches Baurecht, Bd. II, S. 61.

besteht zumeist eine Abrede zwischen Baulastübernehmer und dem durch die Baulast Begünstigten.[246] Allerdings entsteht die Baulast mit Erklärung gegenüber der Baurechtsbehörde, § 107 I MusterbauO[247], nur ihr gegenüber wird eine Verpflichtung des Grundstückseigentümers begründet.[248] Die Baulast erlischt mit dem Verzicht der Baurechtsbehörde, § 107 III MusterbauO. Sinn dieser nur einseitig bestehenden Lösungsmöglichkeit ist die Sicherung der Baugenehmigungsvoraussetzungen.[249]

Die Baulast ist grundstücksbezogen. Die Belastung besteht unabhängig vom Eigentümer auf dem Grundstück und sie wirkt zugunsten des zu bebauenden Grundstücks.[250]

Möglicherweise könnte der Grundstückseigentümer eine Baulast übernehmen, mit dem Inhalt, daß die Gemeinde auf seinem Grundstück Ausgleichsmaßnahmen durchführen darf. Damit würde er ein öffentlich-rechtliches Hindernis für den Bauvorhabenträger ausräumen, da Voraussetzung für die Erteilung einer Baugenehmigung ist, daß die Gemeinde die erforderlichen Ausgleichsflächen beschaffen kann.[251] Eine Abrede zwischen dem Übernehmer der Baulast und dem Begünstigten könnte sich allerdings als problematisch erweisen, da es sich bei den Ausgleichsflächen meist um Sammelzuordnungen handelt, die nicht mit nur einem einzelnen Eigentümer in Verbindung gebracht werden können.

Inhalt der Baulast muß ein Tun, Dulden oder Unterlassen sein, das sich nicht schon aus öffentlich-rechtlichen Vorschriften ergibt. Daß sich die zu übernehmende Verpflichtung nicht schon aus öffentlich-rechtlichen Vorschriften ergeben darf, ist Ausdruck der Subsidiarität der Baulast. Die zu sichernde Verpflichtung darf nicht durch andere öffentlich-rechtliche Vorschriften wie einen Verwaltungsakt in Form einer Auflage zur Baugenehmigung erzwingbar sein.[252] Bei der Durchführung von Ausgleichsmaßnahmen würde es sich bezüglich des Baulastübernehmers um ein Dulden handeln. Eine solche Verpflichtung zur Duldung der Durchführung von Ausgleichsmaßnahmen ergibt sich nicht schon aus anderen öffentlich-rechtlichen Vorschriften, insbesondere auch nicht aus den Festsetzungen des Bebauungsplans; diese allein begründen noch keine Pflicht, die Nutzung den Festsetzungen anzupassen.[253]

---

[246] KRAWIETZ, DVBl 1973, S. 605 (610); KLUTH/ NEUHÄUSER, NVwZ 1996, S. 738 (739); FINKELNBURG/ ORTLOFF, Öffentliches Baurecht, Bd. II, S. 61.

[247] Abgedruckt bei HAASE, Landesbauordnungen, S. 611.

[248] SAUTER, LBauOBW, § 71 Rn. 7.

[249] LOHRE, NJW 1987, S. 877 (877), vgl. auch DI FABIO, BauR 1990, S. 25 (25); GRZIWOTZ, BauR 1990, S. 20 (20).

[250] SAUTER, LBauOBW, § 71 Rn. 5.

[251] Siehe Punkt A. II. 3. e.

[252] HILGERS, NJW 1988, S. 1366 (1366 f.); SAUTER, LBauOBW, § 71 Rn. 12; FÖRSTER/ GRUNDEI/ STEINHOFF/ DAGEFÖRDE/ WILKE, BauO Berlin, § 73 Rn. 1.

[253] SCHRÖDTER in: SCHRÖDTER, BauGB, § 8 Rn. 6.

Desweiteren muß ein öffentliches Interesse an der Baulast bestehen[254], was sich insbesondere aus § 107 III MusterbauO ergibt. Dort heißt es, der Verzicht der Baubehörde auf die Baulast sei zu erklären, wenn ein öffentliches Interesse an der Baulast nicht mehr bestehe. Da die Baurechtsbehörde ihre Entscheidung nur unter baurechtlich relevanten Aspekten zu treffen hat, kann sich nur aus der baurechtlichen Relevanz ein öffentliches Interesse ergeben.[255] Die baurechtliche Relevanz der Baulast erklärt sich daraus, daß durch sie öffentlich-rechtliche Hindernisse, die die baurechtliche Entscheidung beeinflussen, aus dem Weg geräumt werden.[256] Baurechtliche Relevanz liegt auch vor, wenn planungsrechtliche Erfordernisse mit Hilfe der Baulast gesichert werden sollen, da auch das Bauplanungsrecht Gegenstand der Baugenehmigungentscheidung ist.[257] Die Baulast mit dem Inhalt, Ausgleichsmaßnahmen zu dulden, sichert die Durchführung dieser Maßnahmen auf den dafür im Bebauungsplan festgesetzten Flächen und stellt damit die Sicherung eines planungsrechtlichen Erfordernisses dar, so daß baurechtliche Relevanz gegeben ist.

Grundsätzlich ist es daher für einen Grundstückseigentümer möglich, eine Baulast mit dem beschriebenen Inhalt zu übernehmen.[258] Aber auch hier ergibt sich die gleiche Problematik wie bei der beschränkt persönlichen Dienstbarkeit. Der Grundstückseigentümer stellt sich besser mit dem Verkauf seines Grundstücks und dem Neuerwerb eines unbelasteten anderen. Auch eine möglicherweise mangels einvernehmlicher Regelungen bevorstehende Umlegung[259] oder Enteignung[260] kann die Bereitschaft, eine öffentliche Baulast zu übernehmen, grundsätzlich nicht positiv beeinflussen. Denn durch die Umlegung oder Enteignung treffen ihn keine Folgen, die sich gegenüber der Baulastübernahme aus objektiver Sicht als ungünstiger darstellen (Zuteilung eines Baugrundstückes im Rahmen der Umlegung oder Entschädigung im Fall der Enteignung, §§ 93 ff. BauGB).[261] Ein Anreiz zur Bestellung einer Baulast könnte sich allenfalls aus

---

[254] LOHRE, NJW 1987, S. 877 (877); SAUTER, LBauOBW, § 71 Rn. 14.

[255] SAUTER, LBauOBW, § 71 Rn. 14; vgl. auch THIEL/ RÖßLER/ SCHUMACHER, BauR in NRW, § 78 Anm. 1.

[256] SAUTER, LBauOBW, § 71 Rn. 14; KRAWIETZ, DVBl 1973, S. 605 (613); i. E. ebenso: THIEL/ RÖßLER/ SCHUMACHER, BauR in NRW, § 78 Rn. 1.

[257] OVG Hamburg, NJW 1987, S. 915 (916); LOHRE, NJW 1987, S. 877 (878); FÖRSTER/ GRUNDEI/ STEINHOFF/ DAGEFÖRDE/ WILKE, BauO Berlin, § 73 Rn. 4; THIEL/ RÖßLER/ SCHUMACHER, BauR in NRW, § 78 Anm. 1; SAUTER, LBauOBW, 3 71 Rn. 15; KLUTH/ NEUHÄUSER, NVwZ 1996, S. 738 (739); FINKELNBURG/ ORTLOFF, Öffentliches Baurecht, Bd. II, S. 63; aA.: KRAWIETZ, DVBl 1973, S. 605 (615 f.).

[258] Beispiel bei TIDICK in: RAMSAUER, Eingriffsregelung, S. 161 (167).

[259] Zu den Grundsätzen der Umlegung siehe Punkt B. II. 1. a.; Punkt B. II. 1. b. aa.; Punkt B. II. 1. g. aa.

[260] Zur Enteignung siehe Punkt B. II. 1. h.

[261] Vgl. Punkt B. II. 1. c.; Punkt B. II. 1. d. aa.

einer Abrede zwischen Baulastübernehmer und Baulastbegünstigtem ergeben, sofern sich eine solche im Hinblick auf die Zuordnungsform treffen läßt.[262]

Auch durch die Übernahme von öffentlichen Baulasten durch Grundstückseigentümer kann demnach nur eingeschränkt eine Beschaffung von Ausgleichsflächen erfolgen.

e. Übernahmeanspruch, § 40 II BauGB

Als letztes Mittel zur Flächenbeschaffung auf einvernehmlicher Basis kommt der Übernahmeanspruch gem. § 40 II BauGB in Betracht.

aa. Verfassungsrechtliche Einordnung des § 40 BauGB

In § 40 BauGB ist die Entschädigung des Grundeigentümers für Planungsschäden geregelt, die dadurch entstehen, daß der Bebauungsplan gegenüber dem Eigentümer des betroffenen Grundstücks fremdnützige Festsetzungen trifft und auf diese Weise die Bodennutzbarkeit einschränkt. [263] § 40 II BauGB gewährt eine Entschädigung in Form eines Übernahmeanpruchs bezüglich des Grundstücks, gem. § 40 III BauGB kann eine Entschädigung in Geld erfolgen, allerdings nicht, wenn die Voraussetzungen des Übernahmeanspruchs gegeben sind, § 40 III 2 BauGB.

Fraglich ist nun, wie sich die Planungsschäden in die Systematik des Art. 14 GG einordnen lassen, ob sie also als Enteignung im Sinne des Art. 14 III GG oder als Inhalts- und Schrankenbestimmung im Sinne des Art. 14 I 2 GG zu qualifizieren sind. Enteignung ist der auf die vollständige oder teilweise Entziehung konkreter subjektiver Rechtspositionen gerichtete staatliche Zugriff auf das Eigentum des einzelnen.[264] Inhalts- und Schrankenbestimmungen sind dagegen "auf die Normierung objektivrechtlicher Vorschriften gerichtet, die den Inhalt des Eigentumsrechts vom Inkrafttreten des Gesetzes an für die Zukunft bestimmen".[265] Beide staatlichen Einwirkungsmöglichkeiten auf das Eigentum - Enteignung und Inhalts- und Schrankenbestimmung - sind nach der Rechtsprechung des Bundesverfassungsgerichts strikt zu trennen.[266] Eine rechtswidrige Inhalts- und Schrankenbestimmung - durch Gesetz oder dessen Vollzug - kann nicht

---

[262]Vgl. Punkt B. II. 1. d. aa.

[263]BVerwG BayVBl 1998, S. 314 (315); BATTIS in: BATTIS/ KRAUTZBERGER/ LÖHR, BauGB, § 40 Rn. 1.

[264]BVerfGE 52, 1 (27).

[265]BVerfGE 52, 1 (27).

[266]BVerfGE 52, 1 (28), BVerfGE 58, 300 (301).

etwa in eine Enteignung umschlagen.[267] Besonders problematisch wird die Abgrenzung beider staatlicher Einwirkungsmöglichkeiten jedoch, wenn das Eigentumsgrundrecht für die Zukunft durch Rechtsnorm eingeschränkt wird. Welche Qualität hat die Einwirkung dann für die vor dem Änderungszeitpunkt nach altem Recht begründeten Eigentumspositionen? Ist die Einwirkung auf die nach altem Recht begründeten Eigentumspositionen an Art. 14 III GG zu messen[268] oder handelt es sich in diesen Fällen um eine (ausgleichspflichtige) Inhalts- und Schrankenbestimmung[269]? Genau diese Problematik stellt sich bei der Einschränkung der Bodennutzbarkeit durch Bebauungsplan.

Das Bundesverfassungsgericht nahm an, wenn durch ein Änderungsgesetz "nach altem Recht rechtmäßig erworbene subjektive Rechtspositionen betroffen (werden), (...) kann hierin eine Enteignung im Sinne des Art. 14 III GG liegen."[270] Das Gericht bezeichnete diesen Fall der Enteignung zunächst als Aufopferungsenteignung[271] [272], verwendete den Begriff allerdings später nicht mehr. Schwierigkeiten entstehen bei dieser Form der Enteignung, wenn man sie in die bundesverfassungsgerichtliche Judikatur seit der Kleingarten- bzw. Naßauskiesungsentscheidung[273] einordnen möchte; ganz besondere Probleme bereitet das Erfordernis der Finalität. Ist Finalität der Einwirkung für den oben genannten Fall der Enteignung überhaupt erforderlich?[274] Werden aber nach altem Recht erworbene Rechtspositionen durch eine zweckgerichtete, finale Maßnahme vollständig oder teilweise entzogen, so handelt es sich unzweifelhaft um eine Enteignung. So liegt der Fall bei Planungsschäden in Form der Beschränkung der Bodennutzbarkeit. Der Gesetzgeber hat diese Wirkungsweise der Bauleitplanung einkalkuliert und gewollt; es handelt sich bei der Beschränkung der Bodennutzbarkeit durch Bebauungsplan nicht nur um Ausnahmefälle.[275] Daher ist die Bauleitplanung zwar einerseits Inhaltsbestimmung des Eigentums, in den Fällen der Planungsschäden durch Einschränkung der Bodennutzbarkeit aber andererseits eine zweckgerichtete Maßnahme zur vollständigen oder teilweisen Entziehung konkreter subjektiver Rechtspositionen gem. Art. 14 I 1 GG.[276] Diese Einordnung des § 40 BauGB als Entschädigung für eine Enteignung

---

[267]LEGE, Zwangskontrakt, S. 30; KEMPEN, Eingriff des Staates in das Eigentum, Rn. 162.

[268]In diesem Sinne SEITZ, Planungshoheit und Grundeigentum, S. 123; PIEROTH/ SCHLINK, Grundrechte, Rn. 966, 987.

[269]So wohl LEGE, Zwangskontrakt, S. 56, 58.

[270]BVerfGE 45, 297 (332), ebenso später BVerfGE 52, 1 (28); 58, 300 (331 f.).

[271]BVerfGE 45, 297 (332).

[272]Zum Begriff der Aufopferungsenteignung: WEBER in: NEUMANN/ NIPPERDEY/ SCHEUNER, Grundrechte, S. 331 ff., 350 f., 370 f.

[273]BVerfGE 52, 1; 58, 300.

[274]KEMPEN, Eingriff des Staates in das Eigentum, Rn. 186 ff.

[275]BIELENBERG in: ERNST/ ZINKAHN/ BIELENBERG, BauGB, Vorb. §§ 39-44 Rn. 91.

[276]BIELENBERG in: ERNST/ ZINKAHN/ BIELENBERG, BauGB, Vorb. §§ 39-44 Rn. 91.

könnte sich allerdings als problematisch erweisen, wenn der Begriff der Enteignung gem. Art. 14 III GG - und insbesondere der der Administrativenteignung[277] [278] - auf Güterbeschaffungsvorgänge beschränkt wäre.[279] Dem hat das Bundesverfassungsgericht klar widersprochen: "Das Vorliegen einer Enteignung hängt allerdings nicht davon ab, daß es sich um einen Güterbeschaffungsvorgang handelt."[280] Der Begriff der Enteignung ist daher nicht auf Güterbeschaffungsvorgänge beschränkt. § 40 kann somit nur die Entschädigung für eine Enteignung regeln.[281]

Klärungsbedürftig bleibt nun allein, ob die Festsetzungen gem. § 40 I 1 BauGB, durch die Planungsschäden verursacht werden, Enteignungscharakter haben bzw. wie sich dieser begründen läßt. Die Festsetzungen des § 40 I 1 BauGB bewirken, daß dem Grundstück die private Nutzbarkeit entzogen wird.[282] Der Eigentümer kann nicht mehr frei über die Nutzbarkeit seines Grundstücks disponieren.[283] Allerdings stellt sich die Festsetzung als solche meist noch nicht als Einschränkung der Nutzbarkeit dar, da die bisherige Nutzung des Grundstücks zulässig und daher ohne Einbußen möglich bleibt, bis sie z. B. durch Vorkaufsrecht oder Enteignung beseitigt wird.[284] Die Tatbestände des § 40 II Nr. 1, 2, III 1 BauGB bezeichnen aber Vorwirkungen der Festsetzungen des § 40 I 1 BauGB in Form von konkreten Vermögensnachteilen, die sich in wirtschaftlicher Hinsicht als Entziehung der privaten Nutzbarkeit auswir-

---

[277]So BATTIS, NVwZ 1982, S. 585 (588 ff.).

[278]Beschränkungen der Bodennutzbarkeit durch Bebauungsplan können nur eine Administrativenteignung darstellen, da nur diese - im Gegensatz zur Legalenteignung - auch durch untergesetzliche Rechtsnormen erfolgen kann, NÜßGENS/ BOUJONG, Eigentum, Rn. 325; KEMPEN, Eingriff des Staates in das Eigentum, Rn. 169; MAURER, Allg. Verwaltungsrecht, § 26 Rn. 51.

[279]So RITTSTIEG, NJW 1982, S. 721 (724); LEGE, NJW 1993, S. 2565 (2565); vgl. auch DENS., Zwangskontrakt, S. 75 f.

[280]BVerfGE 83, 201 (211).

[281]So auch: BATTIS in: BATTIS/ KRAUTZBERGER/ LÖHR, BauGB, Vorb. §§ 39-44 Rn. 5; HOPPE/ GROTEFELS, Öff. Baurecht, § 9 Rn. 1, GAENTZSCH in: SCHLICHTER/ STICH, Berliner Kommentar, § 40 Rn. 2; KROHN in: FS für SCHLICHTER, S. 439 (452 f.); OLDIGES in: STEINER, Bes. Verwaltungsrecht, IV B Rn. 121; aA: DEUTSCH, DVBl 1995, S. 546 (553), der § 40 für eine Kompensationsvorschrift hält, die die Verhältnismäßigkeit einer Inhalts- und Schrankenbestimmung sicherstellen soll.

[282]Für die Fälle, in denen die Festsetzungen dem Interesse des Eigentümers dienen und diese daher privatnützig sind, das Grundstück also insoweit noch privatnützige Qualität besitzt, schließt § 40 I 2 BauGB den Entschädigungsanspruch aus.

[283]BREUER in: SCHRÖDTER, BauGB, § 40 Rn. 6; DERS., DÖV 1978, S. 189 (193); GAENTZSCH in: SCHLICHTER/ STICH, Berliner Kommentar, § 40 Rn. 2.

[284]SCHRÖDTER in: SCHRÖDTER, BauGB, § 8 Rn. 6; BREUER in: SCHRÖDTER, BauGB, § 40 Rn. 6.

ken.[285] Die Grenzen einer zulässigen Eigentumsbindung sind dann überschritten, wenn dem Eigentümer keine Privatnützigkeit verbleibt.[286] Dies ist bei der Entziehung der privaten Nutzbarkeit eines Grundstücks durch die benannten Vorwirkungen der Fall. In einer solchen Situation ist es dem Grundeigentümer nicht mehr zumutbar, den Entzug des Grundstücks oder das Übernahmeverlangen abzuwarten und bis zum Vollzug der heteronomen Nutzungsfestsetzung eine ungewisse Schwebelage hinzunehmen.[287] Somit stellen die Festsetzungen des § 40 I 1 BauGB Enteignungen im Sinne des Art. 14 III GG dar, wenn (alternativ) die Tatbestände des § 40 II Nr. 1, 2, III 1 BauGB erfüllt sind; in dem Fall ist der Eigentümer zu entschädigen, § 40 I 1 BauGB.

bb. Entschädigung in Form des Übernahmeanspruchs

§ 40 II BauGB normiert als Form der Entschädigung für Eingriffe in die Bodennutzung durch Festsetzungen des Bebauungsplans einen Übernahmeanspruch des Grundeigentümers. Geldentschädigung hingegen kann nur unter den Voraussetzungen des § 40 III BauGB verlangt werden. Aber selbst wenn diese Voraussetzungen vorliegen, kann der Grundeigentümer gem. § 40 III 3 BauGB unter Umständen auf einen Übernahmeanspruch verwiesen werden. Der Übernahmeanspruch stellt somit den Regelfall der Entschädigung dar.[288] Der Grundeigentümer kann ihn verwirklichen, indem er die Hergabe des Grundstücks gegen dessen Verkehrswert in Geld verlangt.[289] Daß die Entschädigung im Rahmen des § 40 BauGB regelmäßig auf den Übernahmeanspruch beschränkt ist und keine Geldentschädigung gewährt wird, läßt sich rechtfertigen: Da letztlich entweder die öffentliche Hand oder der durch eine spezielle private Festsetzung Begünstigte das Eigentum am Grundstück erwerben muß, um die Festsetzung zu realisieren, erscheint eine Entschädigung in Form des Übernahmeanspruchs berechtigt[290] und ist insoweit auch verfassungsgemäß.[291] Der Übernahmeanspruch entsteht aber nicht allein mit einer in § 40 I 1 BauGB genannten Festsetzung. Denn diese hat regelmäßig noch keine Enteignungswirkung.[292]

---

285 GAENTZSCH in: SCHLICHTER/ STICH, Berliner Kommentar, § 40 Rn. 2.

286 BVerfGE 24, 367 (389 f.); 26, 215 (222); 31, 229 (240); 37, 132 (140); 52, 1 (32); 68, 361 (368).

287 BREUER in: SCHRÖDTER, BauGB, § 40 Rn. 6.

288 BIELENBERG in: ERNST/ ZINKAHN/ BIELENBERG, BauGB, § 40 Rn. 15.

289 GAENTZSCH in: SCHLICHTER/ STICH, Berliner Kommentar, § 40 Rn. 2.

290 BGHZ 50, 93 (97).

291 BGHZ 50, 93 (96); SCHMIDT-ASSMANN, BauR 1976, S. 145 (148); BREUER, DÖV 1978, S. 189 (199); BATTIS in: BATTIS/ KRAUTZBERGER/ LÖHR, BauGB, § 40 Rn. 3; BIELENBERG in: ERNST/ ZINKAHN/ BIELENBERG, BauGB, § 40 Rn. 16 b.

292 S. o., Punkt B. II. 1. e. aa.

Diese Wirkung entsteht erst, wenn die in § 40 II 1 Nr. 1, 2 BauGB konkretisierten Vermögensnachteile vorliegen.[293] Im einzelnen kann der Grundstückseigentümer die Übernahme seines Grundstücks verlangen, wenn und soweit es ihm mit Rücksicht auf die Festsetzung oder Durchführung des Bebauungsplans wirtschaftlich nicht mehr zuzumuten ist, das Grundstück zu behalten oder es in der bisherigen oder einer anderen zulässigen Art zu nutzen, § 40 II 1 Nr. 1 BauGB. Ein Fall der wirtschaftlichen Unzumutbarkeit, das Grundstück zu behalten, liegt z. B. vor, wenn eine Grünfläche festgesetzt wurde und infolge dieser Festsetzung der Grundstückseigentümer das Grundstück nicht mehr veräußern oder beleihen kann, obwohl er darauf angewiesen ist. Hingegen ist es z. B. wirtschaftlich unzumutbar, das Grundstück in der bisherigen Art zu nutzen, wenn der Eigentümer nicht unerhebliche Einbußen am erzielbaren Nutzungsentgelt erleidet, indem er für das betroffene Grundstück nur noch einen verminderten Mietzins erzielen kann.[294] Die Übernahme kann auch verlangt werden, wenn Vorhaben nach § 32 BauGB nicht ausgeführt werden dürfen und dadurch die bisherige Nutzung einer baulichen Anlage aufgehoben oder wesentlich herabgesetzt wird, § 40 II 1 Nr. 2 BauGB.[295] Im übrigen kann der Grundeigentümer gem. § 40 II 2 BauGB anstelle der Übernahme auch die Begründung von Miteigentum oder eines geeigneten Rechts verlangen, wenn die Verwirklichung des Bebauungsplans nicht die Entziehung des Eigentums erfordert. Die Verwirklichung von Ausgleichsmaßnahmen ist auch mit Hilfe einer beschränkt persönlichen Dienstbarkeit gem. § 1090 ff. BGB möglich, soweit das Grundstück trotz der Belastung noch wirtschaftlich sinnvoll nutzbar ist.[296] [297]Unter diesen Voraussetzungen könnte der Grundeigentümer daher auch die Begründung einer beschränkt persönlichen Dienstbarkeit verlangen.

cc. Beschaffung von Ausgleichsflächen auf Grundlage von § 40 II BauGB

Da Ausgleichsflächen als Grünflächen und auch als Flächen für Maßnahmen zum Schutz, zur Pflege und zur Entwicklung von Natur und Landschaft festgesetzt werden können[298], sind auch Entschädigungsansprüche von Grundeigen-

---

[293]BGHZ 50, 93 (96 ff.); 63, 240 (247); BIELENBERG in: ERNST/ ZINKAHN/ BIELENBERG, BauGB, § 40 Rn. 15; GAENTZSCH in: SCHLICHTER/ STICH, Berliner Kommentar, § 40 Rn. 7; insbesondere Punkt B. II. 1. c. aa.

[294]Beispiele bei BREUER in: SCHRÖDTER, BauGB, § 40 Rn. 25.

[295]Siehe insgesamt zu den Tatbeständen des § 40 II 1 Nr. 1, 2 BauGB: GAENTZSCH in: SCHLICHTER/ STICH, Berliner Kommentar, § 40 Rn. 9 ff.; BREUER in: SCHRÖDTER, BauGB, § 40 Rn. 19 ff. mit weiteren Beispielen.

[296]Siehe Punkt B. II. 1. d. aa.

[297]Die Enteignung ist insoweit an die Rechtstypen des Sachenrechts gebunden, BREUER in: SCHRÖDTER, BauGB, § 92 Rn. 3.

[298]Siehe Punkt A. II. 3. c. aa.

tümern gem. § 40 II BauGB denkbar, denn besagte Flächenfestsetzungen sind geeignet, einen solchen Entschädigungsanspruch auszulösen, vgl. § 40 I 1 Nr. 8, 14 BauGB. Entschädigungspflichtiger ist gem. § 44 I 1 BauGB der durch die Festsetzung Begünstigte. Ist kein Begünstigter bestimmt, so ist die Gemeinde zur Entschädigung verpflichtet, § 44 I 2 BauGB. Bei Festsetzungen einer öffentlichen Grünfläche gem. § 40 I 1 Nr. 8 BauGB oder Festsetzungen gem. § 40 I 1 Nr. 14 BauGB ist regelmäßig kein Begünstigter bestimmt; diese Festsetzungen erfolgen grundsätzlich zugunsten der Allgemeinheit.[299] Daß die Ausgleichsflächen letztlich den Eigentümern der Baugrundstücke zugute kommen, schadet nicht, da die Gemeinde die Kosten für Ausgleichsmaßnahmen auf diese überwälzen kann, § 135a II 1 BauGB. Diese Kosten umfassen auch die Aufwendungen für den Erwerb der erforderlichen Grundstücke, §§ 135c Nr. 2, 128 I 1 Nr. 1, 2, S. 2 BauGB. Somit ist die Gemeinde gem. § 44 I 2 BauGB zur Entschädigung verpflichtet, so daß sie auch das Grundstück im Wege der Übernahme erhält bzw. eine etwaige beschränkt persönliche Dienstbarkeit zu ihren Gunsten bestellt wird.

Allerdings kann mit Hilfe des Übernahmeanspruchs gem. § 40 II BauGB wohl kaum Flächenbeschaffung im größeren Stil betrieben werden, wenn auch im Einzelfall die Gemeinde im Wege dieses Anspruchs Ausgleichsflächen erlangen kann. Denn der Übernahmeanspruch setzt zum einen voraus, daß der Tatbestand des § 40 II 1 Nr. 1 oder 2 BauGB erfüllt ist. Zum anderen muß der Eigentümer die Übernahme fordern. Dadurch ist die Erlangung von Flächen durch § 40 II BauGB schlecht kalkulierbar und nur für Einzelfälle tauglich.

f. Vorkaufsrecht, § 24 I Nr. 1 BauGB

Auch das Vorkaufsrecht gem. § 24 I Nr. 1 BauGB steht den Gemeinden zur Beschaffung von Ausgleichsflächen zur Verfügung. Voraussetzung für dessen Ausübung ist gem. § 24 I Nr. 1 BauGB, daß eine Festsetzung im Bebauungsplan besteht, die eine Nutzung für Ausgleichsmaßnahmen im Sinne des § 1a III BauGB festlegt.[300] Außerdem muß das Wohl der Allgemeinheit die Ausübung rechtfertigen, § 24 III BauGB. Gegenüber der Enteignung, deren Ausübung vom Wohl der Allgemeinheit erfordert sein muß (§87 I BauGB), werden damit geringere Anforderungen gestellt. Das erklärt sich daraus, daß der Eigentümer sein Grundstück ja ohnehin durch Verkauf abgeben will; es tritt lediglich ein anderer

[299] BATTIS in: BATTIS/ KRAUTZBERGER/ LÖHR, BauGB, § 44 Rn. 2; BREUER in: SCHRÖDTER, BauGB, § 44 Rn. 5

[300] Vgl. zu den möglichen Festsetzungen Punkt A. II. 3. c. aa. Daß diese Festsetzungen dem naturschutzrechtlichen Ausgleich dienen, kann in der Begründung zum Bebauungsplan gem. § 9 VIII BauGB angeführt werden.

Käufer in den Vertrag ein.[301] Der Erwerb eines Grundstücks ist dann vom Wohl der Allgemeinheit gerechtfertigt, wenn damit auch der Zweck verfolgt wird, für den ein Vorkaufsrecht vorgesehen ist.[302] Da das Vorkaufsrecht gem. § 24 I Nr. 1 BauGB den Zweck verfolgt, Ausgleichsmaßnahmen durchführen zu können[303], ist das Wohl der Allgemeinheit gegeben, wenn die Ausübung des Vorkaufsrechts auch im Einzelfall den Ausgleich von Beeinträchtigungen durch Eingriffe in Natur und Landschaft bezweckt. Als problematisch bei der Beschaffung von Ausgleichsflächen mit Hilfe des Vorkaufsrechts wird sich jedoch regelmäßig das Vorliegen eines Vorkaufsfalles erweisen. Dies ist weitgehend vom Zufall abhängig und wird wohl eher selten der Fall sein, wenn man bedenkt, daß ein Grundstück mit den entsprechenden Festsetzungen für Ausgleichsmaßnahmen für einen potentiellen Käufer nicht eben attraktiv ist.[304] Das Vorkaufsrecht gem. § 24 I Nr. 1 BauGB ist daher kein effektives Instrument zur Flächenbeschaffung.[305]

g. Umlegung, §§ 45 ff. BauGB

aa. Rechtsnatur der Umlegung

Die amtliche Umlegung gem. §§ 45 ff. BauGB ist ein amtliches Verfahren zur Umgestaltung von Grundstücksgrenzen, mit dem Ziel, bebaute und unbebaute Grundstücke in der Weise neu zu ordnen, daß nach Lage, Form und Größe für die bauliche oder sonstige Nutzung zweckmäßig gestaltete Grundstücke entstehen, § 45 I 1 BauGB. Durch die Umlegung soll die Verwirklichung des Bebauungsplans ermöglicht werden.[306] Letztendlich handelt es sich dabei um ein Grundstückszwangstauschverfahren.[307] Alle Grundstücke im Umlegungsgebiet werden zu Beginn des Umlegungsverfahrens zu einer Umlegungsmasse vereinigt, § 55 I BauGB. Gem. § 59 I BauGB erhält der einzelne Grundstückseigentümer aus der nach dem Flächenabzug gem. § 55 II, V BauGB gebildeten Verteilungsmasse (§ 55 IV BauGB)[308] einen ihm zustehenden Anteil, der sich

---

[301] LEMMEL in: SCHLICHTER/ STICH, Berliner Kommentar, § 24 Rn. 14.

[302] KRAUTZBERGER in: BATTIS/ KRAUTZBERGER/ LÖHR, BauGB, § 24 Rn. 17.

[303] BT-Drucks. 12/4340, S. 20.

[304] MÜLLER-JÖKEL in: UMWELTBUNDESAMT, Eingriffsregelung, S. 123.

[305] So auch die allgemeine Einschätzung in der Literatur. Vgl. nur KLINGE, BauR 1995, S. 289 (298); STEINFORT, VerwArch 1995, S. 107 (128). Zur Bedeutung für die gemeindliche Bodenpolitik im allgemeinen SEITZ, Planungshoheit und Grundeigentum, S. 63 f.

[306] LÖHR in: BATTIS/ KRAUTZBERGER/ LÖHR, BauGB, § 45 Rn. 13.

[307] DIETERICH, Baulandumlegung, Rn. 27.

[308] Zur Verteilungsmasse zählt auch das nach einem eventuellen Flächenabzug gem. § 55 V BauGB eingebrachte Ersatzland, STICH in: SCHLICHTER/ STICH, Berliner Kommentar, § 55

entweder aus dem Verhältnis der Werte oder dem Verhältnis der Flächen berechnet, in dem die früheren Grundstücke vor der Umlegung zueinander gestanden haben (Sollanspruch, anteilsgleiche Zuteilung[309]), vgl. §§ 56 I, 57, 58 BauGB. Bei einer Verteilung nach Werten soll ein Eigentümer in der Umlegung nicht ein Grundstück erhalten, das einen geringeren Verkehrswert aufweist als das von ihm eingeworfene Grundstück, § 57 S. 2 BauGB, sog. Grundsatz der wertgleichen Zuteilung.[310] Dieser Grundsatz wird bei einer Verteilung nach Flächen dadurch verwirklicht, daß ein Flächenabzug nur insoweit erfolgen darf als damit durch die Umlegung erwachsene Vorteile ausgeglichen werden, § 58 I 1 HS 1 BauGB. Die Zuteilungsfläche muß also mindestens so groß sein, daß sie wertmäßig der Einwurfsfläche entspricht. Regelmäßig ist eine wertgleiche Zuteilung sogar dann möglich, wenn ein Flächenabzug gem. § 55 II, V BauGB erfolgt. Denn durch die Umlegung entsteht an den Grundstücken auch ein werterhöhender sogenannter Umlegungsvorteil. Beispielsweise verbessert sich in der Regel die Lage der Grundstücke sowie die Erschließung durch Straßen und Grünflächen. Die Grundstücke entwickeln sich von ungeordnetem Rohbauland zu geordnetem baureifen Land fort, der Zuschnitt der Grundstücke und damit ihre wirtschaftliche Ausnutzbarkeit verbessern sich.[311] Die Rechtsprechung faßt den Grundsatz der wertgleichen und den Grundsatz der anteilsgleichen Zuteilung als "Grundsatz der wertgleichen Landabfindung" zusammen.[312] Von dieser Terminologie soll auch im folgenden ausgegangen werden.

Die zugeteilten Grundstücke sollen sich in gleicher oder gleichwertiger Lage wie die eingeworfenen Grundstücke befinden, § 59 I BauGB; sein eingeworfenes Grundstück erhält der einzelne Eigentümer jedoch nicht zurück. Die Grundstücke sind wegen der Landabzüge für öffentliche Verkehrs- und Grünflächen (§ 55 II BauGB) in der Regel kleiner als vorher. Wertsteigerungen der Grundstücke, die sich durch die Neuordnung im Umlegungsverfahren ergeben, werden gem. § 57, 58 BauGB abgeschöpft, z. B. durch einen Geldausgleich, § 57 S. 4 BauGB. Wer nur ein sehr kleines Grundstück besitzt, erhält möglicherweise letztendlich nur einen Geldwert, vgl. § 59 II 1 BauGB. Die Umlegung erlangt durch diese Umstände eigentumsverfassungsrechtliche Bedeutung.[313]

Die Rechtsprechung und das überwiegende Schrifttum qualifizieren die Umlegung nicht als Enteignung, sondern als Inhalts- und Schrankenbestimmung des

---

Rn. 13.

[309] Vgl. zur anteilsgleichen Zuteilung: DIETERICH, Baulandumlegung, Rn. 42; STEMMLER/ OTTE in: ERNST/ ZINKAHN/ BIELENBERG, BauGB, § 56 Rn. 2.

[310] Vgl. zu diesem Grundsatz der wertgleichen Zuteilung nur DIETERICH, Baulandumlegung, Rn. 43 f.; BREUER in: SCHRÖDTER, BauGB, § 45 Rn. 10.

[311] Zum Umlegungsvorteil vgl. LÖHR in: BATTIS/ KRAUTZBERGER/ LÖHR, BauGB, § 57 Rn. 17.

[312] BGHZ 31, 49 (56); BGH NJW 1980, 1634 (1634 f.).

[313] Zur Bodenwertabschöpfung bei der Umlegung SEITZ, Planungshoheit und Grundeigentum, S. 193.

Eigentums gem. Art. 14 I 2 GG.[314] Für die Abgrenzung der Umlegung von der Enteignung stellte das Bundesverwaltungsgericht zunächst auf die Privatnützigkeit der Umlegung ab. Die Enteignung unterscheide sich von der Umlegung dadurch, daß der Enteignungsunternehmer gegenüber dem Enteigneten ein fremdes, selbständiges Interesse durchsetze. Durch die Umlegung hingegen werde das Ziel verfolgt, die dem Bebauungsplan entsprechende zweckmäßige Nutzung der Grundstücke zu ermöglichen, womit dem öffentlichen Interesse an der Realisierung der Bauleitplanung durch plangerechte Bodennutzung gedient sei, zugleich aber auch den Interessen der Eigentümer an der wirtschaftlichen Verwertung ihres Eigentums.[315] Später bezog das Bundesverwaltungsgericht auch Kriterien wie das Surrogationsprinzip und die Gleichwertigkeit der Abfindung in seine Abgrenzungsargumentation ein[316], um schließlich wieder eine Abgrenzung nach Interessengesichtspunkten in den Vordergrund zu rücken.[317]

Der Bundesgerichtshof war der Ansicht, das Abgrenzungskriterium der Privatnützigkeit füge sich auch in die von ihm vorgenommene Kennzeichnung der Enteignung als Sonderopfer ein.[318] Zunächst zog er aber neben der Privatnützigkeit auch das Kriterium des Surrogationsprinzips in der Umlegung und den Grundsatz wertgleicher Landabfindung für die Qualifizierung der Umlegung als Inhaltsbestimmung des Eigentums heran.[319] Im Winterberg-Urteil stellte er jedoch schließlich allein auf die Privatnützigkeit der Umlegung als Abgrenzungskriterium ab.[320] Allerdings ist nach der Rechtsprechung des Bundesgerichtshofs auch der Grundsatz wertgleicher Landabfindung von Bedeutung für die Qualifizierung der Umlegung als Inhaltsbestimmung des Eigentums. Die wertgleiche Landabfindung kann jedoch nur als ein die Privatnützigkeit unterstützendes Kriterium verstanden werden, da sie den fehlenden privatnützigen Zweck, der

---

[314] BVerwGE 1, 225 (228); 12, 1 (1); BGHZ 27, 15 (24); 31, 49 (54 ff.); 89, 353 (357 f.); 93, 103 (110); 113, 139 (143); KROHN/ LÖWISCH, Eigentumsgarantie, Rn. 194; STICH in: SCHLICHTER/ STICH, Berliner Kommentar, § 45 Rn. 5; BREUER in: SCHRÖDTER, BauGB, § 45 Rn. 20 ff.; LÖHR in: BATTIS/ KRAUTZBERGER/ LÖHR, BauGB, Vorb. §§ 45-84 Rn. 9; ERNST/ OTTE in: ERNST/ ZINKAHN/ BIELENBERG, BauGB, § 45 Rn. 10; SCHMIDT-ASSMANN, Studien zur Umlegung, S. 58; DERS., DVBl 1982, S. 152 (153 ff.); CHOLEWA/ DYONG/ V. D. HEIDE/ SAILER, BauGB, Vor § 45 Anm. 1a; MAINCZYK, BauGB, § 45 Rn. 2; NÜßGENS/ BOUJONG, Eigentum, Rn. 176; aA: V. MANGOLDT/ KLEIN, GG, Art. 14 Anm. VI 7 sowie FORSTHOFF, Verwaltungsrecht, S. 337, die die Umlegung als Rechtsinstitut eigener Art betrachten; NUMBERGER, BayVBl 1988, S. 737 (739 f.); KRAFT, BayVBl 1994, S. 97 (103 f.); LABBÉ, AnwBl 1989, S. 530 (532 f.); LEGE, Zwangskontrakt, S. 85 f.

[315] BVerwGE 1, 225 (227 f.).

[316] BVerwGE 12, 1 (2 ff.).

[317] BVerwGE 71, 108 (120).

[318] BVerwGE 1, 225 (227 f.).

[319] BGHZ 27, 15 (22 ff.).

[320] BGHZ 113, 139 (143).

für die Einordnung der Umlegung als eigentumsinhaltsbestimmend erforderlich ist, nicht zu heilen vermag.[321] Gleichzeitig wurzelt der Grundsatz wertgleicher Abfindung nach den Ausführungen des Bundesgerichtshofs in der Privatnützigkeit. Es kann nämlich nicht mehr von einer privatnützigen und damit eigentumsinhaltsbestimmenden Einzelmaßnahme gesprochen werden, wenn das letztendlich erhaltene Grundstück hinsichtlich Wert und Anteil ein "Weniger" gegenüber dem eingeworfenen Grundstück darstellt.[322] In einem solchen Fall tritt eine Enteignungswirkung ein.[323] Soll also der inhaltsbestimmende Charakter der Umlegung gewahrt bleiben, muß sich diese nicht nur auf einen privatnützigen Zweck gründen lassen können, sondern dieser muß schließlich auch durch die Beachtung des Grundsatzes wertgleicher Landabfindung realisiert werden. Diesen Grundsätzen folgt auch das überwiegende Schrifttum.[324]

Das Abgrenzungskriterium der Privatnützigkeit verdient Zustimmung. Insbesondere erscheint eine Abgrenzung nach dem Surrogationsgedanken oder dem Grundsatz wertgleicher Abfindung nicht sachgerecht. Das Surrogationsprinzip regelt gem. § 63 BauGB lediglich, daß die dinglichen Rechte an den alten Grundstücken auf die neuen Grundstücke übergehen, eine materielle Aussage über den Rechtscharakter der Umlegung kann dieser Regelung nicht entnommen werden.[325] Auch der Grundsatz der wertgleichen Landabfindung kann den Charakter der Umlegung als Inhalts- und Schrankenbestimmung des Eigentums nicht begründen, da auch das Enteignungsrecht wertgleiche Entschädigungen in Land kennt, vgl. § 100 BauGB.[326]

Problematisch ist allerdings die Einordnung des Abgrenzungskriteriums der Privatnützigkeit in die Rechtsprechung des Bundesverfassungsgerichts.[327] Das Bundesverfassungsgericht nimmt seit seiner Kleingarten- bzw. Naßauskiesungsentscheidung[328] eine formelle Unterscheidung zwischen der Inhalts- und

---

[321]BGHZ 89, 353 (357 f.); 93, 103 (110 f.).

[322]Vgl. BGHZ 27, 15 (24).

[323]BGHZ 89, 353 (357 f.); 93, 103 (110 f.).

[324]ERNST/ OTTE in: ERNST/ ZINKAHN/ BIELENBERG, BauGB, § 45 Rn. 11; KROHN/ LÖWISCH, Eigentumsgarantie, Rn. 194; DIETERICH, Baulandumlegung, Rn. 9; STICH in: SCHLICHTER/ STICH, Berliner Kommentar, § 45 Rn. 5; CHOLEWA/ DYONG/ V. D. HEIDE/ SAILER, BauGB, Vor § 45 Anm. 1a, MAINCZYK, BauGB, § 45 Rn. 2; SCHMIDT-ASSMANN, Studien zur Umlegung, S. 40; DERS., DVBl 1982, S. 152 (153 ff.); NÜßGENS/ BOUJONG, Eigentum, Rn. 176 ff.; aA: BREUER in: SCHRÖDTER, BauGB, § 45 Rn. 21 ff., der die Rechtsnatur der Umlegung nicht allein auf Grund des Privatnützigkeitskriteriums bestimmt.

[325]So auch ERNST/ OTTE in: ERNST/ ZINKAHN/ BIELENBERG, BauGB, § 45 Rn. 11.

[326]So auch SCHMIDT-ASSMANN, DVBl 1982, S. 152 (155); ERNST/ OTTE in: ERNST/ ZINKAHN/ BIELENBERG, BauGB, § 45 Rn. 11.

[327]Das Bundesverfassungsgericht hat sich zur Rechtsnatur der Umlegung und den damit in Verbindung stehenden Abgrenzungsverfahren noch nicht geäußert.

[328]BVerfGE 52, 1; 58, 300.

Schrankenbestimmung des Eigentums und der Enteignung vor. Enteignung ist danach der gezielte staatliche Zugriff auf das Eigentum einzelner, der auf die vollständige oder teilweise Entziehung konkreter subjektiver Rechtspositionen gerichtet ist.[329] Der Enteignung steht die Umgestaltung individueller Eigentumspositionen durch objektivrechtliche Vorschriften (Inhalts- und Schrankenbestimmungen) gegenüber.[330] Auch der Einwurf der Grundstücke in die Umlegungsmasse stellt sich für die betroffenen Grundstückseigentümer als Entzug ihrer Grundstücke dar. Streng nach dem äußeren Merkmal des Entzuges beurteilt, stellte die Umlegung somit eine Enteignung dar. Doch die Boxberg-Entscheidung des Bundesverfassungsgerichts[331] gibt Anlaß zu der Annahme, daß nicht der Entzugsvorgang allein zu einer Enteignung führt. In diesem Urteil stellt das Gericht nämlich für die Qualifikation einer Maßnahme als Enteignung zusätzlich zum Entzug auf die Fremdnützigkeit des Eingriffs für die Betroffenen ab.[332] Wesensmerkmal der Enteignung ist demnach nicht nur der Entzug, sondern auch der für den Betroffenen fremdnützige (Gemeinwohl-) Zweck der Einwirkung.[333] Im Gegenschluß läßt sich also sagen, daß eine Einwirkung auf das Eigentum dann keine Enteignung (sondern eine Inhalts- und Schrankenbestimmung) darstellt, wenn sich der Entzug auf einen privatnützigen Zweck gründet.[334] Der privatnützige Zweck der Umlegung als Abgrenzungskriterium zur Enteignung ist somit auch mit der Rechtsprechung des Bundesverfassungsgerichts vereinbar. Es bleibt festzuhalten, daß die Umlegung durch ihre Privatnützigkeit von der Enteignung getrennt wird. Allerdings ist die Privatnützigkeit der Umlegung keinesfalls regelmäßig gegeben, vielmehr erfordert dieses Kriterium bei jeder Anwendung der §§ 45 ff. BauGB Beachtung.[335]

Es schließt sich die Frage an, wann im einzelnen überhaupt von Privatnützig-

---

[329]BVerfGE 58, 300 (302); 70, 191 (199 f.); 79, 174 (191).

[330]BVerfGE 52, 1 (27).

[331]BVerfGE 74, 264.

[332]BVerfGE 74, 264 (280); dieser Interpretation des Boxberg-Urteils folgen auch: ERNST/ OTTE in: ERNST/ ZINKAHN/ BIELENBERG, BauGB, § 45 Rn. 11; SCHMIDT-ASSMANN, Studien zur Umlegung, S. 44 i. V. m. S. 57 f.

[333]So SCHMIDT-ASSMANN, Studien zur Umlegung, S. 58; BRYDE in: V. MÜNCH/ KUNIG, GG, Art. 14 Rn. 72.

[334]Zu bedenken ist allerdings, daß eine solche interessenorientierte Eingrenzung des Enteignungsbegriffs letztlich wieder zu einer materiellen Differenzierung zwischen Enteignung und Inhalts- und Schrankenbestimmung führen könnte, die das Bundesverfassungsgericht gerade durch seine Kleingarten- und Naßauskiesungsentscheidung aufgegeben hat, KRAFT, BayVBl 1994, S. 97 (104). Ob sich das Bundesverfassungsgericht dieser Auswirkungen bewußt war und diese Rechtsprechung fortführen wird oder ob es vielmehr den Zweck der Einwirkung wie bisher lediglich in die Erwägungen der Rechtmäßigkeit der Enteignung einbeziehen wird, bleibt zunächst offen - weitere Entscheidungen sind abzuwarten.

[335]BGHZ 113, 139 (143).

keit der Umlegung gesprochen werden kann. Privatnützig ist die Umlegung dann, wenn sie wesentlich auch privaten Interessen dient.[336] Ob dies der Fall ist, muß im Wege einer Gesamtbeurteilung vorteilhafter und nachteiliger Faktoren für die Betroffenen aus objektiver Sicht ermittelt werden.[337] Das Privatnützigkeitskriterium ist insoweit nicht subjektiv aus der Sicht der Grundstückseigentümer, sondern vielmehr als ein objektiviertes Eigentümerinteresse zu verstehen.[338] [339] So werden privatnützige Zwecke sicher dann nicht verfolgt, wenn es der Gemeinde nur um den Erhalt eines Flächenbeitrags gem. § 58 I BauGB geht.[340]Hingegen hat die Umlegung einen privatnützigen Zweck, wenn sie in solchen Fällen angewendet wird, in denen die Eigentümer typischerweise daran interessiert sind, bebaubare Grundstücke zu erhalten und wenn dem im Gesetz niedergelegten Gedanken der proportionalen und wertgleichen Zuteilung grundsätzlich Rechnung getragen wird.[341] Tatsächlich ist es jedoch im Einzelfall möglich, daß die Zuteilung hinter dem Sollanspruch zurückbleibt, vgl. § 59 II BauGB. In diesem Fall tritt die Wirkung einer Enteignung ein[342], vorausgesetzt, es handelt sich nicht nur um systembedingte und praktisch unvermeidliche, geringfügige "Spitzen"[343]. Unterschreitet die Zuteilung den Einwurfswert oder mehr als nur unwesentlich den Sollanspruch, finden die Vorschriften über die Enteignungsentschädigung entsprechende Anwendung, § 59 II 2 BauGB.[344] Wie eine Enteignung wirkt es auch, wenn im Einzelfall ein Eigentümer gem. § 59 VI BauGB in Geld abgefunden werden muß.[345] Auch in diesem Fall gelten die Vorschriften über die Enteignungsentschädigung entsprechend, § 59 VI 2 BauGB. Die Enteignungswirkung im Einzelfall ändert aber grundsätzlich nichts am eigentumsinhaltsbestimmenden Charakter der Umlegung, weshalb auch nicht die

---

[336]BGHZ 113, 139 (143 f.).

[337]BGHZ 31, 49 (54); 113, 139 (145 f.).

[338]ERNST/ OTTE in: ERNST/ ZINKAHN/ BIELENBERG, BauGB, § 45 Rn. 11.

[339]Eine sehr anschauliche Auseinandersetzung mit der Struktur des Privatnützigkeitskriteriums findet sich bei SCHMIDT-ASSMANN, Studien zur Umlegung, S. 60 ff.

[340]BGH NJW 1981, S. 2124 (2124); BREUER in: SCHRÖDTER, BauGB, § 45 Rn. 36.

[341]SCHMIDT-ASSMANN, Studien zur Umlegung, S. 64.

[342]Umstritten ist, ob auch ein Abzug sonstiger Flächen für öffentliche Nutzung gem. § 55 V BauGB enteignende Wirkung hat und der Flächenabzug daher unter Beachtung des § 87 I, II BauGB erfolgen muß. Dafür: BREUER in: SCHRÖDTER, BauGB, § 55 Rn. 34 f.; SCHMIDT-ASSMANN, Studien zur Umlegung, S. 117 f. Dagegen: STEMMLER/ OTTE in: ERNST/ ZINKAHN/ BIELENBERG, BauGB, § 55 Rn. 17b, 17d ; LÖHR in: BATTIS/ KRAUTZBERGER/ LÖHR, BauGB, § 55 Rn. 38; STICH in: SCHLICHTER/ STICH, Berliner Kommentar, § 55 Rn. 14; DIETERICH, Baulandumlegung, Rn. 185; vgl. im einzelnen Punkt B. II. 1. g. cc. (2) (b).

[343]BGHZ 93, 103 (110 f.); BREUER in: SCHRÖDTER, BauGB, § 45 Rn. 27; STICH in: SCHLICHTER/ STICH, Berliner Kommentar, § 45 Rn. 5.

[344]§ 59 II 2 BauGB ist insoweit Entschädigungsklausel i. S. d. Art. 14 II 2 GG.

[345]STEMMLER/ OTTE in: ERNST/ ZINKAHN/ BIELENBERG, BauGB, § 59 Rn. 13.

ganze Umlegung unter Enteignungsvoraussetzungen gestellt werden muß. Der Grund dafür liegt darin, daß es für die Privatnützigkeit der Umlegung nur auf das mit ihr verfolgte Ziel ankommt. Ist dies, bezogen auf das Umlegungsgebiet als Ganzes, insgesamt privatnützig, so bewegt sich die Umlegung in den Grenzen der Inhaltsbestimmung des Eigentums.[346] Bleiben die Entschädigungsfälle auf Grund enteignender Wirkung Ausnahmen, so beeinflussen sie nicht das insgesamt privatnützige Ziel der Umlegung. Der Rechtscharakter der Umlegung als Inhalts- und Schrankenbestimmung des Eigentums ändert sich auch nicht dadurch, daß ein Ausgleich von Wertsteigerungen gem. §§ 57, 58 BauGB erfolgt. Dadurch wird lediglich ein Anspruch auf den durch die Umlegung bedingten Wertzuwachs ausgeschlossen. Dieser gehört nicht zum Inhalt des Eigentums, solange der Grundsatz wertgleicher Abfindung in Land beachtet wird.[347]

bb. Zulässigkeit einer Umlegung zur Beschaffung von Ausgleichsflächen

Grundstücke für Ausgleichsmaßnahmen sind nur dann zweckmäßig gestaltet, wenn die Durchführung dieser Maßnahmen auch gewährleistet werden kann. Um eine Neuordnung der Grundstücke mit eben diesem Ziel zu erreichen, ist die Umlegung ein geeignetes Mittel, vgl. § 45 I 1 BauGB. § 46 I BauGB fordert darüber hinaus, daß die Umlegung zur Verwirklichung des Bebauungsplans erforderlich sein muß. Erforderlich ist die Umlegung, wenn keine weniger eingreifende Mittel zur Verfügung stehen, um die Voraussetzungen für eine plangemäße Nutzung der Grundstücke des Plangebietes zu ermöglichen.[348] Erforderlichkeit ist vor allem dann nicht gegeben, wenn die Grundstückseigentümer auf freiwilliger Basis zur Neuordnung der Grundstücke gem. dem Bebauungsplan bereit sind.[349] Ob eine Umlegung erforderlich ist, muß jeweils für den Einzelfall entschieden werden.[350]

Ausgleichsmaßnahmen oder -flächen können gem. § 9 Ia BauGB entweder auf den Baugrundstücken oder im sonstigen Geltungsbereich des Bebauungsplans oder in einem anderen Bebauungsplan festgesetzt werden. In den beiden letztgenannten Fällen wird zumeist eine Zuordnung zu den Eingriffsgrundstücken erfolgen. Bei Festsetzungen auf den Eingriffsgrundstücken selbst entsteht das Problem der zusätzlichen Flächenaufbringung nicht. Bedeutsam sind insoweit lediglich die außerhalb der Baugrundstücke festgesetzten Kompensati-

[346] BGHZ 113, 139 (145 f.); KROHN/ LÖWISCH, Eigentumsgarantie, Rn. 195; LÖHR in: BATTIS/ KRAUTZBERGER/ LÖHR, BauGB, § 55 Rn. 1; SCHMIDT-ASSMANN, DVBl 1982, S. 152 (153).

[347] BGHZ 93, 103 (110); ERNST/ OTTE in: ERNST/ ZINKAHN/ BIELENBERG, BauGB, § 45 Rn. 10; STICH in: SCHLICHTER/ STICH, Berliner Kommentar, § 45 Rn. 5.

[348] BGH DVBl 1984, S. 337 (338); STICH in: SCHLICHTER/ STICH, Berliner Kommentar, § 46 Rn. 16; LÖHR in: BATTIS/ KRAUTZBERGER/ LÖHR, BauGB, § 46 Rn. 4.

[349] LÖHR in: BATTIS/ KRAUTZBERGER/ LÖHR, BauGB, § 46 Rn. 5.

[350] ERNST/ OTTE in: ERNST/ ZINKAHN/ BIELENBERG, BauGB, § 46 Rn. 4.

onsflächen. Im Rahmen der Umlegung bieten sich mehrere Möglichkeiten an, um diese Flächen zu gewinnen. Zum einen kann grundsätzlich eine Vorwegausscheidung gem. § 55 II, V BauGB stattfinden. Auch eine Zuteilung der Ausgleichsflächen an die Grundstückseigentümer aus der Verteilungsmasse, §§ 57, 59 BauGB oder als Gemeinschaftsanlage, § 61 I 2 BauGB, ist möglich.[351]

Fraglich ist aber zunächst, ob eine Umlegung mit dem Ziel, Ausgleichsflächen zu gewinnen, zulässig ist. Zur Klärung dieser Frage ist das Leitprinzip der Umlegung, ihre privatnützige Zweckbestimmung, heranzuziehen.[352] Wie bereits oben festgestellt wurde[353], ist die Umlegung nur dann gem. Art. 14 I 2 GG zulässig, wenn das Privatnützigkeitskriterium gewahrt wird. Zusätzlich müssen zwar grundsätzlich die Kriterien der wertgleichen Zuteilung beachtet werden, dies allein kann aber nicht eine fehlende privatnützige Zweckbestimmung ausgleichen.[354]

Die Privatnützigkeit der Umlegung wird durch die in § 45 I BauGB zulässigen Umlegungszwecke zur Realisierung der Bauleitplanung bzw. Bebauungsplanung[355] konkretisiert.[356] Im Regelfall ergibt sich daher der privatnützige Charakter im Umlegungswege zu treffender Maßnahmen bereits aus dem Zweck, im Geltungsbereich eines Bebauungsplans zur Erschließung oder Neugestaltung bestimmter Gebiete bebaute und unbebaute Grundstücke in der Weise neu zu ordnen, daß nach Lage, Form und Größe für die bauliche oder sonstige Nutzung zweckmäßig gestaltete Grundstücke entstehen, § 45 I BauGB.[357] Der Wortlaut des § 45 I BauGB läßt es außerdem zu, daß durch die Umlegung nicht nur für die bauliche Nutzung zweckmäßige Grundstücke geschaffen werden, sondern auch solche für die sonstige Nutzung. So ist die Umlegung nicht nur als Baulandumlegung, sondern auch im Interesse einer sonstigen Nutzung, wie etwa Grünflächennutzung, zulässig.[358] Auch Ausgleichsflächen können somit grundsätzlich durch die Umlegung geschaffen werden.

Kann eine Maßnahme zwar unter den Zweck der Umlegung gem. § 45 I BauGB subsumiert werden und ergibt sich auch daraus meist der privatnützige Charakter dieser Maßnahme, so sind dennoch die privatnützigen Ziele einer jeden Umlegung im Einzelfall zu prüfen, damit sichergestellt werden kann, daß

---

[351]Die Zuteilung der Ausgleichsflächen an die Grundstückseigentümer aus der privaten Verteilungsmasse gem. § 59 BauGB, oder als Gemeinschaftsanlage gem. § 62 I 2 BauGB gewinnt allerdings erst bei der Sicherstellung der Durchführung von Kompensationsmaßnahmen auf andere Weise gem. § 135a II 1 HS 3 BauGB Bedeutung.

[352]LÖHR in: BATTIS/ KRAUTZBERGER/ LÖHR, BauGB, Vorb. §§ 45-84 Rn. 8.

[353]Siehe unter Punkt B. II. 1. g. aa.

[354]Siehe unter Punkt B. II. 1. g. aa.

[355]ERNST/ OTTE in: ERNST/ ZINKAHN/ BIELENBERG, BauGB, § 45 Rn. 1.

[356]SCHMIDT-ASSMANN, Studien zur Umlegung, S. 86.

[357]BGHZ 113, 139 (144).

[358]DIETERICH, Baulandumlegung, Rn. 30, 35; BREUER in: SCHRÖDTER, BauGB, § 45 Rn. 33.

den verfassungsrechtlichen Bindungen, die hinter § 45 I BauGB stehen, auch Rechnung getragen wird.[359] Kernfrage ist hier folglich, ob bei einer Umlegung zur Aufbringung von Ausgleichsflächen von privatnützigen Zielsetzungen gesprochen werden kann, insofern als es sich dabei für die betroffenen Grundstückseigentümer grundsätzlich um privatnützige Maßnahmen handelt.

(1) Privatnütziger Zweck für Eigentümer der Baugrundstücke

Daß die im Bebauungsplan festgesetzten Baugrundstücke in ein Umlegungsverfahren einbezogen werden sollen, um Ausgleichsflächen zu gewinnen, stellt sich für die Eigentümer auf den ersten Blick als Nachteil dar. Allerdings knüpft § 8a I BNatSchG an Bauvorhaben die Pflicht zum naturschutzrechtlichen Ausgleich. Zweck der naturschutzrechtlichen Eingriffsregelung ist, daß eine Bebauung oder ein sonstiger Eingriff nicht stattfinden kann, ohne daß ein entsprechender naturschutzrechtlicher Ausgleich geschaffen wird. Die naturschutzrechtliche Eingriffsregelung beruht auf dem Verursacherprinzip, vgl. § 8 I BNatSchG.[360] Dies bedeutet, daß grundsätzlich der Verursacher des Eingriffs die materielle Verantwortung für die Kompensation trägt.[361] Ist die Sicherstellung der Kompensation nicht gewährleistet, so kann auch eine Bebauung nicht erfolgen.[362] Insofern muß der Bauvorhabenträger seiner Pflicht zur Kompensation nachkommen, wenn er sein Grundstück bebauen möchte. Aus der objektivierten Sicht des Grundstückseigentümers ist es demnach durchaus von (privatnützigem) Interesse, daß Ausgleichsflächen aufgebracht werden, damit er sein Grundstück zur Bebauung nutzen kann. Voraussetzung ist, daß für jedes in die Umlegung einbezogene Baugrundstück auch ein Ausgleich vorgesehen ist und nicht nur z. B. eine einzelne Ausgleichsfläche aufgebracht werden soll, die durch Einzelzuordnung einem einzelnen Grundstück zugeordnet wurde. Regelmäßig wird aber durch die Bebauung eines jeden Grundstücks ein Eingriff in Natur und Landschaft erfolgen. Ausgleichsflächen müssen daher in der Regel für alle Baugrundstücke vorgesehen werden. Auf die Verteilung der Ausgleichsflächen auf die einzelnen Eigentümer hat auch die Abwägung gem. § 1VI BauGB i. V. m. § 1a II Nr. 2 BauGB keinen Einfluß. Gegenstand dieser Abwägung ist lediglich die Frage, in welchem Umfang Eingriffe ausgeglichen werden müssen.[363] Der Begründung der Privatnützigkeit aus der Kompensationspflicht der Bauvorhabenträger könnte aber entgegenstehen, daß im Falle der Festsetzung der Ausgleichsflächen als zugeordnete Sammelausgleichsflächen die

---

[359] BGHZ 113, 139 (143 f.).

[360] Von diesem wurde auch nicht durch das BauROG 1998 abgewichen, BT-Drucks. 13/ 6392, S. 91.

[361] STEINFORT, VerwArch 1995, S. 107 (137).

[362] ARGEBAU/ RUNKEL in: KORMANN, Bundesbaurecht, S. 75 (96 f.); Punkt A. II. 1. b., 2.

[363] OLDIGES, Eingriffsregelung, S. 14.

Durchführungspflicht bei der Gemeinde liegt, § 135a II 1 BauGB, und der Eingriffsverursacher damit von seiner Verantwortung entbunden ist. Auch das Vorhabengenehmigungverfahren ist in diesem Falle von der Kompensation abgekoppelt, da die Durchführungsverpflichtung der Gemeinde als ausreichende Sicherstellung bezüglich deren Durchführung genügt (zumindest wenn ihr keine rechtlichen Hindernisse entgegenstehen).[364] Jedoch wurde die Durchführungsverpflichtung der Gemeinde gerade eingeführt, um die Eingriffsverursacher von dem für sie meist nicht zu bewältigenden Problem der Flächenbeschaffung zu befreien.[365] Gerade wenn es um die Zulässigkeit der Umlegung als gemeindliches Instrument zur Aufbringung der Ausgleichsflächen geht, kann die Durchführungsverpflichtung der Gemeinde dann aber nicht zum Verlust der materiellen Verursacherpflichten und damit zur Verneinung der Privatnützigkeit der Umlegung für die Eigentümer der Baugrundstücke führen. Das würde die Intention des Gesetzgebers bei der Einführung der Durchführungsverpflichtung der Gemeinde ad absurdum führen. Die Umlegung zur Aufbringung von Ausgleichsflächen ist somit für die Eigentümer der Baugrundstücke privatnützig.

(2) Privatnütziger Zweck für Eigentümer der Ausgleichsflächen

Für die Eigentümer der im Bebauungsplan festgesetzten Ausgleichsflächen besteht die Pflicht zur Kompensation nicht, denn sie sind nicht die Eingriffsverursacher. Von diesem Ansatz aus kann ein privatnütziger Zweck nicht begründet werden. Aber auch bei einer durch "fremdes Interesse" ausgelösten Planung kann nach dem Bundesgerichtshof aus objektiver Sicht ein Interesse der betroffenen Eigentümer - hier der Eigentümer der Ausgleichsflächen - an einer angemessenen Lösung der Konfliktsituation bestehen.[366] Der Bundesgerichtshof begründet dieses Interesse aus dem Gedanken der Solidargemeinschaft.[367] Die Solidargemeinschaft zeichnet sich durch die Geltung des Prinzips der Gleichbehandlung und Gleichbelastung aus.[368] Wer einer solchen Solidargemeinschaft von der Umlegung betroffener Grundeigentümer angehört, ergibt sich aus der Situationsgebundenheit des Grundeigentums.[369] Aus der nachbarlichen Verschränkung der Grundstücks- und Eigentumsstruktur im Sinne einer besonderen Nähe zu den Baugrundstücken ergibt sich gegebenenfalls die Pflichtigkeit, in ein solidarisches Umlegungsverfahren einbezogen zu werden.[370] Grundstücke, die in einem solchen natürlichen Verbund mit den Baugrundstücken liegen, nehmen

---

[364] Siehe unter Punkt A. II. 3. e.

[365] Siehe unter Punkt A. II. 3. e.

[366] BGHZ 113, 139 (145).

[367] BGHZ 113, 139 (145).

[368] LÖHR in: BATTIS/ KRAUTZBERGER/ LÖHR, BauGB, Vorb. §§ 45-84 Rn. 6.

[369] SCHMIDT-ASSMANN, Studien zur Umlegung, S. 88; BIELENBERG, DÖV 1973, S. 833 (833).

[370] BREUER in: SCHRÖDTER, BauGB, § 45 Rn. 9.

auch an der gebietstypischen Entwicklung teil. Macht die gebietstypische Entwicklung eine Umlegung erforderlich, so können auch die mit den Baugrundstücken im natürlichen Verbund liegenden Ausgleichsflächen in die Umlegung einbezogen werden.[371] Als problematischer erweist sich die Einbeziehung von Ausgleichsflächen in die Umlegung, die gerade nicht durch räumliche Nähe mit den Baugrundstücken verbunden sind. Bedeutsam ist diese Problematik insbesondere deshalb, weil durch das BauROG 1998 in § 9 Ia 1 BauGB eine Festsetzung von Ausgleichsflächen in einem anderen Bebauungsplan als in dem, der die Bebauung regelt, für zulässig erklärt wurde. Hinsichtlich der von den Baugrundstücken entfernter liegenden Ausgleichsflächen kann die Privatnützigkeit der Umlegung für die betroffenen Eigentümer weder aus den Pflichten des Eingriffsverursachers noch aus dem auf natürlicher Verbundenheit der Grundstücke begründeten Solidarprinzip hergeleitet werden. Möglicherweise läßt sich aber eine Solidargemeinschaft auf eine andere Grundlage als den natürlichen Verbund der Grundstücke stützen und auf diese Weise ein privatnütziges Interesse begründen. Die Beteiligten einer Solidargemeinschaft müssen sich stets durch ein bestimmtes gemeinsames Gruppeninteresse, das außerhalb des Eingriffsvorgangs begründet liegt, von der Allgemeinheit abheben.[372] SCHMIDT-ASSMANN führt an, daß möglicherweise das Interesse der Eigentümer der Ausgleichsflächen an dem Erhalt eines Baugrundstückes im Rahmen der Umlegung eine Annäherung an das Interesse der Eigentümer der Baugrundstücke bewirken könne und daß aufgrunddessen eine Solidargemeinschaft pro futuro entstehen könne. Diese Möglichkeit verwirft er aber sogleich wieder, da der Solidargemeinschaft ein reales Substrat zugrundeliegen müsse, das sich auf die überkommene Situation stützen müsse, was bei der Solidargemeinschaft pro futuro nicht der Fall sei. Im übrigen könne ein Interesse der Eigentümer der Ausgleichsflächen am Erhalt von Baugrundstücken in einer freiwilligen Umlegung befriedigt werden, einer amtlichen Umlegung bedürfe es dazu nicht.[373] Diesem Ergebnis ist zuzustimmen. Der Erhalt von Baugrundstücken ist bezüglich der Eigentümer der Ausgleichsflächen keinesfalls Zweck der Umlegung. Dieser liegt vielmehr im Gewinn von Ausgleichsflächen. Daß die Eigentümer dieser Flächen im Rahmen der Umlegung Baugrundstücke erhalten, ist quasi nur eine "Nebenfolge", die nicht die Zulässigkeit der Umlegung bewirken kann. Die Umlegung muß zum Zwecke der Aufbringung von Ausgleichsflächen und nicht zu dem der Baulandbeschaffung für die Eigentümer der Ausgleichsflächen zulässig sein. Aus dem Prinzip der Solidargemeinschaft in seiner herkömmlichen Form kann daher ein privatnütziger Zweck der Umlegung für die Eigentümer der Ausgleichsflächen

[371] SCHMIDT-ASSMANN, Studien zur Umlegung, S. 89.

[372] SCHMIDT-ASSMANN, Erweiterte Umlegung, S. 51. Das gemeinsame Gruppeninteresse war auch im Wendehammer-Urteil und im Winterberg-Urteil des BGH Voraussetzung für das Vorliegen einer Solidargemeinschaft, BGHZ 67, 320 (329); 113, 139 (148 f.).

[373] SCHMIDT-ASSMANN, Studien zur Umlegung, S. 91.

nicht hergeleitet werden. Teilweise wird eine Einbeziehung der nicht im räumlichen Verbund mit den Baugrundstücken liegenden Ausgleichsgrundstücke in die Umlegung aus dem Gedanken einer erweiterten Solidargemeinschaft gerechtfertigt. Als Begründung wird angeführt, durch eine solche Erweiterung des Solidarprinzips würde eine Enteignung zulasten einzelner Grundstückseigentümer, deren Grundstücke für Ausgleichsmaßnahmen vorgesehen sind, umgangen und stattdessen der Landverlust für Ausgleichsflächen auf mehrere Eigentümer verteilt. Die Erweiterung des Solidarprinzips mit der Konsequenz der Vermeidung der Enteignung sei verfassungsrechtlich höher zu bewerten als die Beschränkung der eigentumsrechtlichen Bestandsgarantie auf den Verkehrswert als Folge der Umlegung.[374] Diese Begründung beruht auf dem Gedanken, daß die Enteignung stets ultima ratio[375] und daher gegenüber anderen städtebaulichen Instrumenten oder Instrumenten außerhalb des Städtebaurechts, mit denen das durch die Enteignung angestrebte Ziel ebenfalls erreicht werden kann, grundsätzlich subsidiär ist, vgl. § 87 I BauGB.[376] Ob die Enteignung jedoch in jedem Fall gegenüber der Umlegung subsidiär ist, erscheint zumindest zweifelhaft. Insbesondere wird unter dem Aspekt der Zumutbarkeit anderer Maßnahmen als der Enteignung gem. § 87 I BauGB diskutiert, ob sowohl Interessen anderer Eigentümer als auch der Allgemeinheit berücksichtigt werden müssen.[377] Bejaht man dies, kann die Folge sein, daß der Subsidiaritätsgrundsatz nicht greift, weil im Enteignungswege wesentlich weniger Eigentümer betroffen sind als bei der Umlegung.[378] Das Argument, die Umlegung sei als Inhaltsbestimmung des Eigentums weniger einschneidend als die Enteignung und letztere daher subsidiär, wäre in dem Fall unzutreffend.[379] Entscheidend muß hier aber folgendes sein: Eine Subsidiarität der Enteignung kommt ohnehin nur in Betracht, wenn der Enteignungszweck durch die Umlegung erreicht werden kann, § 87 I BauGB. Dies setzt voraus, daß die Umlegung überhaupt möglich bzw. zulässig ist. Dazu muß sie auf einen privatnützigen Zweck gerichtet sein. Liegt dieser nicht vor, ist auch die Subsidiarität der Enteignung nicht gegeben. Folglich kann die Vermeidung einer Enteignung auch nicht die Erweiterung der Solidargemeinschaft und damit die Zulässigkeit der Einbeziehung der Ausgleichsflächen in die Umlegung begründen.[380] Für die Eigentümer der Ausgleichsflächen, die nicht in natürli-

---

[374] SEELE, VR 1982, S. 353 (369); LETZNER, GuG 1995, S. 206 (206 f.).

[375] BVerwGE 2, 36 (38 f.).

[376] RUNKEL in: ERNST/ ZINKAHN/ BIELENBERG, BauGB, § 87 Rn. 57; BREUER in: SCHRÖDTER, BauGB, § 87 Rn. 27; BATTIS in: BATTIS/ KRAUTZBERGER/ LÖHR, BauGB, § 87 Rn. 4; REISNECKER in: BRÜGELMANN, BauGB, § 87 Rn. 24.

[377] RUNKEL in: ERNST/ ZINKAHN/ BIELENBERG, BauGB, § 87 Rn. 65 m. w. N.

[378] So RUNKEL in: ERNST/ ZINKAHN/ BIELENBERG, BauGB, § 87 Rn. 65.

[379] SCHMIDT-ASSMANN, Erweiterte Umlegung, S. 53.

[380] Ähnlich SCHMIDT-ASSMANN, Erweiterte Umlegung, S. 53.

chem Verbund mit den Bauflächen liegen, ist die Umlegung daher nicht privatnützig.[381]

Möglich ist aber auch, daß Eigentümer der Baugrundstücke gleichzeitig über das Eigentum an Ausgleichsflächen verfügen. Dann ergibt sich die Privatnützigkeit bereits aus den Verursacherpflichten.[382]

Auch die Gemeinde kann Ausgleichsflächen in die Umlegung einbringen. Allerdings ist das gemeindliche Eigentum nicht dem Schutz des Art. 14 GG unterstellt.[383] Da es bei der Forderung nach Privatnützigkeit der Umlegung aber gerade um die Berücksichtigung der Anforderungen geht, die Art. 14 GG stellt, muß bei gemeindlichem Eigentum die Privatnützigkeit nicht beachtet werden.

(3) Ergebnis

Die Umlegung zur Aufbringung von Ausgleichsflächen ist für die Eigentümer der Baugrundstücke privatnützig. Auch bezüglich der Eigentümer der Ausgleichsflächen, die in einem natürlichen Verbund mit den Baugrundstücken liegen, kann ein privatnütziger Zweck bejaht werden. Diese Flächen können in eine Umlegung zur Aufbringung von Ausgleichsflächen einbezogen werden. Für Eigentümer von Ausgleichsflächen, die nicht in einem natürlichen Verbund mit den Baugrundstücken liegen, kann ein privatnütziger Zweck nicht begründet werden. Diese Flächen können daher nicht in eine Umlegung einbezogen werden.

cc. Vorwegabzug gem. § 55 II, V BauGB

Nachdem nun geklärt ist, daß zumindest ein Teil der im Bebauungsplan festgesetzten Ausgleichsflächen in die Umlegung einbezogen werden kann, fragt sich, auf welche Weise die Gemeinde konkret mittels der Umlegung an die Ausgleichsflächen gelangen kann. Sind die Kompensationsflächen als öffentliche Flächen im Bebauungsplan festgesetzt, so bietet sich möglicherweise der sogenannte Vorwegabzug von Flächen zu öffentlichen Nutzungszwecken gem. § 55 II, V BauGB an.[384]

---

[381] So wohl auch LOUIS, NuR 1998, S. 113 (122).

[382] Siehe unter Punkt B. II. 1. g. bb. (1).

[383] BVerfGE 61, 82 (105); weitergehend BayVerfGH NVwZ 1985, S. 260 (261), der der Gemeinde die Berufung auf Art. 14 GG in einem Rechtsstreit zwischen gleichgeordneten Trägern privater Rechte zubilligt. Um eine solche Konstellation geht es hier jedoch nicht.

[384] LÖHR in: BATTIS/ KRAUTZBERGER/ LÖHR, BauGB, § 55 Rn. 3; STEMMLER/ OTTE in: ERNST/ ZINKAHN/ BIELENBERG, BauGB, § 55 Rn. 5.

(1) Vorwegabzug gem. § 55 II BauGB

(a) Gesetzeslage

Gem. § 55 II 1 Nr. 1 BauGB können örtliche Verkehrsflächen aus der Umlegungsmasse vorweg ausgeschieden werden. § 55 II 1 Nr. 2 BauGB erlaubt eine Vorwegausscheidung von Flächen für Parkplätze und Grünanlagen, wenn die Flächen überwiegend den Bedürfnissen der Bewohner des Umlegungsgebietes dienen sollen. Die vorweg ausgeschiedenen Flächen sind der Gemeinde oder dem sonstigen Erschließungsträger zuzuteilen, § 55 II 1 BauGB. Durch das BauROG 1998 wurden in § 55 II die Sätze 2 und 3 eingefügt. Darin wird klargestellt, daß bauflächenbedingte Ausgleichsflächen im Sinne von § 1a III BauGB unter den Begriff der Grünfläche gem. § 55 II 1 Nr. 2 BauGB subsumiert werden können.[385] Voraussetzung für letzteres ist allerdings, daß die Ausgleichsflächen auch als Grünflächen gem. § 9 I Nr. 15 BauGB im Bebauungsplan festgesetzt sind.[386]

(b) Verfassungskonformität eines Vorwegabzugs gem. § 55 II BauGB

(aa) Bewohnerdienlichkeit der Abzugsflächen

Wie oben festgestellt wurde, muß die Umlegung stets einen privatnützigen Zweck verfolgen, um ihren Charakter als Inhalts- und Schrankenbestimmung des Eigentums zu wahren.[387] Auch der Vorwegabzug gem. § 55 II BauGB muß daher für die von der Umlegung Betroffenen privatnützig sein. Dies wird dadurch gewährleistet, daß eine Vorwegausscheidung von Flächen nur erfolgen kann, wenn sie Verkehrsflächen mit örtlichem Bezug sind (§ 55 II 1 Nr. 1

---

[385] Dies war vor Inkrafttreten des BauROG 1998 streitig. Für eine Vorwegausscheidungsfähigkeit der Ausgleichsflächen als Grünflächen: LÖHR in: BATTIS/ KRAUTZBERGER/ LÖHR, BauGB, § 55 Rn. 25; SCHINK in: RAMSAUER, Eingriffsregelung, S. 124 (143 f.), DERS., UPR 1995, S. 281 (288 f.); BRÜCKNER, VR 1995, S. 378 (381); ZABEL, DÖV 1995, S. 725 (727); STICH, GuG 1996, S. 264 (267). Dagegen: STEMMLER/ OTTE in: ERNST/ ZINKAHN/ BIELENBERG, BauGB, § 55 Rn. 8; MAINCZYK, BauGB, § 55 Rn 8; HECKER, VR 1994, S. 73 (79 f.); REINHARDT, DÖV 1995, S. 21 (24 f.); DIETERICH/ LEMMEN, GuG 1991, S. 301 (303). Dieser Streit hat sich aber größtenteils nicht mit dem Inkrafttreten des § 55 II n. F. BauGB erledigt, sondern ist nun bei der Frage der Verfassungskonformität eines Vorwegabzugs von Ausgleichsflächen als Grünflächen relevant. Geklärt ist durch den § 55 II BauGB n. F. aber, daß Ausgleichsflächen auch als solche vorwegausscheidungsfähig sind - die Verfassungskonformität eines Abzugs vorausgesetzt - und nicht nur dann, wenn sie mit Erschließungsanlagen, insbesondere solchen gem. § 127 II Nr. 4 BauGB, identisch sind, wie von STEINFORT, VerwArch 1995, S. 107 (130) vor Inkrafttreten des BauROG 1998 gefordert wurde.

[386] BT-Drucks. 13/ 6392, S. 61 f.

[387] Siehe Punkt B. II. 1. b. aa.

BauGB) oder wenn sie überwiegend den Bedürfnissen der Bewohner des Umlegungsgebietes dienen (§ 55 II 1 Nr. 2 BauGB).[388] Da die Ausgleichsflächen zur Kompensation der Eingriffe auf den vorgesehenen Bauflächen keine Verkehrsflächen sind, muß sich ihre Privatnützigkeit daraus ergeben, daß sie überwiegend den Interessen der Bewohner des Umlegungsgebietes dienen, § 55 II 1 Nr. 2 BauGB. HECKER führt an, eine Bewohnerdienlichkeit sei nicht gegeben, da die Ausgleichsflächen nicht den Bewohnern, sondern primär dem Naturschutz dienten.[389] Eine solche vereinfachende Auffassung ist aber seit Inkrafttreten des § 8a BNatSchG a. F., spätestens seit der Einbeziehung der naturschutzrechtlichen Eingriffsregelung in das BauGB durch das BauROG 1998 nicht mehr haltbar. Bereits durch die Einführung des § 8a BNatSchG a. F. wurden Städtebaurecht und Naturschutzrecht miteinander verknüpft; werden städtebauliche Instrumentarien angewendet, müssen auch die Naturschutzbelange der Eingriffsregelung beachtet werden. Daher läßt sich für die Eigentümer der Bauflächen durchaus von einer Bewohnerdienlichkeit der Ausgleichsflächen sprechen, da ohne diese Flächen eine Bebauung nicht möglich wäre.[390] Diejenigen Eigentümer, die in einem natürlichen Verbund mit den Bauflächen liegende Ausgleichsflächen in die Umlegung einbringen, tragen die gebietstypische Entwicklung mit.[391] Daher ist auch im Hinblick auf sie von einer Bewohnerdienlichkeit der Ausgleichsflächen auszugehen, während Eigentümer von Ausgleichsflächen, die nicht durch räumliche Nähe mit den Baugrundstücken verbunden sind, schon gar nicht in die Umlegung einbezogen werden können.[392]Die Bewohnerdienlichkeit der Ausgleichsflächen ist somit gegeben.

---

[388]BT-Drucks. 13/ 6392, S. 62; MITSCHANG, Belange von Natur und Landschaft, S. 235 f.; SCHMIDT-ASSMANN, Studien zur Umlegung, S. 106 f.

[389]HECKER, VR 1994, S. 73 (79 f.).

[390]DIETERICH/ LEMMEN, GuG 1991, S. 301 (303); DIETERICH/ TEIGEL in: Forum für Stadtentwicklungs- und Kommunalpraxis, Eingriffsregelungen, S. 77 (79); DIETERICH, Baulandumlegung, Rn. 176a; SCHINK in: RAMSAUER, Eingriffsregelung, S. 124 (143 f.); SCHMIDT-ASSMANN, Studien zur Umlegung, S. 113; LÖHR in: BATTIS/ KRAUTZBERGER/ LÖHR, BauGB, § 55 Rn. 25 und GREIVING, Eingriffsregelung, S. 92 bejahen eine Bewohnerdienlichkeit nur bei Sammelzuordnungen. Voraussetzung für eine Dienlichkeit der Ausgleichsflächen für alle Bewohner des Umlegungsgebiets ist aber lediglich, daß auch für alle Baugrundstücke ein Ausgleich vorgesehen ist - egal, ob durch Sammel- oder Einzelzuordnung, vgl. dazu Punkt B. II. 1. g. bb. (1). Ist für jeden Baugrundstückseigentümer eine Flächenaufbringung nötig, so wird diese auch von allen Eigentümern der Baugrundstücke getragen. Im Ergebnis wohl ebenso: STEINFORT, VerwArch 1995, S. 107 (130 f.).

[391]Siehe Punkt B. II. 1. g. bb. (2).

[392]Siehe Punkt B. II. 1. g. bb. (2).

(bb) Wertgleiche Landabfindung

(aaa) Verkleinerung der Verteilungsmasse durch Vorwegabzug

Damit die Umlegung ihren Charakter als Inhalts- und Schrankenbestimmung des Eigentums behält, muß jedoch auch der Umlegungsgrundsatz der mindestens wertgleichen Zuteilung gewahrt werden. Ist dies nicht der Fall, tritt eine enteignende Wirkung ein. Bleibt diese nicht auf Einzelfälle beschränkt, die den insgesamt privatnützigen Charakter der Umlegung nicht beeinträchtigen, so führt dies zur Unzulässigkeit der Umlegung.[393] Nicht nur vereinzelt wird darauf hingewiesen, daß eine Vorwegausscheidungsfähigkeit von bauflächenbedingten Ausgleichsflächen gem. § 55 II 1 Nr. 2 BauGB den Vorwegabzug derart erweitere, daß schließlich eine Verkleinerung der Verteilungsmasse vorgenommen werde, die eine mindestens wertgleiche Zuteilung nicht mehr erlaube. Damit käme der Umlegung Enteignungscharakter zu.[394] Diese Bedenken erscheinen berechtigt. Sie können insbesondere auch nicht dadurch ausgeräumt werden, daß man die Bewohnerdienlichkeit gem. § 55 II 1 Nr. 2 BauGB auch im Sinne einer auf die Bedürfnisse der Bewohner zugeschnittene Dimensionierung der Grünanlagen versteht[395] und daraus folgert, daß gerade der Umfang von Ausgleichsflächen bewohnerdienlich ist, den ein vollständiger Ausgleich aller Bauflächeneingriffe erfordert.[396] Das Problem, daß eine wertgleiche Zuteilung nicht mehr erfolgen kann - und darauf basiert die enteignende Wirkung - wird durch diese Argumentation nicht gelöst. Die Bedenken gegen eine Vorwegausscheidungsfähigkeit von Ausgleichsflächen gründen sich allerdings lediglich auf die Höhe der damit verbundenen Flächenabzüge. SCHMIDT-ASSMANN weist in diesem Zusammenhang darauf hin, daß der Anwendungsbereich der Umlegung ohnehin eingeschränkt sei, da Ausgleichsflächen, die nicht im natürlichen Verbund mit den Baugrundstücken stehen, von vornherein nicht in die Umlegung einbezogen werden.[397] Er folgert daraus, die Vorwegausscheidung hielte sich

---

[393] Siehe Punkt B. II. 1. g. aa.

[394] STEMMLER/ OTTE in: ERNST/ ZINKAHN/ BIELENBERG, BauGB, § 55 Rn. 8; MAINCZYK, BauGB, § 55 Rn. 8; HECKER, VR 1994, S. 73 (79 f.), DIETERICH/ LEMMEN, GuG 1991, S. 301 (303); DIETERICH/ TEIGEL in: Forum für Stadtentwicklungs- und Kommunalpraxis, Eingriffsregelungen, S. 77 (80); DIETERICH, Baulandumlegung, Rn. 176a; REINHARDT, DÖV 1995, S. 21 (24 f.); OTTE, DÖV 1995, S. 802 (813); aA.: BRÜCKNER, VR 1995, S. 378 (381); LÖHR in: BATTIS/ KRAUTZBERGER/ LÖHR, BauGB, § 55 Rn. 25; SCHINK in: RAMSAUER, Eingriffsregelung, S. 124 (143 f.), der diese Bedenken auf der Grundlage des Privatnützigkeitskriteriums widerlegen will, ohne dabei aber auf den Grundsatz wertgleicher Zuteilung einzugehen.

[395] So STEINER, NVwZ 1995, S. 12 (14).

[396] Ein solcher Ansatz findet sich bei SCHMIDT-ASSMANN, Studien zur Umlegung, S. 114, der ihn aber auch nicht für geeignet hält, um verfassungsrechtliche Bedenken auszuräumen.

[397] Vgl. dazu Punkt B. II. 1. g. bb. (2).

dadurch in Grenzen und ließe sich somit verfassungsrechtlich rechtfertigen.[398] Es erscheint jedoch zweifelhaft, ob allein durch die Beschränkung der Umlegung auf Baugrundstücke und mit diesen im natürlichen Verbund liegende Ausgleichsflächen den verfassungsrechtlichen Grundsätzen gerecht geworden werden kann, wenn man bedenkt, daß es stark vom Einzelfall abhängt, wie viele oder wie wenige Ausgleichsflächen in räumlicher Nähe zu den Baugrundstücken festgesetzt werden und vor allem auch planungstechnisch festgesetzt werden können. Die Anzahl der Ausgleichsflächen, die in die Umlegung einbezogen werden können und damit auch der Umfang der Vorwegausscheidung, variiert daher im Einzelfall mehr oder weniger stark.

(bbb) Reduzierung des Einwurfswertes

Möglicherweise ist das Problem aber durch eine Reduzierung des Einwurfswertes der Umlegungsgrundstücke in den Griff zu bekommen.[399] Diese Überlegung beruht darauf, daß für ein Baugrundstück nicht nur Bauflächen, sondern auch Ausgleichsflächen erforderlich sind und daher der Wert der Baugrundstücke sinkt.[400] Von einem solchen reduzierten Einwurfswert geht das Gesetz neuerdings[401] bezüglich der Grundstückszuteilung nach dem Wertmaßstab aus, vgl. § 57 S. 2 BauGB. Dieser Einwurfswert muß daher sinnvollerweise für das gesamte Umlegungsverfahren gelten.

Klärungsbedürftig ist in diesem Zusammenhang zunächst, mit welcher Qualität die Einwurfsflächen in die Umlegung eingang finden. Für die Bauflächen gilt, daß sie grundsätzlich mit der Qualität Rohbauland in die Umlegung einfließen.[402] [403] Ob dies auch für Ausgleichsflächen zutrifft, ist fraglich. Ausgangspunkt müssen die Darstellungen im Flächennutzungsplan sein. Erfolgte eine Darstellung als nichtbauliche Nutzung, so bestand für diese Flächen nie eine Bauerwartung. Im Umlegungverfahren könnte daher allenfalls eine Bewertung als Agrarland erfolgen.[404] Problematisch wäre dann, daß nur ein Einwurf einer sehr großen Ausgleichsfläche zur Zuteilung eines Baugrundstücks führen würde.

---

[398] SCHMIDT-ASSMANN, Studien zur Umlegung, S. 113.

[399] Vgl. zu diesem Ansatz insbesondere HECKER, VR 1994, S: 73 (83 ff.); SANDMANN, GuG 1995, S. 1 (9 f.); DEUTSCHER STÄDTETAG, NVwZ 1995, S. 876 (880); DIETERICH, Baulandumlegung, Rn. 210a.

[400] DIETERICH/ LEMMEN, GuG 1991, S. 301 (306); GREIVING, Eingriffsregelung, S. 94 f.

[401] Seit Inkrafttreten des BauROG 1998.

[402] LÖHR in: BATTIS/ KRAUTZBERGER/ LÖHR, BauGB, § 57 Rn. 14; STEMMLER/ OTTE in: ERNST/ ZINKAHN/ BIELENBERG, BauGB, § 57 Rn. 20.

[403] Durch eine solche Bewertung werden planungsbedingte Wertzuwächse der Grundstücke ausgeschlossen, vgl. nur LETZNER, GuG 1995, S. 206 (209).

[404] Vgl. nur HECKER, VR 1994, S. 73 (81); SANDMANN, GuG 1995, S. 1 (9).

Da bei weitem nicht jeder Eigentümer eine solch große Einwurfsfläche einbringen kann, wäre eine Abfindung in Geld oder mit einem Grundstück außerhalb des Umlegungsgebietes gem. § 59 V BauGB unumgänglich. Eine solche Abfindung wirkt jedoch wie eine Enteignung, und da dies nicht nur einzelne Eigentümer beträfe, würde auch der eigentumsinhaltsbestimmende Charakter der Umlegung nicht gewahrt, diese wäre daher unzulässig.[405] Die als Agrarland zu bewertenden Flächen können daher von vornherein nicht Gegenstand einer Umlegung sein.[406] SCHMIDT-ASSMANN sieht dieses Beispiel zutreffenderweise als Bestätigung dafür an, daß in den Fällen, in denen die Ausgleichsflächen deutlich getrennt von den Bauflächen gelegen sind, eine Solidargemeinschaft zwischen Eigentümern der Baugrundstücke und denen der Ausgleichsflächen nicht angenommen werden kann.[407] Stellte der Flächennutzungsplan die Ausgleichsflächen als Bauflächen dar, und wurden diese dann aber im Bebauungsplan als der Kompensation dienende Flächen festgesetzt, so müssen diese Flächen trotzdem beim Einwurf mit der gleichen Qualität bewertet werden wie die Bauflächen, also als Rohbauland. Dies erklärt sich daraus, daß die Eigentümer im Umlegungsgebiet eine Solidargemeinschaft bilden und daher die Last der Ausgleichsflächen in Form eines niedrigeren Einwurfswertes nicht allein von den Eigentümern dieser Flächen getragen werden kann.[408] Vielmehr nehmen die Ausgleichsflächen innerhalb der Solidargemeinschaft an der gebietstypischen Entwicklung teil.[409] Der Verkehrswert der Ausgleichsflächen wird durch die Ausstrahlung der geplanten höherwertigen Nutzung der Baugrundstücke beeinflußt.[410] Ebenso läßt sich eine Bewertung von Ausgleichsflächen als Rohbauland begründen, wenn ein Flächennutzungsplan zwar nicht besteht, die Ausgleichsflächen aber mit den Bauflächen im natürlichen Verbund liegen. Auch dann besteht eine Solidargemeinschaft der jeweiligen Grundstückseigentümer mit den genannten Folgen.[411] [412]

Nun ist es theoretisch möglich, den Rohbaulandwert abhängig von der Größe der benötigten Ausgleichsflächen und dem erwünschten Flächenabzug so weit zu dämpfen, daß die Einwurfsmasse nicht größer ist als die Verteilungsmasse, so

---

[405] Siehe Punkt B. II. 1. g. aa.

[406] Vgl. dazu insbesondere SANDMANN, GuG 1995, S. 1 (9); HECKER, VR 1994, S. 73 (81 f.); SCHMIDT-ASSMANN, Studien zur Umlegung, S. 99.

[407] SCHMIDT-ASSMANN, Studien zur Umlegung, S. 99.

[408] Vgl. DIETERICH/ TEIGEL in: Forum für Stadtentwicklungs- und Kommunalpraxis, S. 77 (81); DIETERICH/ LEMMEN, GuG 1991, S. 301 (305); HECKER, VR 1994, S. 73 (81); STAHR, VR 1995, S. 129 (132).

[409] Siehe Punkt B. II. 1. g. bb. (2).

[410] Letzner, GuG 1995, S. 206 (210).

[411] Siehe Punkt B. II. 1. g. bb. (2).

[412] Zur Einwurfsbewertung der Ausgleichsflächen als Rohbauland siehe auch REINHARDT, VR 1994, S. 89 (102); KLINGE, BauR 1995, S. 289 (298).

daß rechnerisch immer eine wertgleiche Landabfindung stattfinden kann.[413] [414] Eine beliebige Senkung des Rohbaulandwertes ist aber schon aus eigentumsrechtlichen Gründen nicht möglich; die Senkung des Rohbaulandwertes darf nicht zu einem faktischen Entzug der Grundstücke führen, welcher Enteignungswirkung hätte. Dies ist auch bei der Auslegung des § 57 S. 2 BauGB zu beachten. SANDMANN verlangt daher eine gesetzliche Festlegung einer vertretbaren Maximalgröße von Ausgleichsflächen. Dann könnte der Rohbaulandwert nie unter einen bestimmten Wert sinken.[415] Aber abgesehen davon, daß durch eine solche Festlegung der planerische Abwägungsvorgang und damit auch der Kern der naturschutzrechtlichen Eingriffsregelung berührt würde und eine gesetzliche Höchstgrenze von Ausgleichsflächen daher nicht unproblematisch festgesetzt werden könnte, ist der Gesetzgeber in dieser Hinsicht auch im BauROG 1998 nicht tätig geworden. Um eine mindestens wertgleiche Landabfindung zu gewährleisten, kann der Rohbaulandwert daher nur so weit gesenkt werden, wie es eigentumsrechtlich zulässig ist. Inwieweit eine Senkung des Rohbaulandwertes möglich ist, hängt größtenteils von der Akzeptanz eines solchen Verfahrens durch die Grundeigentümer und schließlich durch die Gerichte ab. Es ist daher möglich, daß auch mit Hilfe der Senkung des Rohbaulandwertes nicht alle erforderlichen Ausgleichsflächen vorweg abgezogen werden können. § 55 II S. 1 Nr. 2, S. 3 BauGB ist insoweit verfassungskonform auszulegen.

(ccc) Konkrete Vorgehensweise

Letztlich muß folgendermaßen vorgegangen werden: Es ist bei jeder einzelnen Umlegung darauf zu achten, daß die Größe der vorweg abgezogenen Flächen nicht überdimensioniert gewählt wird[416], damit der eigentumsinhaltsbestimmende Charakter der Umlegung im Einzelfall gewahrt bleibt. Eigentumsinhaltsbestimmend bleibt der Charakter der Umlegung, wenn eine wertgleiche Zuteilung gewährleistet ist; der durch die Umlegung entstandene Wertzuwachs der Grundstücke kann in Form eines Flächenbeitrags gem. § 58 I BauGB abgezogen werden, ohne daß die Wirkung einer Enteignung eintritt.[417] Das Gesetz begrenzt diesen Flächenbeitrag zur Abschöpfung der umlegungsbedingten Vorteile auf 30% für Gebiete, die erstmalig erschlossen werden, auf 10% für andere Gebiete, § 58 I 2 BauGB, und hält sich damit im Rahmen von allgemein gültigen Erfahrungssätzen bezüglich der Wertsteigerung.[418] Der

---

[413]Vgl. die Berechnungsbeispiele bei HECKER, VR 1994, S. 73 (84).

[414]§ 57 S. 2 BauGB erlaubt eine Dämpfung des Rohbaulandwertes, legt aber keine Richtwerte fest.

[415]SANDMANN, GuG 1995, S. 1 (11).

[416]So auch ZABEL, DÖV 1995, S. 725 (727); vgl. auch LETZNER, GuG 1995, S. 206 (208 f.).

[417]BVerwGE 12, 1 (8).

[418]BVerwGE 12, 1 (7).

Flächenbeitrag ist zwar nicht gleichzusetzen mit dem Flächenabzug gem. § 55 II BauGB, Flächenbeitrag ist aber der umfassendere Begriff [419] und schließt daher einen Flächenabzug ein, vgl. § 58 I 1 BauGB. Geht der Flächenabzug über den zulässigen Flächenbeitrag hinaus, so schlägt sich dies regelmäßig in einer Minderzuteilung gegenüber dem Eigentümer nieder. Diese hat dann enteignende Wirkung. Hält sich der Flächenabzug - einschließlich des Abzugs von Ausgleichsflächen - im Rahmen des zulässigen Flächenbeitrags, so wird damit in der Regel der eigentumsinhaltsbestimmende Charakter der Umlegung gewahrt. Insoweit kann die Höchstgrenze des zulässigen Flächenbeitrags als Orientierung dienen.[420] [421] Dabei kann der zulässige Vorwegabzug von Ausgleichsflächen regelmäßig etwas höher angesiedelt werden als die Höchstgrenze des zulässigen Flächenbeitrags, wenn man die Senkung des Rohbaulandwertes auf ein mit dem Eigentumsrecht nicht kollidierendes Maß berücksichtigt. Bei Zweifeln über die zulässige Höhe der Senkung des Rohbaulandwertes im Hinblick auf die Eigentumsrechte der Grundeigentümer sollte aber eher zurückhaltend vorgegangen werden. Ist es bei Beachtung dieser Grundsätze nicht möglich, alle erforderlichen Ausgleichsflächen über den Vorwegabzug gem. § 55 II BauGB zu gewinnen, so muß die Gemeinde auch auf anderem Wege versuchen, Flächen zu beschaffen.

(2) Vorwegabzug gem. § 55 V BauGB

(a) Tatbestandliche Voraussetzungen

Nach § 55 V 1 BauGB können auch weitere Flächen, die von § 55 II BauGB nicht erfaßt werden[422] und für eine öffentliche Nutzung vorgesehen sind, ausgeschieden und dem jeweiligen Bedarfs- oder Erschließungsträger zugeteilt werden. Eine solche Vorwegausscheidung ist jedoch nur dann möglich, wenn der Bedarfs- oder Erschließungsträger geeignetes Ersatzland in die Umlegung einbringt, § 55 V 1 BauGB. Durch diese Pflicht zur Ersatzlandgestellung könnte sich die Vorwegausscheidung nach § 55 V BauGB insbesondere für die Fälle eignen, bei denen ein Vorwegabzug gem. § 55 II BauGB wegen Überdimensionierung zu enteignender Wirkung führen würde, weil eine mindestens wertgleiche Zuteilung nicht mehr möglich wäre. Eine mindestens wertgleiche Zuteilung könnte durch die Einbringung des Ersatzlandes gewährleistet werden.

---

[419] LÖHR in: BATTIS/ KRAUTZBERGER/ LÖHR, BauGB, § 58 Rn. 9.

[420] Vgl. auch ZABEL, DÖV 1995, S. 725 (727).

[421] Im Einzelfall kann allerdings auch ein geringerer Wertzuwachs als der in § 58 I 1 BauGB vorausgesetzte vorliegen. Dann kann auch nur ein entsprechend geringerer Flächenbeitrag gefordert werden, STICH in: SCHLICHTER/ STICH, Berliner Kommentar, § 58 Rn. 6.

[422] STEMMLER/ OTTE in: ERNST/ ZINKAHN/ BIELENBERG, BauGB, § 55 Rn. 9; STANG in: SCHRÖDTER, BauGB, § 55 Rn. 33.

Die bauflächenbedingten Ausgleichsflächen können aber nur dann vom Tatbestand des § 55 V 1 BauGB erfaßt werden, wenn es sich bei diesen Flächen um solche handelt, die zur öffentlichen Nutzung vorgesehen sind. Diesbezüglich gehen die Meinungen auseinander. Dies beruht wohl nicht zuletzt darauf, daß der Gesetzgeber mit der "Nutzung für öffentliche Zwecke" einen Begriff geprägt hat, der im Gesetz sonst nicht gebraucht wird. STEINFORT bestimmt die Flächen zur Nutzung für öffentliche Zwecke allein nach der äußeren Form ihrer planerischen Festsetzung.[423] Sind Ausgleichsflächen demnach als öffentliche Grünflächen gem. § 9 I Nr. 15 BauGB festgesetzt, so stellt dies eine Nutzung für öffentliche Zwecke im Sinne von § 55 V 1 BauGB dar. STEMMLER/ OTTE zählen ohne nähere Begründung zu den Flächen für öffentliche Zwecke auch gem. § 9 I Nr. 20 BauGB festgesetzte Ausgleichsflächen.[424] STANG berücksichtigt auch die materiellen Interessen und läßt daher privatnützige Flächen nicht unter die Flächen zur Nutzung für öffentliche Zwecke fallen.[425] Die bauflächenbedingten Ausgleichsflächen sind regelmäßig privatnützig.[426] Sie scheinen daher nach dieser Ansicht nicht von § 55 V 1 BauGB erfaßt zu werden. Allerdings nennt STANG als Beispiel für privatnützige und daher nicht gem. § 55 V BauGB vorwegausscheidungsfähige Flächen vor allem Kleingärten.[427] Diese zeichnen sich aber insbesondere dadurch aus, daß sie Privaten nicht nur in irgendeiner Weise zugute kommen, für diese also im weitesten Sinne nützlich sind, sondern auch tatsächlich von Privaten genutzt werden.[428] In einem solchen Fall handelt es sich tatsächlich nicht um öffentliche, sondern um private Nutzung. Spricht man im Zusammenhang mit Ausgleichsflächen von Privatnützigkeit, so ist damit gemeint, daß diese Flächen den Eigentümern insofern nützen als sie ansonsten eine Bebauung nicht vornehmen könnten. Eine tatsächliche Nutzung - etwa in Form einer Bewirtschaftung - wird dadurch nicht vorausgesetzt. Somit scheitert die Subsumtion der Ausgleichsflächen unter die zur öffentlichen Nutzung vorgesehenen Flächen nicht an deren Privatnützigkeit. Zumindest dann, wenn die Ausgleichsflächen als öffentliche Grünflächen im Bebauungsplan festgesetzt sind, kann nach dem Tatbestand des § 55 V 1 BauGB ein Vorwegabzug erfolgen.

Eine Vorwegausscheidung von Flächen gem. § 55 V BauGB setzt weiterhin die Einbringung geeigneten Ersatzlandes in die Verteilungsmasse voraus. Dieses Ersatzland kann gem. § 55 V 1 BauGB auch außerhalb des Umlegungsgebietes liegen. Es wird dann allerdings nicht in die Umlegung, sondern nur in das Ver-

---

[423]STEINFORT, VerwArch 1995, S. 107 (131).

[424]STEMMLER/ OTTE in: ERNST/ ZINKAHN/ BIELENBERG, BauGB, § 55 Rn. 9.

[425]STANG in: SCHRÖDTER, BauGB, § 55 Rn. 36.

[426]Siehe Punkt B. II. 1. g. cc. (2).

[427]STANG in: SCHRÖDTER, BauGB, § 55 Rn. 36; STEMMLER/ OTTE in: ERNST/ ZINKAHN/ BIELENBERG, BauGB, § 55 Rn. 9.

[428]BVerfGE 52, 1 (32 f.); MAINCZYK, BKleingG, § 1 Rn. 3.

teilungsverfahren einbezogen.[429] Das Ersatzland muß geeignet sein, § 55 V 1 BauGB. Dies ist dann der Fall, wenn der Wert bzw. die Flächengröße dieses Ersatzlandes - je nach Verteilung, vgl. § 56 I BauGB - dem Wert bzw. der Größe der für öffentliche Zwecke nutzbaren Fläche adäquat ist.[430] Nun haben Flächen, die im Bebauungsplan für Ausgleichsmaßnahmen vorgesehen sind, faktisch lediglich den Wert von Agrarland. Bewertet werden die Ausgleichsflächen aber beim Einwurf wie die Bauflächen grundsätzlich als Rohbauland.[431] Es liegt daher nahe anzunehmen, daß auch das geeignete Ersatzland Rohbaulandqualität besitzen muß. Nur dann eignet es sich für die Zuteilung als Baugrundstück an einen umlegungsbeteiligten Eigentümer.[432] Außerdem wird auf diese Weise sichergestellt, daß Einwurfs- und Zuteilungswerte übereinstimmen und infolgedessen eine wertgleiche Zuteilung möglich ist.

(b) Verfassungsrechtliche Anforderungen

§ 55 V BauGB ist verfassungsrechtlich nicht unumstritten. Ausgangspunkt der Diskussion ist der Umstand, daß in § 55 V 1 BauGB die Zulässigkeit eines Vorwegabzugs lediglich von der Ersatzlandgestellung abhängig gemacht wird.[433] Nach dem Wortlaut des § 55 V 1 BauGB kommt es also gar nicht darauf an, ob der Vorwegabzug von Flächen privatnützig oder fremdnützig motiviert ist. Oben wurde aber bereits festgestellt, daß der eigentumsinhaltsbestimmende Charakter der Umlegung auf ihrer Privatnützigkeit beruht und daß der privatnützige Zweck auch bei jeder Umlegung vorliegen muß.[434] Zwar beruht die Qualifizierung der Umlegung als Inhaltsbestimmung des Eigentums auch auf dem Grundsatz der wertgleichen Landabfindung, doch kann dieser eine fehlende Privatnützigkeit nicht heilen.[435] Daher wird teilweise zu Recht gefordert, den fremdnützig motivierten Flächenabzug gem. § 55 V BauGB unter Enteignungsvoraussetzungen zu stellen.[436] Da aber die Aufbringung bauflächenbedingter

---

[429] LÖHR in: BATTIS/ KRAUTZBERGER/ LÖHR, BauGB, § 55 Rn. 37; STEMMLER/ OTTE in: ERNST/ ZINKAHN/ BIELENBERG, BauGB, § 55 Rn. 14.

[430] STANG in: SCHRÖDTER, BauGB, § 55 Rn. 38; LÖHR in: BATTIS/ KRAUTZBERGER/ LÖHR, BauGB, § 55 Rn. 35; MAINCZYK, BauGB, § 55 Rn. 14; SCHRIEVER in: BRÜGELMANN, BauGB, § 55 Rn. 52.

[431] Siehe im einzelnen dazu: Punkt B. II. 1. g. cc. (2) (b).

[432] Die Eignung für die Zuteilung an umlegungsbeteiligte Eigentümer ist Voraussetzung geeigneten Ersatzlandes, STEMMLER/ OTTE in: ERNST/ ZINKAHN/ BIELENBERG, BauGB, § 55 Rn. 14.

[433] Siehe nur STANG in: SCHRÖDTER, BauGB, § 55 Rn. 34; SCHMIDT-ASSMANN, Studien zur Umlegung, S. 116 f.

[434] Punkt B. II. 1. g. aa.

[435] Punkt B. II. 1. g. aa.

[436] STANG in: SCHRÖDTER, BauGB, § 55 Rn. 34 f.; SCHMIDT-ASSMANN, Studien zur

Ausgleichsflächen privatnützig ist[437], ist auch ein Vorwegabzug dieser Flächen gem. § 55 V BauGB in jedem Fall ohne Beachtung enteignungsrechtlicher Vorschriften zulässig.

(3) Beschaffung von Ausgleichsflächen durch Vorwegabzug

Sind Ausgleichsflächen im Bebauungsplan als öffentliche Flächen festgesetzt, so bietet sich prinzipiell eine Vorwegausscheidung dieser Flächen im Rahmen der Umlegung an. Allerdings ist eine Vorwegausscheidung der Ausgleichsflächen gem. § 55 II BauGB nicht unbegrenzt möglich.[438] Bei § 55 V BauGB stellt sich das Problem der Ersatzlandgestellung. Verfügt die Gemeinde selbst nicht über ausreichendes Ersatzland, so muß sie versuchen, sich dieses durch freien Erwerb zu beschaffen[439], was nicht immer möglich sein wird. Der Vorwegabzug im Rahmen der Umlegung ist somit zwar zur Beschaffung von Ausgleichsflächen geeignet, stößt aber auch auf Grenzen. Gegebenenfalls muß die Gemeinde daher auch zu anderen Mitteln der Flächenbeschaffung greifen.

h. Städtebauliche Enteignung, §§ 85 ff. BauGB

aa. Verfassungsrechtliche Anforderungen

Die Enteignung kann nur als ultima ratio eingesetzt werden;[440] sie ist zudem gem. Art. 14 III GG nur zum Wohle der Allgemeinheit zulässig. Sie kann nur durch oder auf Grund eines Gesetzes erfolgen, das zugleich Art und Ausmaß der Entschädigung regelt, wobei es sich bei dem Gesetz um ein förmliches handeln muß, da es allein dem parlamentarischen Gesetzgeber vorbehalten ist, die eine Enteignung legitimierenden Gemeinwohlaufgaben zu bestimmen.[441]

Umlegung, S. 117 f.; vgl. auch BGHZ 89, 353 (357); aA: STEMMLER/ OTTE in: ERNST/ ZINKAHN/ BIELENBERG, BauGB, § 55 Rn. 17 b, 17 d; LÖHR in: BATTIS/ KRAUTZBERGER/ LÖHR, BauGB, § 55 Rn. 38; SCHRIEVER in: BRÜGELMANN, BauGB, § 55 Rn. 53. Letzterer spricht sich nicht ausdrücklich gegen eine Stellung des § 55 V BauGB unter Enteignungsvoraussetzungen bei fremdnützig motiviertem Flächenabzug aus, führt aber die Ersatzlandgestellung als einzige Zulässigkeitsvoraussetzung des Vorwegabzugs nach § 55 V BauGB an.

[437] Punkt B. II. 1. g. bb. (1), (2).

[438] Siehe Punkt B. II. 1. g. cc. (1).

[439] STEMMLER/ OTTE in: ERNST/ ZINKAHN/ BIELENBERG, BauGB, § 55 Rn. 15.

[440] BVerfGE 45, 297 (338 f.); 56, 249 (261); BROHM, Baurecht, § 24 Rn. 10.

[441] BVerfGE 56, 249 (261).

bb. Die planakzessorische Enteignung, §§ 85 I Nr. 1, 87 BauGB

(1) Enteignungszweck, § 85 I Nr. 1 BauGB

Für die Beschaffung von Ausgleichsflächen könnte sich möglicherweise die planakzessorische Enteignung gem. § 85 I Nr. 1 BauGB eignen. Diese beruht auf einem dreistufigen Modell der Gemeinwohlkonkretisierung. Auf der ersten Stufe hat der Gesetzgeber den Enteignungszweck durch § 85 I Nr. 1 BauGB anhand der dort aufgezählten Tatbestandsmerkmale und ihrer Einbettung in das gesetzlich geregelte System der Bebauungsplanung beschrieben. Demnach kann enteignet werden, um entsprechend den Festsetzungen des Bebauungsplans ein Grundstück zu nutzen oder eine solche Nutzung vorzubereiten. Auf der zweiten Stufe obliegt es der Gemeinde, den Enteignungszweck durch Bebauungsplan räumlich und inhaltlich zu konkretisieren. Die dritte Stufe bildet schließlich das Enteignungsverfahren, innerhalb dessen das konkrete Gemeinwohlerfordernis gem. §§ 87, 88 BauGB zu beachten ist.[442] Sind Ausgleichsflächen im Bebauungsplan festgesetzt, so ist also auch grundsätzlich eine Enteignung dieser Flächen denkbar.

Durch die dreistufige Strukturierung hebt sich die planakzessorische Enteignung vom Regelmodell der Administrativenteignung ab - letztere ist nämlich nur zweistufig angelegt. Beim zweistufigen Modell legt das Gesetz auf der ersten Stufe die Enteignungszwecke in möglichst konkreter Form abschließend fest. Als zweiter Schritt folgt das Enteignungsverfahren.[443] Da bei der planakzessorischen Enteignung ein gemeindlicher Konkretisierungsschritt zwischen die parlamentsgesetzliche Festlegung der Enteignungszwecke und das Enteignungsverfahren treten muß, stellt sich die Frage, ob die parlamentsgesetzliche Festlegung der Enteignungszwecke in § 85 I Nr. 1 BauGB überhaupt hinreichend bestimmt ist und damit dem Postulat der Gesetzmäßigkeit der Enteignung genügt.[444] Den Anstoß zu dieser Frage gab das Bundesverfassungsgericht in seiner Boxberg-Entscheidung.[445] [446] Dieser Entscheidung lag folgender Sachverhalt zugrunde: Durch Bebauungsplan war ein Sondergebiet für den Bau einer Teststrecke der Firma Daimler Benz AG ausgewiesen worden. Einige Grundstückseigentümer weigerten sich, ihre Grundstücke zu diesem Zweck zu veräußern. Die Behörde entschloß sich daher, die benötigten Grundstücke im

---

[442]Zum dreistufigen Modell der Gemeinwohlkonkretisierung: RUNKEL in: ERNST/ ZINKAHN/ BIELENBERG, BauGB, § 85 Rn. 13; BREUER in: SCHRÖDTER, BauGB, § 85 Rn. 22; SEITZ, Planungshoheit und Grundeigentum, S. 154.

[443]RUNKEL in: ERNST/ ZINKAHN/ BIELENBERG, BauGB, § 85 Rn. 13.

[444]Dezidiert zur Frage der Gesetzmäßigkeit der planakzessorischen Enteignung SEITZ, Planungshoheit und Grundeigentum, S. 158 ff.

[445]BVerfGE 74, 264.

[446]Zur Kritik an der Boxberg-Entscheidung des BVerfG: SCHMIDT-ASSMANN, NJW 1987, S. 1587; PAPIER, JZ 1987, S. 619.

Wege der städtebaulichen Flurbereinigung zu beschaffen. Die dafür erforderliche Zulässigkeit einer Enteignung war zu prüfen (vgl. § 87 I FlurbG). Zu beachten war dabei, daß es sich um eine Enteignung zugunsten eines Privaten handelte. Letztlich hat das Bundesverfassungsgericht entschieden, daß das BBauG (und damit auch sinngemäß das BauGB) eine Enteignung mit dem Ziel, Arbeitsplätze zu schaffen und dadurch die regionale Wirtschaftsstruktur zu verbessern, nicht zuläßt.[447] Insbesondere führte das Bundesverfassungsgericht aus, Art. 14 III 2 GG gebiete eine so genaue gesetzliche Beschreibung des Enteignungszwecks, daß die Entscheidung über die Zulässigkeit der Enteignung insoweit nicht in die Hand der Verwaltung gegeben wird.[448] Eine solche genaue gesetzliche Beschreibung sei auch nicht in den Vorschriften des BBauG (BauGB) zu sehen, insbesondere nicht in § 85 I Nr. 1 BBauG (BauGB), wonach eine Enteignung erfolgen darf, um ein Grundstück entsprechend den Festsetzungen des Bebauungsplans zu nutzen oder eine solche Nutzung vorzubereiten. Bebauungspläne seien schon mangels Gesetzesqualität nicht geeignet, die fehlende parlamentsgesetzliche Entscheidung zu ersetzen. Vor allem sei es der kommunalen Selbstverwaltung nicht erlaubt, anstelle des Gesetzgebers die Gemeinwohlaufgaben zu bestimmen, die eine Enteignung rechtfertigen.[449] Nicht eindeutig klar wird in der Boxberg-Entscheidung jedoch, ob das Bundesverfassungsgericht tatsächlich eine hinreichende parlamentsgesetzliche Gemeinwohlkonkretisierung generell für die planakzessorische Enteignung verneint[450], oder ob dies nur für die konkret entschiedene Fallkonstellation einer Enteignung zugunsten eines privaten Wirtschaftsunternehmens gelten soll.[451] Einige Gründe sprechen für letzteres: Zunächst fällt auf, daß das Bundesverfassungsgericht in seiner Boxberg-Entscheidung § 85 I Nr. 1 BBauG (BauGB) nicht gem. § 95 III 2 BVerfGG für verfassungswidrig erklärt hat. Im übrigen erscheint die generelle Verfassungsmäßigkeit des § 85 I Nr. 1 BauGB plausibel: Der gem. § 85 I Nr. 1 BauGB bestimmte Enteignungszweck muß zwar noch durch die Gemeinde in Form eines Bebauungsplans konkretisiert werden, dieser ist jedoch an die zulässigen Festsetzungen des § 9 I-III BauGB gebunden. § 85 I Nr. 1 BauGB stellt dem Bebauungsplan damit nicht lediglich eine "Blankovollmacht" zur inhaltlichen Bestimmung des Enteignungszwecks aus[452], sondern beschreibt den Enteignungszweck abschließend und qualifiziert.[453] Hinzu kommt, daß auf der

---

[447] BVerfGE 74, 264 (286 ff.).

[448] BVerfGE 74, 264 (286).

[449] BVerfGE 74, 264 (287 f.).

[450] So die Interpretation von DOLDE in: FS für SENDLER, S. 225 (228); wohl auch RUNKEL in: ERNST/ ZINKAHN/ BIELENBERG, BauGB, § 85 Rn. 24.

[451] So BREUER in: SCHRÖDTER, BauGB, § 85 Rn. 23; REISNECKER in: BRÜGELMANN, BauGB, § 87 Rn. 9.

[452] So aber BROHM, Baurecht, § 24 Rn. 19; auch LABBÉ, AnwBl 1989, S. 530 (530).

[453] So RUNKEL in: ERNST/ ZINKAHN/ BIELENBERG, BauGB, § 85 Rn. 17; GRAMLICH, NVwZ

dritten Stufe der planakzessorischen Enteignung, im Enteignungsverfahren, geprüft wird, ob im konkreten Einzelfall ein Gemeinwohlerfordernis vorliegt, §§ 87, 88 BauGB und daher eine festgesetzte Nutzung im Bebauungsplan allein eine Enteignung nicht rechtfertigen kann. Letztlich wird durch den dreistufigen Modus der Gemeinwohlkonkretisierung und die damit verbundenen gesetzlichen Vorgaben eine hinreichende Bestimmtheit erreicht.[454] Schließlich ist noch folgendes hinzuzufügen: Verstünde man die Boxberg-Entscheidung des Bundesverfassungsgerichts dahingehend, daß § 85 I Nr. 1 BauGB generell den Anforderungen der parlamentsgesetzlichen Gemeinwohlkonkretisierung nicht gerecht wird, so müßten alle für die städtebauliche Ordnung und Entwicklung einer Gemeinde bedeutsamen und eine Enteignung erfordernden Einzelvorhaben konsequenterweise gesetzlich fixiert werden. Dies wäre aber wohl kaum praktikabel.[455] [456]

Es ist daher grundsätzlich von der Verfassungsmäßigkeit des § 85 I Nr. 1 BauGB auszugehen; auf dessen Grundlage können Enteignungen erfolgen.[457]

(2) Zulässigkeitsvoraussetzungen gem. § 87 I, II BauGB

Gem. § 87 I BauGB ist die Enteignung nur zulässig, wenn das Wohl der Allgemeinheit sie erfordert und der Enteignungszweck auf andere zumutbare Weise nicht erreicht werden kann. Diese Allgemeinwohlprüfung erfolgt auf der dritten Stufe, im konkreten Enteignungsverfahren[458] und ist deshalb erforderlich, weil sich allein aus der Festsetzung eines wirksamen Bebauungsplans noch kein zulässiger Enteignungszweck ergibt.[459] Die Gemeinde braucht bei ihrer bau-

---

1990, S. 32 (34).

[454]BREUER in: SCHRÖDTER, BauGB, § 85 Rn. 22; aA: BROHM, Baurecht, § 24 Rn. 20, der die Gestaltungsfreiheit der Gemeinde im Rahmen der planakzessorischen Enteignung für zu weit hält; ebenso: LABBÉ, AnwBl 1989, S. 530 (530).

[455]REISNECKER in: BRÜGELMANN, BauGB, § 87 Rn. 9; RUNKEL in: ERNST/ ZINKAHN/ BIELENBERG, BauGB, § 85 Rn. 24.

[456]Ebenso die Gesamtbewertung der Boxberg-Entscheidung bei SEITZ, Planungshoheit und Grundeigentum, S. 159 ff.

[457]BGHZ 105, 94 (97); BREUER in: SCHRÖDTER, BauGB, § 85 Rn. 21 ff.; RUNKEL in: ERNST/ ZINKAHN/ BIELENBERG, BauGB, § 85 Rn. 24; REISNECKER in: BRÜGELMANN, BauGB, § 87 Rn. 9; BERKEMANN in: SCHLICHTER/ STICH, Berliner Kommentar, § 85 Rn. 9; DOLDE in: FS für SENDLER, S. 225 (228); PAPIER, JZ 1987, S. 619 (621); SEITZ, Planungshoheit und Grundeigentum, S. 163; aA: BROHM, Baurecht, § 24 Rn. 20; LABBÉ, AnwBl 1989, S. 530 (530 f.) mit in Fn. 454 genannter Begründung.

[458]Siehe Punkt B. II. 1. c. bb. (1).

[459]BGHZ 68, 100 (102); 105, 94 (97); BREUER in: SCHRÖDTER, BauGB, § 85 Rn. 33; SCHMIDBAUER, Enteignung, S. 178; REISNECKER in: BRÜGELMANN, BauGB, § 85 Rn. 16; BATTIS in: BATTIS/ KRAUTZBERGER/ LÖHR, BauGB, § 85 Rn. 2; STÜER in: HOPPENBERG,

leitplanerischen Abwägung noch keine enteignungsrechtliche Gemeinwohlerfordernisprüfung vorzunehmen.[460] Fraglich ist also, ob sich die Enteignung von Grundstücken zwecks Erhalt von Ausgleichsflächen durch das Wohl der Allgemeinheit rechtfertigen läßt. Nach Meinung von Schink und Fischer-Hüftle soll die Enteignung von Ausgleichsflächen schon deshalb möglich sein, weil die Durchführung von Ausgleichsmaßnahmen dem Naturschutz diene und daher auch dem Allgemeinwohl.[461] Eine solche Betrachtungsweise ist jedoch zu vereinfacht. Immerhin muß bedacht werden, daß die Ausgleichsmaßnahmen nur vorgenommen werden, um einen Eingriff in Natur und Landschaft zu kompensieren. Die ökologische Gesamtbilanz ist damit allenfalls ausgeglichen, von einem Vorteil für die Allgemeinheit kann jedenfalls nicht gesprochen werden.[462] Da der Ausgleich von naturschutzrechtlichen Eingriffen Voraussetzung für die Bebauung eines Grundstücks ist, werden die Ausgleichsmaßnahmen quasi zum Bestandteil des Bauvorhabens. Als logische Konsequenz bestimmt sich das Enteignungsrecht bezüglich der Ausgleichsflächen nach dem Recht des jeweiligen Bauvorhabens.[463] Dient das geplante Vorhaben dem Wohl der Allgemeinheit, so kann das entsprechende Grundstück - bei gegebener Erforderlichkeit - enteignet werden; Gleiches gilt dann für die zugeordneten Ausgleichsflächen. Daher kann das Vorliegen des Wohls der Allgemeinheit bezüglich Ausgleichsflächen bejaht werden, wenn diese Vorhaben zugeordnet sind, die dem öffentlichen Wohl unmittelbar dienen (Beispiel: Schule).[464] [465] Regelmäßig wird dies jedoch nicht der Fall sein. Ausgleichsflächen werden hauptsächlich benötigt, um Eingriffe auszugleichen, die durch Bauvorhaben zu ausschließlich privaten Zwecken entstehen. Dann aber haben auch die Ausgleichsflächen privatnützigen Charakter. Allerdings ist eine Enteignung auch dann zulässig, wenn das geplante Vorhaben nicht

Öffentliches Baurecht, Abschn. B Rn. 831.

[460]BVerfGE 74, 264 (288); BVerwG DÖV 1998, S. 517 (517); vgl. auch BVerwG NVwZ-RR 1998, S. 484 (484); Runkel in: Ernst/ Zinkahn/ Bielenberg, BauGB, § 87 Rn. 4; Reisnecker in: Brügelmann, BauGB, § 85 Rn. 16; Gramlich, NVwZ 1990, 32 (34); inwieweit dem Bebauungsplan aber faktisch enteignungsrechtliche Vorwirkung zukommt: BVerfGE 45, 297 (320), 56, 249 (264); Schmidt-Aßmann, JuS 1986, S. 833 (838); ders., NJW 1987, S. 1587 (1589 f.); Dolde in: FS für Sendler, S. 225 (233); v. Brünneck, NVwZ 1986, S. 425 (425).

[461]Schink in: Ramsauer, Eingriffsregelung, S. 124 (144); Fischer-Hüftle, NuR 1996, S. 64 (72).

[462]So auch Dürr, BauR 1994, S. 460 (470); Garbe, Eingriffsregelung, S. 219.

[463]De Witt in: Hoppenberg, Öffentliches Baurecht, Abschn. E Rn. 307.

[464]Dürr, BauR 1994, S. 460 (470); Mitschang, Belange von Natur und Landschaft, S. 238; Quaas, NVwZ 1995, S. 840 (841); Fischer-Hüftle, NuR 1996, S. 64 (72).

[465]Auch private Vorhaben können dem öffentlichen Wohl unmittelbar dienen, wenn durch sie zulässigerweise eine Aufgabe der öffentlichen Daseinsvorsorge wahrgenommen wird, BGHZ 105, 94 (98).

unmittelbar, sondern nur mittelbar dem Wohl der Allgemeinheit dient. Der Person des Begünstigten kommt daher bei der Beurteilung der Verfassungsmäßigkeit einer Enteignung keine ausschlaggebende Bedeutung zu.[466] Die Enteignung kann somit zugunsten eines Privaten erfolgen, und soweit private und öffentliche Interessen parallel liegen wird sie nicht dadurch ausgeschlossen, daß der Private auch privatnützige Zwecke verfolgt.[467] Die Privatnützigkeit der Ausgleichsflächen ist damit grundsätzlich unschädlich, wenn diese Flächen gleichzeitig (mittelbar) dem Wohl der Allgemeinheit dienen.

Das Wohl der Allgemeinheit muß sich aus Belangen städtebaulicher Art ergeben.[468] Vor Inkrafttreten des BauROG 1998 wurde eine mittelbare Förderung des Allgemeinwohls für Wohnbauvorhaben zum Teil im dringenden Wohnbedürfnis der Bevölkerung, abgeleitet aus § 1 I BauGBMaßnG, gesehen.[469] Das BauGBMaßnG lief allerdings zum 31. Dezember 1997 aus, die Sonderregelungen für den dringenden Wohnraumbedarf sind nicht ins BauGB übernommen worden, da ihr Inhalt weitgehend mit Geltung für alle Vorhaben in das Dauerrecht übernommen wurde.[470] Im vorliegenden Zusammenhang können aber als Gemeinwohlbelange bezüglich der Bauvorhaben die Wohnbedürfnisse der Bevölkerung und die Belange der Wirtschaft bezüglich gewerblicher Vorhaben, die in § 1 V 2 Nr. 2, 8 BauGB als Aufgaben und Ziele des Städtebaus eingang gefunden haben[471], dienen. Die genannten Belange schlagen sich in den Festsetzungen des Bebauungsplanes nieder. Letztere können gem. § 85 I Nr. 1 BauGB grundsätzlich Enteignungszweck sein. Damit hat der Gesetzgeber in § 85 I Nr. 1 BauGB durch die Bestimmung des Enteignungszwecks selbst festgelegt, welche städtebaulichen Aufgaben im Einzelfall das Wohl der Allgemeinheit ausmachen können. Ob sich die hinter den Festsetzungen stehenden Gemeinwohlbelange allerdings gegen die Bestands- und Freiheitsrechte des Eigentümers durchsetzen,

---

[466] BVerfGE 74, 264 (285); SCHMIDBAUER, Enteignung, S. 153 ff.; BREUER, DVBl 1981, S. 971 (974 f.); DERS. in: SCHRÖDTER, BauGB § 87 Rn. 17; BATTIS in: BATTIS/ KRAUTZBERGER/ LÖHR, BauGB, § 87 Rn. 2; REISNECKER in: BRÜGELMANN, BauGB, § 87 Rn. 13.

[467] BVerfGE 66, 248 (257) BRYDE in: V. MÜNCH/ KUNIG, GG, Art. 14 Rn. 84; RITTSTIEG in: Alternativkommentar, GG, Art. 14/ 15 Rn. 204; BREUER, DVBl 1981, S. 971 (975); DERS. in: SCHRÖDTER, BauGB, § 87 Rn. 17; V. BRÜNNECK, NVwZ 1986, S. 425 (430); insgesamt ablehnend: BÖHMER, Sondervotum zum Urteil des BVerfG vom 10. 03. 1981, BVerfGE 56, 249 (285 ff.): Nach seiner Ansicht ist eine Enteignung zugunsten Privater unzulässig, ausgeschlossen im Bereich privatrechtlich organisierter Daseinsvorsorge, in dem der Gemeinwohlbezug der Aufgabe augenscheinlich sei. Eine Parallelität von privaten und öffentlichen Interessen reiche nicht aus, den Einsatz staatlichen Zwanges zu rechtfertigen.

[468] REISNECKER in: BRÜGELMANN, BauGB, § 87 Rn. 8; BERKEMANN in: SCHLICHTER/ STICH, Berliner Kommentar, § 87 Rn. 32; BREUER in: SCHRÖDTER, BauGB, § 87 Rn. 13.

[469] DÜRR, BauR 1994, S. 460 (471); GARBE, Eingriffsregelung, S. 220.

[470] Vgl. BT-Drucks. 13/ 6392, S. 34.

[471] BREUER in: SCHRÖDTER, BauGB, § 87 Rn. 13.

muß in der enteignungsrechtlichen Abwägung gem. § 87 I BauGB geprüft werden.[472]

DÜRR hält trotz Vorliegen des Allgemeinwohls eine Enteignung zur Beschaffung von Ausgleichsflächen für unzulässig, da das Bundesverfassungsgericht in seiner Boxberg-Entscheidung gerade dann eine eindeutige gesetzliche Entscheidung für eine Enteignung zugunsten Privater und eine gesetzliche Festlegung des Enteignungszwecks, die über § 85 I Nr. 1 BauGB hinausgeht, verlange, wenn ein Vorhaben nur mittelbar dem Gemeinwohl dient. Eine solche gesetzliche Grundlage zur Enteignung wegen Wohnbedürfnissen der Bevölkerung[473] gebe es nicht.[474] DÜRR stützt sich auf folgende Ausführungen des Bundesverfassungsgerichts in seiner Boxberg-Entscheidung: "Kann sich der Nutzen für das allgemeine Wohl (...) nur als mittelbare Folge der Unternehmenstätigkeit ergeben (...), dann müssen besondere Anforderungen an die gesetzliche Konkretisierung des nur mittelbar erfüllten und daher nicht von vornherein handgreiflichen Enteignungszwecks gestellt werden.(...) Gerade bei dieser Sachlage gebietet Art. 14 III 2 GG eine so genaue gesetzliche Beschreibung des Enteignungszwecks, daß die Entscheidung über die Zulässigkeit der Enteignung insoweit nicht in die Hand der Verwaltung gegeben wird."[475] Diesen Anforderungen genügt § 85 I Nr. 1 BauGB laut Bundesverfassungsgericht nicht.[476] Doch können die Ausführungen des Gerichts nicht auf alle Vorhaben bezogen werden, die mittelbar dem Allgemeinwohl dienen, sondern nur auf die konkrete Fallsituation. Denn an anderer Stelle führt das Bundesverfassungsgericht in derselben Entscheidung aus, daß eine Enteignung nur zur Verwirklichung eng gefaßter bodenordnender Maßnahmen zulässig sein soll und nicht der Verwirklichung beliebiger Maßnahmen mit städtebaulicher Relevanz - wie der Teststrecke für die Daimler Benz AG - diene.[477] Das Wohl der Allgemeinheit muß sich laut Bundesverfassungsgericht aus unmittelbar städtebaulichen Belangen ergeben, um eine Enteignung zu rechtfertigen. Haben die mittelbar verwirklichten Gemeinwohlbelange dagegen nur irgendeine städtebauliche Relevanz, so ist ein besonderes Gesetz erforderlich, das den konkreten Enteignungszweck beschreibt. Grundsätzlich ist damit aber auch nach dem Bundesverfassungsgericht bei nur mittelbarer Förderung des Allgemeinwohls eine Enteignung ohne gesonderte gesetzliche Grundlage möglich, solange sich das Gemeinwohl aus rein

---

[472]RUNKEL in: ERNST/ ZINKAHN/ BIELENBERG, BauGB, § 87 Rn. 25; vgl. auch: BREUER in: SCHRÖDTER, BauGB, § 87 Rn. 13

[473]DÜRR, BauR 1994, S. 460 (471) leitet das Wohl der Allgemeinheit bezüglich der Beschaffung von Ausgleichsflächen noch aus § 1 I BauGBMaßnG ab.

[474]DÜRR, BauR 1994, S. 460 (471); ihm folgend: JANNASCH, DÖV 1994, S. 950 (955); ebenso: PREISLER-HOLL/ AMMERMANN/ BÖHME/ HENKEL/ MEYER, Planerische Vorsorge, S. 142.

[475]BVerfGE 74, 264 (286).

[476]BVerfGE 74, 264 (287).

[477]BVerfGE 74, 264 (291).

städtebaulichen Belangen ergibt. Die Ansicht von DÜRR[478] ist insoweit jedenfalls zu pauschal. Darüber hinaus gilt es folgendes zu bedenken: Folgt man der Ansicht des Bundesverfassungsgerichts, so gibt ein Bebauungsplan nur dann eine Enteignungsgrundlage ab, wenn mit dem Bebauungsplan und seiner Realisierung rein städtebauliche Ziele verfolgt werden. Diese Differenzierung zwischen Bebauungsplänen mit rein städtebaulichen Zielen und solchen mit nur städtebaulicher Relevanz führt zu Abgrenzungs- und Durchführungsschwierigkeiten.[479] Diese liegen u. a. darin begründet, daß außerbodenrechtliche Belange teilweise erst durch die Einbettung in eine raumplanerische Abwägungsentscheidung einen städtebaulichen Bezug erhalten, obwohl diese Belange bei isolierter Betrachtung keinerlei bodenrechtliche Ausrichtung erkennen lassen.[480] Die vom Bundesverfassungsgericht vorgenommene Differenzierung ist somit abzulehnen. Allgemeine städtebauliche Bezüge, die für einen rechtmäßigen Bebauungsplan erforderlich sind[481], dürften insoweit ausreichend sein. Eine Enteignung zum Zwecke der Beschaffung von Ausgleichsflächen ist demnach grundsätzlich zulässig.[482]

Jedoch ist im Enteignungsverfahren für den konkreten Fall zu prüfen, ob das Wohl der Allgemeinheit die Enteignung erfordert und der Enteignungszweck auf andere zumutbare Weise nicht ereicht werden kann, § 87 I BauGB. Gegenüberzustellen sind dabei die Eigentümerinteressen an uneingeschränktem Erhalt und Nutzung des Eigentums und das Gemeinwohlinteresse an dessen Entzug oder Belastung im Wege der Enteignung.[483] § 87 I BauGB verweist auf das verfassungsrechtliche Übermaßverbot.[484] "Nur wenn es zur Erfüllung der öffentlichen Aufgabe unumgänglich erforderlich ist, das Eigentum in die Hand des Staates zu bringen, ist auch die Eigentumszuweisung an die öffentliche Hand vom Gemeinwohl getragen."[485] Das verfassungsrechtliche Übermaßverbot fordert, daß die beabsichtigte Enteignung geeignet, erforderlich und verhältnismä-

---

[478] DÜRR, BauR 1994, 460 (471).

[479] REISNECKER in: BRÜGELMANN, BauGB, § 87 Rn. 8; BREUER in: SCHRÖDTER, BauGB, § 87 Rn. 13; PAPIER, JZ 1987,S. 619 (620).

[480] PAPIER, JZ 1987, S. 619 (620); REISNECKER in: BRÜGELMANN, BauGB, § 87 Rn. 8.

[481] PAPIER, JZ 1987, S. 619 (621); BREUER in: SCHRÖDTER, BauGB, § 87 Rn. 14.

[482] Ebenfalls für die Zulässigkeit einer planakzessorischen Enteignung zur Beschaffung von Ausgleichsflächen: MITSCHANG, Belange von Natur und Landschaft, S. 239; FISCHER-HÜFTLE, NuR 1996, S. 64 (72); STICH in: SCHLICHTER/ STICH, Berliner Kommentar, § 8a BNatSchG Rn. 67; BLUME, NVwZ 1993, S. 941 (944); SCHINK in: RAMSAUER, Eingriffsregelung, S. 124 (144).

[483] RUNKEL in: ERNST/ ZINKAHN/BIELENBERG, BauGB, § 87 Rn. 23.

[484] BERKEMANN in: SCHLICHTER/ STICH, Berliner Kommentar, § 87 Rn. 47; RUNKEL in: ERNST/ ZINKAHN/ BIELENBERG, § 87 Rn. 47; SCHMIDT-ASSMANN, Städtebaurecht, S. 219.

[485] BVerfGE 38, 175 (180).

ßig ist.[486] Eine besondere verfahrensrechtliche Ausprägung des Grundsatzes der Erforderlichkeit stellt § 87 II BauGB dar.[487] Danach ist das ernsthafte Bemühen des Antragstellers um den freihändigen Erwerb des zu enteignenden Grundstücks Voraussetzung für die Enteignung.

(3) Beschränkung der Enteignung, § 92 I 2 BauGB

§ 92 BauGB stellt eine Konkretisierung des verfassungsrechtlichen Übermaßverbotes dar.[488] Insbesondere ist die Enteignung auf die Belastung des Grundstücks mit einem Recht zu beschränken, wenn dies zur Verwirklichung des Enteignungszwecks ausreicht, § 92 I 2 BauGB. Die Enteignung ist insoweit auf die Regelungstypen des Sachenrechts beschränkt.[489] Ausreichend kann die Bestellung einer beschränkt persönlichen Dienstbarkeit gem. § 1090 ff. BGB sein, wenn trotz der Belastung des Grundstücks noch eine wirtschaftlich sinnvolle Nutzungsmöglichkeit verbleibt - beispielsweise wenn die Ausgleichsmaßnahme in der Pflanzung einer Obstwiese besteht.[490]

(4) Bedeutung der Enteignung als Flächenbeschaffungsinstrument

Die planakzessorische Enteignung ist zur Beschaffung von Ausgleichsflächen nicht grundsätzlich ungeeignet. Allerdings werden an eine zulässige Enteignung hohe Anforderungen gestellt; private Eigentümerinteressen und das Allgemeinwohl müssen im Rahmen der Prüfung des verfassungsrechtlichen Übermaßverbotes gegeneinander abgewogen werden. Dabei dürfte nicht selten den Eigentümerinteressen Vorrang gebühren. Die planakzessorische Enteignung kann daher lediglich in Einzelfällen dazu dienen, Ausgleichsflächen zu erlangen, sie ist aber keinesfalls ein Universalinstrument zur Ausgleichsflächenbeschaffung.

---

[486] STÜER in: HOPPENBERG, Öffentliches Baurecht, Abschn. B Rn. 870; BERKEMANN in: SCHLICHTER/ STICH, Berliner Kommentar, § 87 Rn. 48, 50, 56.

[487] BATTIS in: BATTIS/ KRAUTZBERGER/ LÖHR, BauGB, § 87 Rn. 6; BREUER in: SCHRÖDTER, BauGB, § 87 Rn. 29; REISNECKER in: BRÜGELMANN, BauGB, § 87 Rn. 32.

[488] BATTIS in: BATTIS/ KRAUTZBERGER/ LÖHR, BauGB, § 92 Rn.1; CHOLEWA/ DYONG/ V. D. HEIDE/ SAILER, BauGB, § 92; MAINCZYK, BauGB, § 92 Rn. 1.

[489] BREUER in: SCHRÖDTER, BauGB, § 92 Rn.3.

[490] Vgl. BVerwG NVwZ 1997, S. 486 (488); siehe auch Punkt B. II. 1. d. aa.

cc. Enteignung im Rahmen einer städtebaulichen Entwicklungsmaßnahme[491]

(1) Städtebauliche Entwicklungsmaßnahme, §§ 165 ff. BauGB

Die städtebauliche Entwicklungsmaßnahme dient der Gemeinde- bzw. Stadtentwicklung.[492] Gem. § 165 II 1 BauGB sollen mit städtebaulichen Entwicklungsmaßnahmen Ortsteile und andere Teile des Gemeindegebietes entsprechend ihrer besonderen Bedeutung für die städtebauliche Entwicklung und Ordnung der Gemeinde oder entsprechend der angestrebten Entwicklung des Landesgebiets oder der Region erstmalig entwickelt oder im Rahmen einer städtebaulichen Neuordnung einer neuen Entwicklung zugeführt werden. Die Maßnahmen sollen der Errichtung von Wohn- und Arbeitsstätten sowie von Gemeinbedarfs- und Folgeeinrichtungen dienen, § 165 II 2 BauGB.

Die städtebauliche Entwicklungsmaßnahme kommt zur Anwendung, wenn für die Entwicklung der Ortsteile und der anderen Teile des Gemeindegebietes einzelne Planungen und Maßnahmen nicht ausreichen[493], vielmehr ein komplexer Problem- und Lösungsansatz gefordert ist.[494]

Die städtebauliche Entwicklungsmaßnahme ist auf eine - durch öffentliches Interesse getragene - einheitliche Vorbereitung und zügige Durchführung angelegt, vgl. § 165 I BauGB, und wird daher als Gesamtmaßnahme qualifiziert.[495] Die Gesamtverantwortung für die Durchführung der städtebaulichen Entwicklungsmaßnahme trägt die Gemeinde, vgl. § 166 I 1 BauGB.

Da der Anwendungsbereich der städtebaulichen Entwicklungsmaßnahme sachlich (§ 165 II, III BauGB), räumlich (§ 165 V, VI BauGB) und zeitlich

---

[491] Zur Verfassungsmäßigkeit der städtebaulichen Entwicklungsmaßnahme: SEITZ, Planungshoheit und Grundeigentum, insbes. S. 137 ff.

[492] KRAUTZBERGER, WiVerw 1993, S. 85 (94).

[493] Wegen ihrer enteignungsrechtlichen Bedeutung - dazu vgl. Punkt B. II. 1. h. cc. (3) - ist eine Entwicklungsmaßnahme nur zulässig, wenn sie im Sinne des Übermaßverbotes erforderlich ist, um das Entwicklungsziel zu erreichen. Es darf zur Erreichung des Entwicklungsziels kein milderes Mittel, insbesondere kein anderes städtebauliches Instrument, zur Verfügung stehen, BUNZEL/ LUNEBACH, Entwicklungsmaßnahmen, S. 116 f.; DEGENHART, DVBl 1994, S. 1041 (1043).

[494] KRAUTZBERGER, WiVerw 1993, S. 85 (94).

[495] BROHM, Baurecht, § 32 Rn. 1; KRAUTZBERGER, WiVerw 1993, S. 85 (94); DERS. in: BATTIS/ KRAUTZBERGER/ LÖHR, BauGB, § 165 Rn. 3; KÖHLER in: SCHRÖDTER, BauGB, § 165 Rn. 1; BIELENBERG in: BIELENBERG/ KOOPMANN/ KRAUTZBERGER, Städtebauförderungsrecht, Teil C, § 165 Rn. 4; LEMMEN, Entwicklungsmaßnahmen, S. 6; SEITZ, Planungshoheit und Grundeigentum, S. 74; NEUHAUSEN in: BRÜGELMANN, BauGB, Vor §§ 165-171 Rn. 21; SCHLICHTER/ ROESER in: SCHLICHTER/ STICH, Berliner Kommentar, § 165 Rn. 2; zum Begriff der Gesamtmaßnahme: KRAUTZBERGER in: BATTIS/ KRAUTZBERGER/ LÖHR, BauGB, Vorb. §§ 136-164 Rn. 9; LEMMEN, Entwicklungsmaßnahmen, S. 6.

(§ 169 I Nr. 8 BauGB i. V. m. §§ 162 ff. BauGB) begrenzt ist, handelt es sich bei dieser um Sonderrecht.[496]

Soll eine städtebauliche Entwicklungsmaßnahme durchgeführt werden, so wird der dafür vorgesehene Bereich von der Gemeinde durch Beschluß (vgl. § 165 VI BauGB) förmlich als städtebaulicher Entwicklungsbereich festgelegt, § 165 III 1 BauGB. Eine solche Festlegung ist allerdings nur zulässig, wenn die Maßnahme den Zielen und Zwecken des § 165 II BauGB entspricht (§ 165 III 1 Nr. 1 BauGB), das Wohl der Allgemeinheit die Durchführung erfordert (§ 165 III 1 Nr. 2 BauGB), die mit der städtebaulichen Entwicklungsmaßnahme angestrebten Ziele und Zwecke durch städtebauliche Verträge nicht erreicht werden können oder die Eigentümer der von der Maßnahme betroffenen Grundstücke nicht bereit sind, ihre Grundstücke zu einem Preis an Gemeinde oder Entwicklungsträger zu veräußern, der entwicklungsmaßnahmebedingte Werterhöhungen unberücksichtigt läßt (§ 165 III 1 Nr. 3 BauGB) und wenn die zügige Durchführung der Maßnahme innerhalb eines absehbaren Zeitraums gewährleistet ist (§ 165 III 1 Nr. 4 BauGB).

Zur Verwirklichung der Ziele der städtebaulichen Entwicklungsmaßnahme hat die Gemeinde einen Bebauungsplan aufzustellen, § 166 I 2 BauGB und um die Entwicklungsmaßnahme durchführen zu können, soll sie zunächst alle Grundstücke im Entwicklungsbereich erwerben, § 166 I, III 1 BauGB.

Die Durchführung der Entwicklungsmaßnahme umfaßt gem. § 169 I Nr. 4 BauGB i. V. m. § 146 I BauGB die sogenannten Ordnungs- und Baumaßnahmen. Baumaßnahmen wie z. B. Modernisierung und Instandsetzung können von den Eigentümern durchgeführt werden und bleiben daher ihnen überlassen, vgl. § 148 BauGB.[497] Die Durchführung der Ordnungsmaßnahmen liegt jedoch gem. § 147 S. 1 BauGB regelmäßig im Verantwortungsbereich der Gemeinde. Zu diesen Maßnahmen gehören z. B. die Bodenordnung und die Herstellung von Erschließungsanlagen, § 147 S. 1 Nr. 1, 4 BauGB. In § 147 S. 2 BauGB ist darüber hinaus ausdrücklich normiert, daß auch die Bereitstellung von Ausgleichsflächen und die Durchführung der Ausgleichsmaßnahmen zu den Ordnungsmaßnahmen gehören, soweit es sich um zugeordnete Flächen außerhalb der Baugrundstücke handelt. Damit stellt § 147 S. 2 BauGB eine Verdeutlichung der in § 135a II 1 HS 2 BauGB niedergelegten Durchführungsverantwortlichkeit der Gemeinde dar. Jedenfalls hat die Gemeinde somit grundsätzlich auch im Rahmen der Durchführung der Entwicklungsmaßnahme für die Durchführung der Ausgleichsmaßnahmen Sorge zu tragen.

Nach Neuordnung und Erschließung hat die Gemeinde die erworbenen

---

[496] NEUHAUSEN in: BRÜGELMANN, BauGB, Vor §§ 165-171 Rn. 20; KRAUTZBERGER in: BATTIS/ KRAUTZBERGER/ LÖHR, BauGB, § 165 Rn. 1; BROHM, Baurecht, § 34 Rn. 1.

[497] Gem. § 169 I Nr. 4 BauGB gelten die §§ 146-148 über die Durchführung, Ordnungsmaßnahmen und Baumaßnahmen bzgl. Sanierungsmaßnahmen entsprechend.

Grundstücke wieder zu veräußern, § 169 V BauGB.[498] Die Veräußerungspflicht gilt allerdings nicht für Flächen, die als Baugrundstücke für den Gemeinbedarf oder als Verkehrs-, Versorgungs- oder Grünflächen festgesetzt sind oder für sonstige öffentliche Zwecke oder als Austauschland oder zur Entschädigung in Land (vgl. § 100 BauGB) benötigt werden, § 169 V BauGB. Vorteilhaft an diesem sog. Durchgangserwerb ist zum einen die Gewährleistung einer zügigen Durchführung der Entwicklungsmaßnahmen.[499] Zum anderen kann die Gemeinde bei der Veräußerung sicherstellen, daß die Ziele der Entwicklungsmaßnahme verwirklicht werden (vgl. § 169 VII BauGB), indem sie nur an diejenigen veräußert, die die Grundstücke innerhalb angemessener Frist entsprechend den Festsetzungen des Bebauungsplans und den Erfordernissen der Entwicklungsmaßnahme bebauen oder sich zu einer nichtbaulichen Nutzung verpflichten - sofern nur eine solche vorgesehen ist.[500]

Da die Gemeinde die Grundstücke zum entwicklungsunbeeinflußten Grundstückswert erwirbt (§ 169 I Nr. 6 BauGB i. V. m. § 153 I, III BauGB), die Veräußerung aber nach Durchführung der Ordnungsmaßnahmen und Erschließung zum Neuordnungswert erfolgt (§ 169 VIII BauGB), kann und muß (vgl. §§ 169 VIII, 171 I 1 BauGB) die Finanzierung der Entwicklungsmaßnahme teilweise oder vollständig aus der Abschöpfung der entwicklungsbedingten Bodenwertsteigerung [501] bestritten werden.[502] [503]

Kennzeichnend für die städtebauliche Entwicklungsmaßnahme ist desweiteren der entwicklungsrechtliche Genehmigungsvorbehalt.[504] Gem. §§ 169 I Nr. 3 BauGB i. V. m. §§ 144, 145 BauGB bedürfen alle baulichen Vorhaben, Erwerbsvorgänge und wesentliche Änderungen im Entwicklungsbereich der Genehmigung.

Sobald die Entwicklung durchgeführt ist, diese sich als undurchführbar erweist oder die Entwicklungsabsicht aufgegeben wird, ist die Entwicklungssat-

---

[498] vgl. auch BUNZEL/ LUNEBACH, DÖV 1993, S. 649 (650); NEUHAUSEN, DÖV 1991, S. 146 (149 f.); DEGENHART, DVBl 1994, S. 1041 (1042); BROHM, Baurecht, § 34 Rn. 8.

[499] BayVGH BayVBl. 1996, S. 271 (275); BUNZEL/ LUNEBACH, DÖV 1993, S. 649 (650); BROHM, Baurecht, § 34 Rn. 8; SEITZ, Planungshoheit und Grundeigentum, S. 183.

[500] STICH, WiVerw 1993, S. 104 (108); vgl. auch DEGENHART, DVBl 1994, S. 1041 (1042).

[501] Auch der Grundstückseigentümer, dessen Grundstück ausnahmsweise nicht erworben wurde, hat einen Ausgleichsbetrag an die Gemeinde zu entrichten, der der durch die Entwicklungsmaßnahme bedingten Erhöhung des Bodenwertes entspricht, § 166 III 4 BauGB.

[502] Vgl. dazu DEGENHART, DVBl 1994, S. 1041 (1042); LEISNER, NVwZ 1993, S. 935 (935); BUNZEL/ LUNEBACH, DÖV 1993, S. 649 (650, 658); DIES., Entwicklungsmaßnahmen, S. 260.

[503] Zur Verfassungsmäßigkeit der Wertabschöpfungim einzelnen: SEITZ, Planungshoheit und Grundeigentum, S. 199 ff.

[504] BUNZEL/ LUNEBACH, DÖV 1993, S. 649 (651); DIES., Entwicklungsmaßnahmen, S. 19; STICH, WiVerw 1993, S. 104 (105); NEUHAUSEN in: BRÜGELMANN, BauGB, Vor §§ 165-171 Rn. 47.

zung aufzuheben, § 169 I Nr. 8 BauGB i. V. m. § 162 I BauGB. Die Entwicklungsmaßnahme kann auch für einzelne Grundstücke abgeschlossen werden, § 169 I Nr. 8 BauGB i. V. m. § 163 BauGB.

(2) Einbeziehung von Flächen für Ausgleichsmaßnahmen in den Entwicklungsbereich

Es ist fraglich, ob Flächen für Ausgleichsmaßnahmen überhaupt in den Entwicklungsbereich einbezogen werden können. Auf den ersten Blick ergibt sich keine entsprechende städtebauliche Erforderlichkeit; Ausgleichsmaßnahmen allein können die Festsetzung eines Entwicklungsbereichs nicht rechtfertigen, vgl. § 165 III, II BauGB.[505] Da die Ausgleichsmaßnahmen jedoch Voraussetzung sind für die Verwirklichung städtebaulicher Vorhaben, die einen Eingriff in Natur und Landschaft hervorrufen, könnte man Ausgleichsmaßnahmen unter den Begriff der Folgeeinrichtungen gem. § 165 II 2 BauGB subsumieren. In diesem Fall wäre auch die Durchführung von Ausgleichsmaßnahmen zulässiger Zweck von Entwicklungsmaßnahmen.[506] In jedem Fall sind Ausgleichsmaßnahmen untrennbar mit städtebaulichen Vorhaben verbunden, da ohne sie eine bauliche Nutzung nicht ermöglicht werden kann. Dieser Umstand verbindet sie auch untrennbar mit den Zielen der Entwicklungsmaßnahme.[507] Ohne diese Flächen kann die Entwicklung nicht zweckmäßig durchgeführt werden. Eine Einbeziehung der Flächen für Ausgleichsmaßnahmen in den Entwicklungsbereich ist daher jedenfalls auf der Grundlage des § 165 V 1 BauGB möglich.[508]

Vorausgesetzt die Einnahmen, die bei der Entwicklungsmaßnahme durch die Abschöpfung der entwicklungsbedingten Bodenwertsteigerung entstehen, reichen für eine vollständige Finanzierung der Entwicklungsmaßnahme aus, so können auch - als Folge der Einbeziehung in den Entwicklungsbereich - die Kosten für die von der Gemeinde durchgeführten Ausgleichsmaßnahmen durch diese Einnahmen gedeckt werden. § 171 I 1 BauGB schreibt vor, daß die erlangten Einnahmen zur Finanzierung der Entwicklungsmaßnahme zu verwenden sind. Dabei müssen alle Kosten berücksichtigt werden, die nach den Zielen und

---

[505] BUNZEL/ LUNEBACH, Entwicklungsmaßnahmen, S. 200; LEMMEN, Entwicklungsmaßnahmen, S. 129.

[506] Ein solcher Ansatz findet sich bei LEMMEN, Entwicklungsmaßnahmen, S. 129 Fn. 1.

[507] BVerwG, Urteil vom 03.07.98 4 CN 5.97, S. 18; OVG Münster, Urteil vom 01.12.97 10a D 123/ 94. NE, S. 29; VGH München, Urteil vom 16.06.97 14 N 94. 2157, 94. 2541, 94. 3136, S. 32; BUNZEL/ LUNEBACH, Entwicklungsmaßnahmen, S. 200.

[508] So LEMMEN, Entwicklungsmaßnahmen, S. 129; für eine Einbeziehung auch: BVerwG, Urteil vom 03.07.98 4 CN 5.97, S. 18; OVG Münster, Urteil vom 01.12.97 10a D 123/ 94. NE, S. 29; VGH München, Urteil vom 16.06.97 14 N 94. 2157, 94. 2541, 94. 3136, S. 31 f.; BUNZEL/ LUNEBACH, Entwicklungsmaßnahmen, S. 200.

Zwecken der Entwicklung erforderlich sind, § 171 II 2 BauGB, wobei Kosten für Vorhaben ohne Sachzusammenhang mit diesen Zielen und Zwecken nicht erfaßt werden.[509] Dies ist bei Kosten für Ausgleichsmaßnahmen jedoch nicht der Fall, da die Ausgleichsmaßnahmen untrennbar mit den Zielen und Zwecken der Entwicklungsmaßnahme verbunden sind. Der finanzielle Aufwand für Ausgleichsmaßnahmen gehört daher zu den berücksichtigungsfähigen Kosten. Eine Finanzierung dieser Maßnahmen über §§ 135 b, c BauGB ist bei ausreichenden Einnahmen nicht nötig.

(3) Enteignung, § 169 III BauGB[510]

Zur Umsetzung der Grunderwerbspflicht gem. § 166 III 1 BauGB stehen der Gemeinde der freihändige Erwerb, das Vorkaufsrecht gem. § 24 I Nr. 3 BauGB und als letzte Möglichkeit die Enteignung, § 169 III BauGB[511], zur Verfügung.[512]

Die Enteignung im städtebaulichen Entwicklungsbereich ist ohne Bebauungsplan zulässig, § 169 III 1 BauGB, wodurch eine zügige Durchführung der Entwicklungsmaßnahme gewährleistet werden kann. Die §§ 85, 87, 88 und 89 I-III BauGB gelten nicht, § 169 III 3 BauGB. § 85 BauGB ist nicht anwendbar, da sich der Enteignungszweck aus der städtebaulichen Entwicklungsmaßnahme ergibt.[513] An die Stelle des Bebauungsplans tritt die Entwicklungssatzung (§ 165 VI BauGB). [514] Die Entbehrlichkeit des § 88 BauGB ergibt sich daraus, daß die Enteignung im Rahmen der städtebaulichen Entwicklungsmaßnahme stets aus zwingenden städtebaulichen Gründen erfolgt.[515] § 89 I-III BauGB ist nicht anwendbar, weil § 169 V-VIII BauGB für die Veräußerungspflicht im Rahmen der Entwicklungsmaßnahme ausführlichere Regelungen trifft.[516] Besonders bedeutsam ist die Nichtanwendbarkeit des § 87 BauGB. Sie begründet

---

509 Umstr., siehe ausführlich SEITZ, Planungshoheit und Grundeigentum, S. 257 f.; wie hier auch KRAUTZBERGER in: BATTIS/ KRAUTZBERGER/ LÖHR, BauGB, § 171 Rn. 5; NEUHAUSEN in: BRÜGELMANN, BauGB, Vor §§ 165-171 Rn. 61.

510 Zur Enteignung im Rahmen der städtebaulichen Entwicklungsmaßnahme, insbesondere im Hinblick auf ihre Verfassungsmäßigkeit: SEITZ, Planungshoheit und Grundeigentum, S. 151 ff.

511 Zur Subsidiarität der Enteignung gegenüber milderen Eingriffsmitteln vgl. SCHMIDT-ASSMANN, Städtebaurecht, S. 221.

512 BUNZEL/ LUNEBACH, Entwicklungsmaßnahmen, S. 164 ff.

513 BIELENBERG in: BIELENBERG/ KOOPMANN/ KRAUTZBERGER, Städtebauförderungsrecht, Teil C, § 169 Rn. 28.

514 SCHLICHTER/ ROESER in: SCHLICHTER/ STICH, Berliner Kommentar, § 169 Rn. 14; KÖHLER in: SCHRÖDTER, BauGB, § 169 Rn. 7.

515 BIELENBERG in: BIELENBERG/ KOOPMANN/ KRAUTZBERGER, Städtebauförderungsrecht, Teil C, § 169 Rn. 29.

516 STICH, WiVerw 1993, S. 104 (112); KÖHLER in: SCHRÖDTER, BauGB, § 169 Rn. 8.

sich daraus, daß die städtebauliche Entwicklungsmaßnahme selbst dem Wohl der Allgemeinheit dient und von diesem erfordert wird (§ 165 III 1 Nr. 2 BauGB).[517] Da § 87 BauGB nicht gilt, müssen im Hinblick auf die Grunderwerbspflicht gem. § 166 III BauGB die Anforderungen des § 87 BauGB schon an die Entwicklungssatzung gestellt werden.[518] [519] Bei der Prüfung, ob das Wohl der Allgemeinheit die Entwicklungsmaßnahme erfordert, ist bereits in Rechnung zu stellen, daß im Grundsatz alle unbebauten Grundstücke des Entwicklungsbereichs in das Eigentum der Gemeinde zu überführen sind.[520] Insofern entfaltet die Festlegung des Entwicklungsbereichs enteignungsrechtliche Vorwirkung.[521] Da die Rechtfertigung der Enteignung von Grundstücken im Entwicklungsbereich bereits bei der Festlegung der Entwicklungssatzung geprüft wird, kann diese Prüfung nur pauschalen Charakter haben ohne Bezug zu jedem Einzelgrundstück.[522] Die Enteignungsvoraussetzungen sind somit nicht für jedes einzelne Grundstück zu prüfen - abgesehen vom ernsthaften Bemühen um freihändigen Erwerb, § 169 III 2 BauGB. Das Erfordernis der Prüfpflicht für das einzelne Grundstück ergibt sich erst bei fortgeschrittenerem Planungsstand, wenn es um die Frage geht, ob gem. § 166 III 3 BauGB vom Erwerb eines Grundstücks abgesehen werden kann. Allerdings steht dann nicht mehr zur Diskussion, ob der Grunderwerb zur Durchführung der Entwicklungsmaßnahme vom Wohl der Allgemeinheit erfordert wird, sondern nur, ob die Voraussetzungen des § 166 III 3 BauGB vorliegen.[523] Im übrigen stellt § 166 III 3 BauGB eine Sollvorschrift dar, d. h. auch bei Vorliegen der Voraussetzungen des § 166 III 3 BauGB kann die Gemeinde im Einzelfall enteignen.[524]

Auch im Entwicklungsbereich setzt die Enteignung voraus, daß der Antragsteller sich ernsthaft um den freihändigen Erwerb des Grundstücks zu angemessenen Bedingungen bemüht hat, § 169 III 2 BauGB. Zu beachten ist dabei vor allem, daß der Kaufpreis bereits angemessen ist, wenn er die entwicklungsbe-

---

[517] BVerwG NJW 1982, S. 2787 (2788); NEUHAUSEN in: BRÜGELMANN, BauGB, § 165 Rn. 30; STICH, WiVerw 1993, S. 104 (112).

[518] BGH NVwZ 1987, S. 923 (924f.); SCHLICHTER/ ROESER in: SCHLICHTER/ STICH, Berliner Kommentar, § 169 Rn. 15; NEUHAUSEN in: BRÜGELMANN, BauGB, § 165 Rn. 30.

[519] Zur Problematik der ansonsten entstehenden extensiven Enteignungsbefugnis vgl. bereits SCHMIDT-ASSMANN, Städtebaurecht, S. 253 ff.

[520] BVerwG NJW 1982, S. 2787 (2788).

[521] SEITZ, Planungshoheit und Grundeigentum, S. 156; BUNZEL/ LUNEBACH, Entwicklungsmaßnahmen, S. 177; KÖHLER in: SCHRÖDTER, BauGB § 169 Rn. 8.

[522] BVerwG NJW 1982, S. 2787 (2788); BGH NVwZ 1987, S. 923 (925); NEUHAUSEN in: BRÜGELMANN, BauGB, § 165 Rn. 30; SEITZ, Planungshoheit und Grundeigentum, S. 260 f.

[523] BUNZEL/ LUNEBACH, Entwicklungsmaßnahmen, S. 177.

[524] BIELENBERG in: BIELENBERG/ KOOPMANN/ KRAUTZBERGER, Städtebauförderungsrecht, Teil C, § 166 Rn. 14; SCHLICHTER/ ROESER in: SCHLICHTER/ STICH, Berliner Kommentar, § 166 Rn. 9.

dingten Bodenwertsteigerungen gem. § 169 I Nr. 6 BauGB i. V. m. § 153 III 1 BauGB nicht berücksichtigt[525]; gem. § 169 I Nr. 6 i. V. m § 153 III 1 BauGB ist es der Gemeinde sogar versagt, einen höheren Kaufpreis zu bieten.

Insgesamt ist eine Enteignung von Ausgleichsflächen im Rahmen einer städtebaulichen Entwicklungsmaßnahme unter erleichterten Voraussetzungen möglich, da weitgehend keine einzelfallbezogene Enteignungsprüfung stattfindet.

2. Sicherung der Durchführung auf andere Weise, § 135a II 1 HS 3 BauGB

Statt die Ausgleichsmaßnahmen selbst durchzuführen, hat die Gemeinde die Möglichkeit, auf andere Art und Weise die Durchführung der erforderlichen Ausgleichsmaßnahmen sicherzustellen. Im Gegensatz zum Fall der Durchführungsverantwortlichkeit gem. § 135a II 1 HS 2 BauGB muß sie nicht selbst zur Vornahme der Ausgleichsmaßnahmen in der Lage sein, wenn deren Sicherstellung anderweitig gewährleistet ist. Andererseits kann sich die Gemeinde auch dann von ihrer Durchführungsverpflichtung befreien, wenn ihr die für die Ausgleichsmaßnahmen erforderlichen Grundstücke zur Verfügung stehen und sie daher die entsprechenden Maßnahmen auch selbst durchführen könnte. Ihr steht z. B. die Möglichkeit offen, die Durchführung der Maßnahmen auf einen Dritten, beispielsweise einen Bauvorhabenträger, vertraglich zu übertragen und somit die Durchführung der Ausgleichsmaßnahmen auf andere Weise sicherzustellen.[526] Diese Konstellation ist aber für die Problematik der Flächenbeschaffung nicht von Bedeutung, denn eine Beschaffung der Flächen ist in einer solchen Situation gerade nicht mehr erforderlich. Daher soll hier nur der Fall interessieren, in dem die Gemeinde sich keine Flächen verfügbar machen konnte oder wollte, um die Ausgleichsmaßnahmen selbst durchzuführen und daher versuchen muß, die Durchführung der Ausgleichsmaßnahmen anderweitig zu sichern (Flächenbeschaffung im weiteren Sinne). Eine solche anderweitige Sicherung bietet sich insbesondere an, wenn die Ausgleichsflächen in privatem Eigentum verbleiben und nicht in das der Gemeinde übergehen sollen; wie sie aussehen kann, soll im folgenden erörtert werden.

---

[525] STICH, WiVerw 1993, S. 104 (112); BUNZEL/ LUNEBACH, Entwicklungsmaßnahmen, S. 179.

[526] Vgl. das Regelungsbeispiel bei BUNZEL/ COULMAS/ METSCHER/ SCHMIDT-EICHSTAEDT, Städtebauliche Verträge, S. 77.

a. Nebenbestimmung zur Baugenehmigung

Die Sicherung der Durchführung von Ausgleichsmaßnahmen könnte dadurch geschehen, daß dem Bauvorhabenträger eine Nebenbestimmung zur Baugenehmigung aufgegeben wird mit dem Inhalt, Ausgleichsmaßnahmen auf der dafür vorgesehenen Fläche vorzunehmen.

Die Erteilung von Nebenbestimmungen ist in § 36 VwVfG geregelt.[527] Gem. § 36 I VwVfG darf ein Verwaltungsakt, auf den ein Anspruch besteht, mit einer Nebenbestimmung nur versehen werden, wenn sie durch Rechtsvorschrift zugelassen ist oder wenn sie sicherstellen soll, daß die gesetzlichen Voraussetzungen des Verwaltungsaktes erfüllt werden. Auf die Baugenehmigung besteht ein Anspruch, sofern öffentlich-rechtliche Vorschriften dem Vorhaben nicht entgegenstehen.[528] Eine Nebenbestimmung mit dem Inhalt, Ausgleichsmaßnahmen durchzuführen, ist allerdings gesetzlich nicht ausdrücklich geregelt. Eine Baugenehmigung kann aber nur erteilt werden, wenn keine öffentlich-rechtlichen Vorschriften entgegenstehen.[529] Die naturschutzrechtliche Eingriffsregelung ist eine solche öffentlich-rechtliche Vorschrift. Sie steht der Baugenehmigung entgegen, wenn die entsprechenden Kompensationsflächen nicht zur Verfügung stehen.[530] Damit würde eine Nebenbestimmung besagten Inhalts sicherstellen, daß die gesetzlichen Voraussetzungen der Baugenehmigung erfüllt werden und wäre damit gem. § 36 I Alt. 2 VwVfG zulässig. Eine solche Nebenbestimmung ist allerdings nur möglich, wenn der Vorhabenträger auch Eigentümer der Ausgleichsflächen ist.[531]

Da ein durch Verwaltungsakt aufgegebenes Gebot von der aufgebenden Behörde selbst vollstreckbar ist[532], kann die Durchführung der Ausgleichsmaßnahmen auch als ausreichend gesichert betrachtet werden. Je nachdem, wie man die Nebenbestimmung qualifiziert (Auflage oder Bedingung) und ob man sie als selbständigen Verwaltungsakt einordnet, kann entweder die Nebenbestimmung selbst oder der Baugenehmigungsverwaltungsakt als Vollstreckungsgrundlage dienen.

---

[527] Erteilt die Gemeinde eine Nebenbestimmung, so ist das jeweilige Landesverwaltungsverfahrensgesetz anzuwenden. Die Landesgesetze stimmen weitgehend mit dem VwVfG des Bundes überein. Insbesondere bei der Regelung der Nebenbestimmungen gibt es keine Abweichungen. Daher soll der Einfachheit halber die Regelung des Bundes zugrundegelegt werden.

[528] FINKELNBURG/ ORTLOFF, Öffentliches Baurecht, Bd. II, S. 93.

[529] FINKELNBURG/ ORTLOFF, Öffentliches Baurecht, Bd. II, S. 93.

[530] Vgl. Punkt A. II. 3. e.

[531] Vgl. SCHINK, NuR 1993, S. 365 (375).

[532] SCHWERDTFEGER, Öffentliches Recht, Rn. 38.

b. Vertragliche Möglichkeiten

aa. Städtebaulicher Vertrag

Die Gemeinde kann städtebauliche Verträge schließen, § 11 I 1 BauGB. Sie können zur Erfüllung städtebaulicher Aufgaben abgeschlossen werden und dienen entweder als Ergänzung des hoheitlichen Instrumentariums oder ersetzen eine hoheitliche Regelung.[533] Um Städtebau zu betreiben, müssen die durch bauliche Vorhaben verursachten Eingriffe in Natur und Landschaft auf Ausgleichsflächen kompensiert werden. Die Regelung der Durchführung von Ausgleichsmaßnahmen dient somit der Erfüllung einer städtebaulichen Aufgabe und muß daher grundsätzlich Gegenstand eines städtebaulichen Vertrages sein können. Dies bestätigt § 11 I 2 Nr. 2 BauGB seit der Übernahme der Regelung des städtebaulichen Vertrages aus dem BauGBMaßnG ins BauGB durch das BauROG 1998. Gegenstand eines städtebaulichen Vertrages kann danach die Förderung und Sicherung der mit der Bauleitplanung verfolgten Ziele, insbesondere die Durchführung des Ausgleichs im Sinne des § 1a Abs. 3 BauGB sein. Damit ordnet der Gesetzgeber den Vertrag, in dem die Durchführung von Ausgleichsmaßnahmen geregelt wird, als einen Planvollzugsvertrag[534] ein[535] und nicht etwa als einen Folgekostenvertrag.[536] Ansatzpunkt für die Annahme eines Folgekostenvertrages könnte allenfalls sein, daß § 11 I 2 Nr. 3 BauGB bzw. schon § 6 III 2 BauGBMaßnG, in denen der Folgekostenvertrag geregelt wird bzw. wurde, auch eine Vereinbarung über die Bereitstellung von Grundstücken zuläßt. Allein durch eine Grundstücksbereitstellung ist aber eine Ausgleichsmaßnahme noch nicht durchgeführt. Gerade auf die Durchführung kommt es aber bei der vertraglichen Sicherstellung der Ausgleichsmaßnahmen an. Der Vertrag zur Durchführung der Ausgleichsmaßnahmen kann damit nicht als Folgekostenvertrag eingestuft werden.[537] Die Einordnung des Vertrages zur Durchführung von Ausgleichsmaßnahmen durch den Gesetzgeber ist somit sachgerecht. Trotz Aufzählung der zulässigen Vertragsinhalte stellt § 11 BauGB im übrigen keine abschließende Regelung städtebaulicher Verträge dar, § 11 IV BauGB.[538]

---

[533] BUNZEL/ COULMAS/ METSCHER/ SCHMIDT-EICHSTAEDT, Städtebauliche Verträge, S. 35.

[534] Vgl. zu den einzelnen in § 11 BauGB normierten Vertragstypen: BROHM, Baurecht, § 7 Rn. 12 ff.; BIRK, Städtebauliche Verträge, Rn. 64 ff.; auch QUAAS, NVwZ 1995, S. 840 (842).

[535] So auch schon vor Inkrafttreten des BauROG 1998: QUAAS, NVwZ 1995, S. 840 (842); BUNZEL/ COULMAS/ METSCHER/ SCHMIDT-EICHSTAEDT, Städtebauliche Verträge, S. 75; MITSCHANG, "Bremer Industriepark", S. 76; STICH, GuG 1996, S. 264 (265 Fn. 15).

[536] So vor dem Inkrafttreten des BauROG 1998: STEINFORT, VerwArch 1995, S. 107 (142); LOUIS, ZuR 1993, S. 146 (151).

[537] So auch STICH in: KORMANN, Bundesbaurecht, S. 9 (24); ähnlich MITSCHANG, "Bremer Industriepark", S. 78.

[538] KRAUTZBERGER in: ERNST/ ZINKAHN/ BIELENBERG, BauGBMaßnG, § 6 Rn. 163.

bb. Vertragsgestaltungen

Die Gemeinde muß dafür Sorge tragen, daß die im Bebauungsplan getroffenen Festsetzungen realisiert , d. h. auch die für den Ausgleich von Eingriffen vorgesehenen Flächen ihrer festgesetzten Nutzung zugeführt werden. Auf vertraglicher Ebene bieten sich dafür mehrere Möglichkeiten an: Ist der Vorhabenträger zugleich Eigentümer der Ausgleichsfläche, kann die Gemeinde mit ihm vereinbaren, daß er die Ausgleichsmaßnahmen auf seine Kosten durchführt.[539] Der Vorhabenträger wird insbesondere dann zu einer vertraglichen Übernahme der Durchführung der Ausgleichsmaßnahme bereit sein, wenn er zum einen in der Lage ist, die Durchführung selbst vorzunehmen und wenn die eigene Durchführung für ihn wirtschaftlicher ist als die bloße Kostentragung für Ausgleichsmaßnahmen, die die Gemeinde durchführt.[540] [541] Dieser Idealfall, daß der Vorhabenträger zugleich Eigentümer der Ausgleichsfläche ist, wird aber häufig nicht vorliegen.

Dies stellt sich anders dar, wenn Vorhabenträger ein Investor, beispielsweise ein Wohnungsbauunternehmen ist. Dieses ist zumeist Eigentümer größerer Grundstücksflächen und an einer zügigen Bebaubarkeit der Grundstücke interessiert. Aus diesem Grunde übernehmen Investoren häufig die ansonsten gemeindliche Aufgabe der Erschließung (§ 123 I BauGB) des betroffenen Gebietes einschließlich der anfallenden Kosten durch einen Erschließungsvertrag gem. § 124 BauGB. Die Erschließungskosten werden später auf die Grundstückserwerber abgewälzt.[542] Ebenso kann bei der Durchführung von Ausgleichsmaßnahmen verfahren werden. Der Investor kann im Interesse einer zügigen Bebaubarkeit der Grundstücke[543] die Durchführung von Ausgleichsmaßnahmen in einem städtebaulichen Vertrag übernehmen und die Durchführungskosten bei der Grundstücksveräußerung abwälzen.

Wurde noch kein Bebauungsplan aufgestellt und sind die geplanten Vorhaben des Investors/ Wohnungsbauunternehmers nicht genehmigungsfähig, so kann die Gemeinde durch einen vorhabenbezogenen Bebauungsplan auf der Grundlage eines Vorhaben- und Erschließungsplans die Zulässigkeit dieser Vorhaben bestimmen, § 12 I BauGB, und so eine zügige Baulanderschließung erreichen.

---

[539] VGH Mannheim, NuR 1998, S. 148 (149); MITSCHANG, "Bremer Industriepark", S. 76; BUNZEL/ COULMAS/ METSCHER/ SCHMIDT-EICHSTAEDT, Städtebauliche Verträge, S. 75.

[540] BUNZEL/ COULMAS/ METSCHER/ SCHMIDT-EICHSTAEDT, Städtebauliche Verträge, S. 128.

[541] Vgl. den Mustervertrag bei BUNZEL/ COULMAS/ METSCHER/ SCHMIDT-EICHSTAEDT, Städtebauliche Verträge, S. 76 f.

[542] DRIEHAUS, Erschließungsbeiträge, § 6 Rn. 4; DERS. in: SCHLICHTER/ STICH, Berliner Kommentar, § 124 Rn. 4; SCHMIDT-ASSMANN/ KREBS, Städtebauliche Verträge, S. 54; GRZIWOTZ, Baulanderschließung, S. 319.

[543] Die Durchführung von im Bebauungsplan vorgesehenen Ausgleichsmaßnahmen ist Baugenehmigungsvoraussetzung, Punkt A. II. 1. b., 2.

Dazu muß der Investor zunächst einen Plan zur Durchführung der Vorhaben und zur Erschließung erstellen (Vorhaben- und Erschließungsplan) und ihn der Gemeinde vorlegen.[544] Billigt die Gemeinde den Vorhaben- und Erschließungsplan, so erläßt sie auf dessen Grundlage einen vorhabenbezogenen Bebauungsplan, § 12 I 1 BauGB. Der Vorhaben- und Erschließungsplan wird Bestandteil des vorhabenbezogenen Bebauungsplans, § 12 III 1 BauGB. Voraussetzung für den Erlaß eines solchen Bebauungsplans ist aber, daß sich der Vorhabenträger (Investor) in einem Durchführungsvertrag zur Durchführung der Vorhaben und der Erschließung verpflichtet, § 12 I 1 BauGB. Dieser Durchführungsvertrag ist ein städtebaulicher Vertrag[545], in dessen Rahmen auch die Übernahme der Durchführung von Ausgleichsmaßnahmen erfolgen kann.[546] Eine solche Vereinbarung wird regelmäßig auch im Interesse des Investors liegen, da er durch die Sicherstellung der Durchführung selbst für eine schnelle Bebaubarkeit der Grundstücke sorgen kann. Auch hier können die Durchführungskosten bei einer Veräußerung abgewälzt werden.

Schließlich ist die vertragliche Übernahme der Durchführung von Ausgleichsmaßnahmen durch den Vorhabenträger auch dann möglich, wenn dieser nicht zugleich Eigentümer der Ausgleichsflächen ist.[547] Allerdings muß sich dann der Eigentümer der Ausgleichsflächen verpflichten, die Ausgleichsmaßnahmen zu dulden.[548] Dabei läßt MITSCHANG eine diesbezügliche Vereinbarung zwischen Vorhabenträger und Eigentümer ausreichen.[549] Eine solche Vereinbarung kann aber jederzeit aufgehoben werden, wodurch die Sicherstellung der Durchführung der Ausgleichsmaßnahmen gefährdet wäre; daher muß der Eigentümer die Duldungsverpflichtung im Vertrag gegenüber der Gemeinde erklären.[550] Da der Eigentümer der Ausgleichsflächen durch die Durchführung der Ausgleichsmaßnahmen keinen Vorteil - wie der Vorhabenträger die Bebaubarkeit seines Grundstücks - erwarten kann, wird eine Duldungserklärung von seiner Seite schwer zu erlangen sein. MITSCHANG empfiehlt, in diesem Fall solle der Vorhabenträger den Eigentümer durch eine Entschädigungsleistung zu einer solchen Erklärung veranlassen.[551] Aber selbst durch das Angebot einer Entschädigungsleistung ist nicht gewährleistet, daß der Eigentümer zur Duldung der

---

[544] GRZIWOTZ, Baulanderschließung, S. 115.

[545] BROHM, Baurecht, § 7 Rn. 26.

[546] GARBE, Eingriffsregelung, S. 209; ARGEBAU, Muster-Einführungserlaß, S. 127, Punkt 11. 8. 4.

[547] MITSCHANG, "Bremer Industriepark", S. 78; QUAAS, NVwZ 1995, S. 840 (842); DÜRR, BauR 1994, S. 460 (469).

[548] MITSCHANG, "Bremer Industriepark", S. 78; QUAAS, NVwZ 1995, S. 840 (842); DÜRR, BauR 1994, S. 460 (469).

[549] MITSCHANG, "Bremer Industriepark", S. 78.

[550] DÜRR, BauR 1994, S. 460 (469); QUAAS, NVwZ 1995, S. 840 (842).

[551] MITSCHANG, "Bremer Industriepark", S. 78.

Ausgleichsmaßnahmen bereit ist. Schließlich würde dies eine Einschränkung der Nutzbarkeit seines Grundstücks bedeuten. Darüber hinaus ist zu bezweifeln, ob der Vorhabenträger bereit ist, zusätzlich zu den Kosten für die Durchführung von Ausgleichsmaßnahmen die Zahlung einer Entschädigungsleistung auf sich zu nehmen. Allerdings gilt es in diesem Zusammenhang zu bedenken, daß auch bei der Durchführung der Maßnahmen durch die Gemeinde die Kosten für die Beschaffung der erforderlichen Grundstücke von den Vorhabenträgern zu übernehmen sind, § 135c Nr. 2 BauGB i. V. m. § 128 I S. 1 Nr. 1, 2, S. 2 BauGB.[552] Letztlich ist es also eine Frage des Einzelfalles, ob sich zum einen die vertragliche Übernahme der Durchführung für den Vorhabenträger als günstig/er darstellt und er infolgedessen zu einem Vertragsschluß bereit ist und sich zum anderen auch der Eigentümer der Ausgleichsflächen zu einer entsprechenden Duldung bereit erklärt.

cc. Sonderfall: Vertragsgestaltungen im Rahmen städtebaulicher Entwicklungsmaßnahmen

Zu den Grundlagen der städtebaulichen Entwicklungsmaßnahme sei auf die obigen Ausführungen verwiesen.[553]

(1) Durchgangserwerb

Die Gemeinde soll alle Grundstücke im Entwicklungsbereich erwerben, § 166 III 1 BauGB. Dadurch hat sie die Möglichkeit, die Entwicklungsmaßnahme rasch durchzuführen. Als Durchführungsinstrument stehen der Gemeinde u. a. die sog. Ordnungsmaßnahmen zur Verfügung, § 169 I Nr. 4 BauGB i. V. m. § 147 BauGB. Unter diese fällt auch die Durchführung von Maßnahmen im Sinne der §§ 1a Abs. 3, 147 S. 2 BauGB. Ordnungsmaßnahmen liegen grundsätzlich im Aufgabenbereich der Gemeinde, § 147 S. 1 BauGB. Nachdem die Gemeinde die Entwicklungsmaßnahme durchgeführt, also auch Ausgleichsmaßnahmen vorgenommen hat, sind die Grundstücke wieder zu veräußern, § 169 V BauGB. Allerdings findet eine Reprivatisierung von Flächen nicht statt, wenn es sich bei diesen um im Bebauungsplan festgesetzte öffentliche[554] Grünflächen oder um solche Flächen handelt, die für sonstige öffentliche Zwecke benötigt werden, § 169 V BauGB. Ausgleichsflächen können im Bebauungsplan als öffentliche Grünflächen festgesetzt werden.[555] Für sonstige öffentliche Zwecke

---

[552] Vgl. Punkt A. II. 3. g.

[553] Punkt B. II. 1. h. cc. (1).

[554] BIELENBERG in: BIELENBERG/ KOOPMANN/ KRAUTZBERGER, Städtebauförderungsrecht, Teil C, § 169 Rn. 36.

[555] Siehe Punkt A. II. 3. c. aa.

werden Grundstücke jedenfalls dann benötigt, wenn die öffentliche Zweckbestimmung aus der Bebauungsplanfestsetzung hervorgeht.[556] Dies ist bei einer Festsetzung gem. § 9 I Nr. 20 BauGB der Fall, so daß Ausgleichsflächen, die als Flächen gem. § 9 I Nr. 20 BauGB festgesetzt sind[557], zu sonstigen öffentlichen Zwecken benötigt werden.[558] Wurden die erwähnten Festsetzungen vorgenommen, so findet eine Reprivatisierung der Ausgleichsflächen nicht statt. Ausgleichsflächen müssen aber nicht als öffentliche Flächen festgesetzt werden. Auch eine Festsetzung z. B. als private Grünfläche gem. § 9 I Nr. 15 BauGB ist möglich.[559] In diesen Fällen muß auch eine Reprivatisierung erfolgen. Da die Gemeinde gem. § 169 VII 1 BauGB bei der Veräußerung dafür sorgen muß, daß die Ziele und Zwecke der städtebaulichen Entwicklung gewahrt werden, können bzw. müssen im Veräußerungsvertrag entsprechende Bindungen enthalten sein.[560]Ziele und Zwecke der städtebaulichen Entwicklungsmaßnahme werden im Bebauungsplan realisiert.[561] Sind dort Flächen für Ausgleichsmaßnahmen festgesetzt, müssen auch diese verwirklicht werden. So können dem Käufer vertragliche Bindungen hinsichtlich Pflege und Unterhaltung von Ausgleichsflächen auferlegt werden.[562] Diese vertraglichen Bindungen hinsichtlich der Ausgleichsflächen haben zwar für die Gemeinde den Vorteil, daß Pflege und Unterhaltung dieser Flächen aus ihrer Verantwortung entlassen werden, sie entbinden aber nicht von der Durchführungsverpflichtung bezüglich der Ausgleichsmaßnahmen. Diese bleibt bestehen, § 169 I Nr. 4 BauGB i. V. m. § 147 S. 1 BauGB; sie entfällt nur dann, wenn die Durchführung von Ordnungsmaßnahmen auf den Eigentümer übertragen wurde, § 169 I Nr. 4 BauGB i. V. m. § 146 III 1 BauGB. Die vertraglichen Bindungen im Rahmen der Veräußerungen sind daher für die Flächenbeschaffung im hier verstandenen Sinne nicht relevant. Durch sie wird weder die Durchführung von Ausgleichsmaßnahmen geregelt noch ist eine solche Regelung nötig, denn durch den vorgesehenen Durchgangserwerb stehen der Gemeinde die Ausgleichsflächen zur Durchführung der Ausgleichsmaßnahmen bereits zur Verfügung.

---

[556]POHL/ REISNECKER in: BRÜGELMANN, BauGB, § 89 Rn. 14; BERKEMANN in: SCHLICHTER/ STICH, Berliner Kommentar, § 89 Rn. 43.

[557]Zu dieser Festsetzungsmöglichkeit siehe Punkt A. II. 3. c. aa.

[558]Vgl. auch BUNZEL/ LUNEBACH, Entwicklungsmaßnahmen, S. 213.

[559]Vgl. Punkt A. II. 3. c. aa.

[560]BROHM, Baurecht, § 34 Rn. 8; BIELENBERG in: BIELENBERG/ KOOPMANN/ KRAUTZBERGER, Städtebauförderungsrecht, Teil C, § 169 Rn. 45; FINKELNBURG/ ORTLOFF, Öffentliches Baurecht, Bd. I, S. 399; AX, BauR 1996, S. 803 (810).

[561]BUNZEL/ LUNEBACH, Entwicklungsmaßnahmen, S. 191.

[562]Vgl. dazu BUNZEL/ LUNEBACH, Entwicklungsmaßnahmen, S. 204, 224 f.

(2) Abwendungsvereinbarung

Um den Durchgangserwerb seitens der Gemeinde zu vermeiden, soll unter bestimmten Voraussetzungen eine sog. Abwendungsvereinbarung getroffen werden. Diese hat für die Gemeinde den Vorteil, daß der Zwischenfinanzierungsaufwand für den Erwerb der betreffenden Grundstücke wegfällt. Außerdem kann durch den Eigentumserhalt im Einzelfall die Akzeptanz der Gesamtmaßnahme erhöht werden.[563] Gem. § 166 III 3 BauGB soll die Gemeinde vom Erwerb eines Grundstücks absehen, wenn bei einem baulich genutzten Grundstück die Art und das Maß der baulichen Nutzung bei der Durchführung der Entwicklungsmaßnahme nicht geändert werden sollen, § 166 III 3 Nr. 1 BauGB, oder wenn der Eigentümer eines Grundstücks, dessen Verwendung nach den Zielen und Zwecken der städtebaulichen Entwicklungsmaßnahme bestimmt oder mit ausreichender Sicherheit bestimmbar ist, in der Lage ist, das Grundstück binnen angemessener Frist dementsprechend zu nutzen, und er sich hierzu verpflichtet, § 166 III Nr. 2 BauGB. Die Abwendungsvereinbarung erfolgt in der Form eines städtebaulichen Vertrages.[564]

§ 166 III Nr. 1 BauGB ist für die Sicherstellung der Durchführung von Ausgleichsmaßnahmen nicht relevant, da § 166 III Nr. 1 BauGB nur Fälle bezeichnet, in denen keine Veränderungen am Grundstück vorgenommen werden sollen. Ist nach den Zielen und Zwecken der Entwicklungsmaßnahme die Verwendung des Grundstücks für Ausgleichsmaßnahmen vorgesehen, so kann gem. § 166 III Nr. 2 BauGB eine Abwendungsvereinbarung getroffen werden. Diese müßte mit der Übertragung von Ordnungsmaßnahmen auf den Eigentümer korrespondieren. Dies deshalb, weil die Durchführung von Ausgleichsmaßnahmen, zu der sich der Grundeigentümer zur Abwendung des Durchgangserwerbs verpflichten müßte, vgl. § 166 III 3 Nr. 2 BauGB, zu den Ordnungsmaßnahmen gehört, § 169 I Nr. 4 BauGB i. V. m. § 147 S. 2 BauGB. Deren Durchführung fällt in den Verantwortungsbereich der Gemeinde, § 147 S. 1 BauGB. Gem. § 146 III 1 BauGB ist es aber möglich, die Durchführung der Ordnungsmaßnahmen vertraglich auf den Eigentümer des Grundstücks zu übertragen. Im Rahmen der Abwendungsvereinbarung müßte daher auch die Übertragung der Durchführung von Ausgleichsmaßnahmen als Ordnungsmaßnahmen erfolgen.[565] Da sich bei der vorgesehenen Verwendung eines Grundstücks als Ausgleichsfläche die damit verbundene Nutzung als recht einseitig darstellt, wird sich auch die Abwendungsvereinbarung mit den darin enthaltenen Verpflichtungen zur Realisierung der vorgesehenen Nutzung meist nicht als überfrachtet erweisen, so daß es nicht

---

[563] LEMMEN, Entwicklungsmaßnahmen, S. 166.

[564] SCHLICHTER/ ROESER in: SCHLICHTER/ STICH, Berliner Kommentar, § 166 Rn. 11; NEUHAUSEN in: BRÜGELMANN, BauGB, § 166 Rn. 50; LEMMEN, Entwicklungsmaßnahmen, S. 90; FINKELNBURG/ ORTLOFF, Öffentliches Baurecht, Bd. I, S. 397.

[565] BUNZEL/ LUNEBACH, Entwicklungsmaßnahmen, S. 195; STICH, WiVerw 1993, 104 (115).

nötig sein wird, in der Abwendungsvereinbarung lediglich Rahmenvereinbarungen für die Übertragung von Ordnungsmaßnahmen zu treffen, um letztere dann in getrennten Verträgen zu regeln.[566]

Eine Abwendungsvereinbarung, in deren Rahmen auch Ausgleichsmaßnahmen (Ordnungsmaßnahmen) übertragen werden, beruht auf §§ 166 II 3 BauGB, 169 I Nr. 4 BauGB i. V. m. § 146 III 1 BauGB und fällt daher nicht unter § 11 I Nr. 2 BauGB.

Überträgt die Gemeinde die Ausgleichsmaßnahmen (Ordnungsmaßnahmen) auf den Eigentümer und ist damit ein Verzicht auf den Grunderwerb gekoppelt, handelt es sich um eine anderweitige Sicherung der Durchführung von Ausgleichsmaßnahmen im Sinne des § 135 II 1 HS 3 BauGB. Diese Möglichkeit fällt unter die Flächenbeschaffung im hier verstandenen Sinne, denn die Gemeinde ist selbst mangels Verfügbarkeit über das Grundstück nicht zur Durchführung der Ausgleichsmaßnahmen in der Lage.[567]

Voraussetzung für den Abschluß einer Abwendungsvereinbarung ist vor allem, daß der Verwendungszweck des Grundstücks bestimmt oder mit ausreichender Sicherheit bestimmbar ist und daß der Eigentümer bereit und fähig ist, das Grundstück binnen angemessener Frist entsprechend den Zielen und Zwecken der Entwicklungsmaßnahme zu nutzen, § 166 III 3 Nr. 2 BauGB. Im Bebauungsplan wird die vorgesehene Entwicklung verwirklicht, § 166 I 2 BauGB.[568] Bestimmt ist die Verwendung des Grundstücks daher spätestens mit den Festsetzungen im Bebauungsplan, aber auch schon bei Planreife im Sinne des § 33 BauGB.[569] Soll schon früher im Hinblick auf eine zügige Durchführung der Entwicklungsmaßnahme eine Entscheidung über den Grunderwerb getroffen werden, können auf der Grundlage konkreter Nutzungskonzepte Vorverträge über das Absehen vom Grunderwerb getroffen werden.[570] Was die Fähigkeit und Bereitschaft des Eigentümers zur maßnahmekonformen Nutzung betrifft, hat sich die Gemeinde mit beidem im Rahmen der Voruntersuchung gem. § 165 IV BauGB zu befassen.[571] Für die Beurteilung der Fähigkeit ist insbesondere die

---

566 Zu dieser Möglichkeit der Trennung der vertraglichen Regelungen: BUNZEL/ LUNEBACH, Entwicklungsmaßnahmen, S. 196 f.; BIELENBERG in: BIELENBERG/ KOOPMANN/ KRAUTZBERGER, Städtebauförderungsrecht, Teil C, § 166 Rn. 16.

567 Anders ist dies, wenn die Gemeinde Grundstücke noch vor Durchführung der Ordnungsmaßnahmen veräußert und dem Käufer daher die Durchführung dieser Maßnahmen überträgt, dazu BUNZEL/ LUNEBACH, Entwicklungsmaßnahmen, S. 210. Die Gemeinde ist in diesem Fall durchaus in der Lage, die Ausgleichsmaßnahmen selbst durchzuführen, da sie über die entsprechenden Flächen verfügen kann bzw. konnte.

568 KRAUTZBERGER in: BATTIS/ KRAUTZBERGER/ LÖHR, BauGB, § 166 Rn. 1.

569 AX, BauR 1996, S. 803 (808); BUNZEL/ LUNEBACH, Entwicklungsmaßnahmen, S. 191; STICH, WiVerw 1993, S. 104 (109 f.).

570 Dazu BUNZEL/ LUNEBACH, Entwicklungsmaßnahmen, S. 192.

571 SCHLICHTER/ ROESER in: SCHLICHTER/ STICH, Berliner Kommentar, § 166 Rn. 11.

Leistungsfähigkeit des Eigentümers in finanzieller, wirtschaftlicher, technischer und fachlicher Hinsicht zu berücksichtigen.[572] Für das Einverständnis des Eigentümers bezüglich der Abwendungsvereinbarung kommt es entscheidend darauf an, ob trotz Durchführung der Ausgleichsmaßnahmen eine für den Eigentümer sinnvolle und wirtschaftliche Bewirtschaftung des Grundstücks möglich ist.[573] Da der Eigentümer bei einer Abwendungsvereinbarung zwar einen Ausgleichsbetrag an die Gemeinde zu entrichten hat, § 166 III 4 BauGB, die Kosten für die eigene Durchführung der Ausgleichsmaßnahmen aber auf diesen anzurechnen sind, § 169 I Nr. 7 BauGB i. V. m. § 155 I Nr. 2 BauGB (gem. § 169 I Nr. 7 BauGB i. V. m. § 155 VI BauGB sind dem Grundstückseigentümer die Kosten für die Durchführung der Ordnungsmaßnahmen zu erstatten, soweit sie über den Ausgleichsbetrag hinausgehen), steht der Grundstückseigentümer nicht schlechter da, als wenn er sein Grundstück zunächst zum entwicklungsunbeeinflußten Grundstückswert veräußert (vgl. § 169 I Nr. 6 BauGB i. V. m. § 153 I, III BauGB) und dann ein neues zum Neuordnungswert erwirbt (vgl. § 169 VIII BauGB).[574] Auch wenn die Eigentümer im Entwicklungsbereich oder in einem Teil dessen ihre Grundstücke an ein Wohnungsbauunternehmen veräußert haben (nur möglich, wenn Genehmigungsvorbehalt gem. § 169 I Nr. 3 BauGB i. V. m. § 144 f. BauGB beachtet wurde[575] und Gemeinde Vorkaufsrecht gem. § 24 I Nr. 3 BauGB nicht ausgeübt hat), ist es für das Unternehmen sinnvoll, sich zu einer Nutzung entsprechend den Zielen und Zwecken der Entwicklungsmaßnahme zu verpflichten, um zu vermeiden, ein und dieselben Grundstücke zunächst an die Gemeinde veräußern und dann zum Neuordnungswert wieder erwerben zu müssen.[576]

dd. Rechtsnatur des Vertrags zur Durchführung von Ausgleichsmaßnahmen

Die Gemeinde bedient sich städtebaulicher Verträge, um städtebauliche Aufgaben zu erfüllen. Da sie aber sowohl in den Formen des öffentlichen Rechts als auch privatrechtlich tätig werden kann[577], muß die öffentlich-rechtliche oder

---

[572]BIELENBERG in: ERNST/ ZINKAHN/ BIELENBERG, BauGB, § 169 Rn. 35. Da es in der Abwendungsvereinbarung genauso wie bei der Privatisierung gem. § 169 VI BauGB darauf ankommt, für die Beachtung der Ziele und Zwecke der Entwicklungsmaßnahme Sorge zu tragen, gelten hier dieselben Anforderungen wie in § 169 VI BauGB.

[573]Vgl. BUNZEL/ LUNEBACH, Entwicklungsmaßnahmen, S. 205.

[574]Vgl. auch Punkt B. II. 1. h. cc. (1).

[575]Vgl. Punkt B. II. 1. h. cc. (1).

[576]Vgl. BIELENBERG in: BIELENBERG/ KOOPMANN/ KRAUTZBERGER, Städtebauförderungsrecht, Teil C, § 166 Rn. 16; LEMMEN, Entwicklungsmaßnahmen, S. 166.

[577]Dazu nur MAURER, Allg. Verwaltungsrecht, § 3 Rn. 6 ff.

privatrechtliche Natur des städtebaulichen Vertrags in jedem einzelnen Fall geklärt werden.[578] Maßgeblich ist die Einordnung des Vertrags als öffentlich-rechtlich oder privatrechtlich vor allem für den im Streitfalle zu eröffnenden Rechtsweg, für das anwendbare Vertragsrecht, die einschlägigen Vollstreckungsregeln und den Maßstab der deliktischen Haftung des Staates.

Die Rechtsnatur des Vertrags bestimmt sich nach dem Vertragsgegenstand. Dieser wiederum ergibt sich aus den im Vertrag bestimmten Rechtsfolgen, also dem Inhalt des Vertrags.[579] Entscheidend für die Beurteilung des Vertragsinhalts sind die übernommenen Verpflichtungen.[580] Die Verpflichtung, Ausgleichsmaßnahmen durchzuführen, ist eine Verpflichtung des Vorhabenträgers, die im öffentlichen Recht, nämlich in § 135a II 1 BauGB, begründet ist.[581] Damit hat der Vertrag, in dem die Durchführung von Ausgleichsmaßnahmen geregelt wird, öffentlich-rechtlichen Charakter.

Soweit das Städtebaurecht keine speziellen Regelungen trifft, sind die Verwaltungsverfahrensgesetze der Länder anwendbar.[582] Der Einfachheit halber soll aber im folgenden von den Vorschriften des VwVfG des Bundes ausgegangen werden, die in den Landesverwaltungsverfahrensgesetzen ihre Entsprechung finden. Für den städtebaulichen Vertrag sind vor allem die §§ 54 ff. VwVfG zu beachten. Allerdings sind die §§ 55, 56, 59 II und 61 VwVfG nur anwendbar, wenn es sich bei dem betreffenden Vertrag nicht um einen Koordinations-, sondern um einen Subordinationsvertrag im Sinne des § 54 S. 2 VwVfG handelt. Die Anforderungen des § 56 VwVfG sind zwar spezialgesetzlich in § 11 I, II BauGB niedergelegt[583] [584], so daß § 56 VwVfG zumindest dann nicht anwendbar ist, wenn es sich um einen Vertrag im Sinne des § 11 I Nr. 2 BauGB handelt. Im Hinblick auf die Abwendungsvereinbarung, die nicht unter den Anwendungsbe-

---

[578] Aus der Qualifizierung als städtebaulicher Vertrag kann nicht ohne weiteres auf die Rechtsnatur des Vertrages geschlossen werden; vgl. SEITZ, Planungshoheit und Grundeigentum, S. 81.

[579] BVerwGE 22, 138; 25, 299 (301); 74, 368 (370); BGHZ 32, 214 (216); 116, 339 (342); MAURER, Allg. Verwaltungsrecht, § 14 Rn. 10 f.; ACHTERBERG, Allg. Verwaltungsrecht, § 21 Rn. 234; ERICHSEN in: ERICHSEN, Verwaltungsrecht, § 24 II Rn. 2 m. w. N.; STICH in: SCHLICHTER/ STICH, Berliner Kommentar, § 6 BauGBMaßnG Rn. 22; KRAUTZBERGER in: ERNST/ ZINKAHN/ BIELENBERG, BauGBMaßnG, § 6 Rn. 175; GRZIWOTZ, Baulanderschließung, S. 165; SCHERZBERG, JuS 1992, S. 205 (206); RUNKEL, GuG 1994, S. 137 (138).

[580] GRZIWOTZ, Baulanderschließung, S. 165; MAURER, Allg. Verwaltungsrecht, § 14 Rn. 11.

[581] Vgl. auch Punkt A. II. 6. Die grundsätzliche Verantwortlichkeit des Vorhabenträgers bleibt auch bestehen, wenn der Gemeinde die Durchführung obliegt.

[582] Vgl. nur die den §§ 1, 2 VwVfG des Bundes entsprechenden Bestimmungen der Länder.

[583] KRAUTZBERGER in: ERNST/ ZINKAHN/ BIELENBERG, BauGB, § 6 BauGBMaßnG Rn. 147; BUNZEL/ COULMAS/ METSCHER/ SCHMIDT-EICHSTAEDT, Städtebauliche Verträge, S. 45, beide noch zur Rechtslage vor Inkrafttreten des BauROG 1998.

[584] Dazu vgl. im einzelnen Punkt B. II. 2. b. ee. (2) (b) (cc).

reich des § 11 I Nr. 2 fällt, und im Hinblick auf die Anwendbarkeit der §§ 59 II, 61 VwVfG ist es aber an dieser Stelle sinnvoll, die subordinations- oder koordinationsrechtliche Natur der im Zusammenhang mit der Durchführung von Ausgleichsmaßnahmen interessierenden Verträge zu klären.

Der Wortlaut des § 54 S. 2 VwVfG legt nahe, daß ein Subordinationsvertrag vorliegt, wenn der Inhalt des Vertrags im Einzelfall auch durch VA geregelt werden könnte.[585] Intention des Gesetzgebers war es jedoch, den potentiell schwächeren Vertragspartner durch die Anwendbarkeit der §§ 55, 56, 59 II, 61 VwVfG zu schützen.[586] Die Schutzbedürfigkeit besteht aber nicht nur dann, wenn eine Regelung durch VA zulässig wäre, sondern z. B. auch dann, wenn ein VA zwar denkbar wäre, aber nicht erlassen werden dürfte.[587] Vielfach wird deshalb die Formulierung des § 54 S. 2 VwVfG als mißglückt betrachtet, der Wortlaut des § 54 S. 2 VwVfG als zu eng.[588] Daher wird der Anwendungsbereich des Subordinationsvertrags über den Wortlaut des § 54 S. 2 VwVfG hinaus z. T. dahingehend erweitert, daß außerhalb des Vertragsverhältnisses ein abstraktes Über-Unterordnungsverhältnis bestehen muß.[589] An dieser Ansicht ist problematisch, daß gerade außerhalb des konkreten Rechtsverhältnisses sowohl Staat als auch Bürger gleichermaßen der Rechtsordnung unterstehen und somit eben nicht von einem abstrakten Über-Unterordnungsverhältnis gesprochen werden kann.[590] Aus diesem Grunde kann eher die Ansicht überzeugen, die ein konkretes Verhältnis der Über-Unterordnung in der Form fordert, daß die Behörde im betreffenden Sachbereich auch einseitig-hoheitlich hätte vorgehen können.[591] In diesem Fall ist der Staat aufgrund seiner rechtlichen Hoheitsgewalt gegenüber dem Bürger ein übermächtiger Vertragspartner und der Bürger daher in rechtsstaatlicher Hinsicht schutzbedürftig. Darüber hinaus gründet sich die übermächtige Stellung des Staates als Vertragspartner aber auch auf faktische Gründe. Schließen die Kommunen städtebauliche Verträge, so sind sie nicht nur

---

[585] Dem folgen HUBER, Allg. Verwaltungsrecht, S. 224; BONK in: STELKENS/ BONK/ SACHS, VwVfG, § 54 Rn. 26; STEINFORT, VerwArch 1995, S. 107 (142).

[586] BT-Drucks. 7/ 910, S. 80.

[587] MEYER in: MEYER/ BORGS, VwVfG, § 54 Rn. 45; ULE/ LAUBINGER, VwVfG, § 68 Rn. 11; SCHERZBERG, JuS 1992, S. 205 (208); SCHMIDT-ASSMANN/ KREBS, Städtebauliche Verträge, S. 175; SCHIMPF, Verwaltungsrechtl. Vertrag, S. 70.

[588] MEYER in: MEYER/ BORGS, VwVfG, § 54 Rn. 45; ULE/ LAUBINGER, VwVfG, § 68 Rn. 11; KOPP, VwVfG, § 54 Rn. 20; MAURER, Allg. Verwaltungsrecht, § 14 Rn. 13; ERICHSEN in: ERICHSEN, Verwaltungsrecht, § 26 Rn. 1; SCHMIDT-ASSMANN/ KREBS, Städtebauliche Verträge, S. 172; DEGENHART, NVwZ 1982, S. 71 (72).

[589] MAURER, Allg. Verwaltungsrecht, § 14 Rn. 12.

[590] SCHMIDT-ASSMANN/ KREBS, Städtebauliche Verträge, S. 175; SCHERZBERG, JuS 1992, S. 205 (208); HILL, DVBl 1989, S. 321 (322).

[591] KOPP, VwVfG, § 54 Rn. 20; BONK in: STELKENS/ BONK/ SACHS, VwVfG, § 54 Rn. 26; BULLINGER, DÖV 1977, S. 812 (813 Rn. 3); DEGENHART, NVwZ 1982, S. 71 (72).

Vertragspartner, sondern gleichzeitig Gebietskörperschaft und Planungsträger. Dieser Umstand spricht gegen ein gleichgeordnetes Verhältnis zwischen den Vertragschließenden Gemeinde - Bürger. Es bietet sich daher - zumindest im Bereich der städtebaulichen Verträge - eine formale Abgrenzung zwischen koordinationsrechtlichem und subordinationsrechtlichem Vertrag an, die auf das Verhältnis Staat - Bürger abstellt. Ein subordinationsrechtlicher Vertrag liegt demnach vor, wenn er zwischen dem Staat auf der einen und dem Bürger auf der anderen Seite abgeschlossen wurde.[592] ULE/ LAUBINGER kritisieren an dieser Ansicht, daß sie keinerlei Deckung erfahre, weder durch den Wortlaut des § 54 S. 2 VwVfG noch durch den Willen des Gesetzgebers.[593] Auf den Willen des Gesetzgebers kann aus dem Gesetzesentwurf der Bundesregierung bzw. der dazugehörigen Begründung geschlossen werden, denn die im Gesetzesentwurf niedergelegte Regelung über den Verwaltungsvertrag wurde durch den Bundestag beschlossen.[594] In der Begründung zum Gesetzesentwurf wird dargelegt: "Subordinationsrechtliche Verträge bedürfen indes einer stärkeren gesetzlichen Bindung als Verträge zwischen Parteien, die sich auch außerhalb des konkreten Vertragsverhältnisses gleichgeordnet gegenüberstehen."[595] Daraus ist lediglich zu entnehmen, daß der potentiell schwächere Vertragspartner verstärkt rechtsstaatlichem Schutz unterworfen werden soll. Diese Aussage ist durchaus mit der oben vorgenommenen formalen Abgrenzung vereinbar.

Alle in Punkt B. II. 2. b. bb., cc. beschriebenen Verträge zur Durchführung von Ausgleichsmaßnahmen werden zwischen der Gemeinde auf der einen und dem Bürger auf der anderen Seite abgeschlossen, so daß es sich bei diesen Verträgen um Subordinationsverträge handelt.

ee. Rechtmäßigkeitsvoraussetzungen des Vertrags zur Durchführung von Ausgleichsmaßnahmen

(1) Formelle Rechtmäßigkeit

Im Rahmen der formellen Rechtmäßigkeit sind bei einem öffentlich-rechtlichen Vertrag vor allem die §§ 57, 58 VwVfG zu beachten. Der Gehalt des § 57 VwVfG ist jedoch für den städtebaulichen Vertrag spezieller in § 11 III BauGB geregelt. Städtebauliche Verträge bedürfen demnach der Schriftform.

§ 58 VwVfG fordert in Abs. 1, daß die schriftliche Zustimmung eines Dritten für die Wirksamkeit des Vertrags erforderlich ist, wenn durch den Vertrag in

---

[592]Ebenso SCHMIDT-ASSMANN/ KREBS, Städtebauliche Verträge, S. 176; SCHERZBERG, JuS 1992, S. 205 (208); ACHTERBERG, Allg. Verwaltungsrecht, § 20 Rn. 237; BULL, Allg. Verwaltungsrecht, Rn. 682.

[593]ULE/ LAUBINGER, VwVfG, § 68 Rn. 12.

[594]Vgl. Wortlaut des § 54 VwVfG und BT-Drucks. 7/ 910, S.19.

[595]BT-Drucks. 7/ 910, S. 80.

Rechte des Dritten eingegriffen wird. Das Zustimmungserfordernis ist nach h. M. nicht nur bei einem Vertrag notwendig, durch den bereits eine Verfügung vorgenommen wird, die unmittelbar einen Eingriff in Rechte Dritter zur Folge hat, sondern auch bei einem Verpflichtungsvertrag, in dem Pflichten zu Lasten Dritter übernommen werden.[596] Die Regelung des § 58 I VwVfG wird insbesondere relevant, wenn sich der Vorhabenträger gegenüber der Gemeinde zur Durchführung von Ausgleichsmaßnahmen verpflichtet, die dazu erforderlichen Flächen aber im Eigentum eines Dritten stehen. Die Durchführung der Ausgleichsmaßnahmen ist dann nicht ohne Beeinträchtigung der Rechte des Eigentümers möglich. Da der Eigentümer aber aus Gründen der Sicherstellung der Durchführung von Ausgleichsmaßnahmen ohnehin gegenüber der Gemeinde sein Einverständnis diesbezüglich erteilen muß[597], wird die Wirksamkeit des Vertrags regelmäßig nicht am Zustimmungserfordernis des § 58 I VwVfG scheitern.

(2) Materielle Rechtmäßigkeit

(a) Vertragsschluß, Vertragsformverbot

Ob ein wirksamer Vertragsschluß vorliegt, richtet sich gem. § 62 S. 2 VwVfG nach den entsprechend anwendbaren Vorschriften des BGB, also den §§ 145 ff. BGB. Gem. § 54 S. 1 VwVfG können öffentlich-rechtliche Verträge geschlossen werden, soweit keine Rechtsvorschriften entgegenstehen. Ob sich dieser Vorbehalt auf den Inhalt des Vertrags bezieht, ist streitig[598], jedenfalls gilt er für die Handlungsform.[599] Da die vertragliche Übertragung von Ordnungsmaßnahmen gem. § 169 I Nr. 4 BauGB i. V. m. § 146 III 1 BauGB möglich und auch darüber hinaus ein Vertrag mit dem Inhalt der Durchführung von Ausgleichs-

---

[596] BONK in: STELKENS/ BONK/ SACHS, VwVfG, § 58 Rn. 12; HENNEKE in: KNACK, VwVfG, § 58 Rn. 4.2; KOPP, VwVfG, § 58 Rn. 10; OBERMAYER, VwVfG, § 58 Rn. 4; ERICHSEN in: ERICHSEN, Verwaltungsrecht, § 26 Rn. 8 m. w. N.; MEYER in: MEYER/ BORGS, VwVfG, § 58 Rn. 8 ff.; FRIEHE, DÖV 1980, S. 673 (674); SCHERZBERG, JuS 1992, S. 205 (214), WOLFF/ BACHOF/ STOBER, Verwaltungsrecht I, § 54 Rn. 40; aA: ULE/ LAUBINGER, VwVfG, § 69 Rn. 15; BULLINGER, DÖV 1977, S. 812 (816 mit Fn. 24); differenzierend: MAURER, Allg. Verwaltungsrecht, § 14 Rn. 30.

[597] Siehe Punkt B. II. 2. b. bb.

[598] Dafür: KRAUTZBERGER in: ERNST/ ZINKAHN/ BIELENBERG, BauGB, § 6 BauGBMaßnG Rn. 164; BONK in: STELKENS/ BONK/ SACHS, VwVfG, § 54 Rn. 44 ff.; KOPP, VwVfG, § 54 Rn. 22 m. w. N.; dagegen: ERICHSEN in ERICHSEN, Verwaltungsrecht, § 26 Rn. 3; MEYER in: MEYER/ BORGS, VwVfG, § 54 Rn. 66.

[599] KOPP, VwVfG, § 54 Rn. 22; ERICHSEN in: ERICHSEN, Verwaltungsrecht, § 26 Rn. 3; MEYER in: MEYER/ BORGS, VwVfG, § 54 Rn. 66; ACHTERBERG, JA 1979, S. 356 (359); SCHERZBERG, JuS 1992, S. 205 (208).

maßnahmen in § 11 I Nr. 2 BauGB zugelassen ist, ergeben sich hier keine Probleme.

(b) Inhaltliche Rechtmäßigkeit

(aa) Gesetzmäßigkeit der Verwaltung

Gem. Art. 20 III GG ist die vollziehende Gewalt an Gesetz und Recht gebunden. Dieses Prinzip der Gesetzmäßigkeit der Verwaltung beinhaltet in seinen Ausprägungen sowohl den Vorbehalt als auch den Vorrang des Gesetzes.[600] Auch für den öffentlich-rechtlichen Vertrag wird teilweise die Geltung beider Ausprägungen des Gesetzmäßigkeitsprinzips angenommen.[601] Dies bedeutet insbesondere, daß der Vertrag nicht nur nicht gegen geltendes Recht verstoßen darf, sondern daß es vor allem auch einer Ermächtigungsgrundlage für dessen Abschluß bedarf. Hinsichtlich des Gesetzesvorbehalts gilt es jedoch bei öffentlich-rechtlichen Verträgen prinzipiell folgendes zu bedenken: Das Wesen eines Vertrags wird durch das Aushandeln des Inhalts durch die Parteien bestimmt. Daß sich der gesamte zulässige Inhalt eines Vertrags, insbesondere die vom Bürger übernommene Verpflichtung, auf eine gesetzliche Grundlage stützen lassen muß, steht dazu im Widerspruch. Zutreffend führt daher das Bundesverwaltungsgericht in diesem Zusammenhang aus, daß das "Erfordernis einer gesetzlichen Grundlage (...) verwaltungsrechtliche Verträge nicht (erfaßt), weil es bei ihnen, auch soweit Grundrechtspositionen berührt werden, angesichts der einverständlichen Mitwirkung der am Vertrag Beteiligten zumindest nicht in dem Sinne zu Eingriffen kommt, in dem dies bei jenem Erfordernis gesetzlicher Grundlage vorausgesetzt wird."[602] Demnach gilt für den öffentlich-rechtlichen Vertrag - zumindest, wenn er zwischen Staat und Bürger abgeschlossen wurde[603] - nur der Vorrang des Gesetzes.[604] Dieser Auffassung folgt auch die herrschende Lehre.[605] Doch auch soweit eine Ermächtigungsgrundlage für den

---

[600] DEGENHART, Staatsrecht I, Rn. 270 c.

[601] ERICHSEN in: ERICHSEN, Verwaltungsrecht, § 26 Rn. 10; BONK in: STELKENS/ BONK/ SACHS, VwVfG, § 54 Rn. 47; OBERMAYER, BayVBl 1977, S. 546 (549); KUNIG, DVBl 1992, S. 1193 (1197); SCHENKE, JuS 1977, S. 281 (285).

[602] BVerwGE 42, 331 (335).

[603] Vgl. BT-Drucks. 7/ 910, S. 79.

[604] Zur Frage, wann dennoch der Vorbehalt des Gesetzes eingreift: SCHMIDT-ASSMANN/ KREBS, Städtebauliche Verträge, S. 189 ff., SCHERZBERG, JuS 1992, S. 205 (211); BLECKMANN, NVwZ 1990, S. 601 (603).

[605] KOPP, VwVfG, Vorbem. § 54 Rn. 8, § 54 Rn. 22; HENNEKE in: KNACK, VwVfG, Vor. § 54 Rn. 7. 2. 2. 1; SCHERZBERG, JuS 1992, S. 205 (211); GÖLDNER, JZ 1976, S. 352 (355); BLECKMANN, NVwZ 1990, S. 601 (603); EFSTRATIOU, Öffentlichrechtlicher Vertrag, S. 120 ff.; PIETZCKER, Der Staat 1978, S. 527 (534); ausführlich SCHMIDT-ASSMANN/ KREBS,

Abschluß des öffentlich-rechtlichen Vertrages gefordert wird, relativiert sich die Tragweite dieser Forderung, sofern von Vertretern dieser Ansicht in den §§ 54-62 VwVfG eine den verfassungsrechtlichen Anforderungen genügende Ausformung des Vorbehalts des Gesetzes gesehen wird.[606] Im vorliegenden Zusammenhang ergeben sich aber ohnehin insoweit keine Schwierigkeiten als der Gesetzgeber die Gemeinde in § 169 I Nr. 4 BauGB i. V. m. § 146 III 1 BauGB ausdrücklich zur vertraglichen Übertragung von Ordnungsmaßnahmen und in § 11 I Nr. 2 BauGB auch darüber hinaus zum Abschluß von Verträgen zur Durchführung von Ausgleichsmaßnahmen ermächtigt hat. Damit besteht sogar eine über die §§ 54-62 VwVfG hinausgehende Ermächtigungsgrundlage.

(bb) Verstoß gegen Gesetzesnormen

Unabhängig davon, ob man § 54 S. 1 VwVfG auch auf den Inhalt des öffentlich-rechtlichen Vertrags bezieht[607], darf der Vertrag aufgrund des Prinzips des Gesetzesvorrangs nicht gegen Gesetzesnormen verstoßen. Zu beachten sind daher insbesondere die Normen der Verfassung[608] und des Verwaltungsrechts. So ist § 40 VwVfG zu beachten, wenn es sich um einen Vertrag im Rahmen der Ermessensverwaltung handelt[609], wie es bei dem Abschluß einer Abwendungsvereinbarung gem. § 166 III 3 BauGB mit dem Inhalt der Übertragung von Ordnungsmaßnahmen gem. § 169 I Nr. 4 BauGB i. V. m. § 146 III 1 BauGB der Fall ist.[610] Der Vertrag darf nicht gegen Grundrechte[611] und allgemeine Rechtsgrundsätze[612] wie das Gleichheitsgebot und das Verhältnismäßigkeitsprinzip[613]

Städtebauliche Verträge, S. 185 ff.; dieser Ansicht wohl auch MAURER, DVBl 1989, S. 798 (805).

[606]BONK in: STELKENS/ BONK/ SACHS, VwVfG, § 54 Rn. 44, 57; KUNIG, DVBl 1992, S. 1193 (1197 f.); ERICHSEN in: ERICHSEN, Verwaltungsrecht, § 26 Rn. 11.

[607]Siehe Punkt B. II. 2. b. ee. (2) (a).

[608]KOPP, VwVfG, § 54 Rn. 26; MEYER in: MEYER/ BORGS, VwVfG, § 54 Rn. 72; KUNIG, DVBl 1992, S. 1193 (1195); PIETZCKER, Der Staat, S. 527 (534 ff.), SCHERZBERG, JuS 1992, S. 205 (210 f.). Etwas anderes ergibt sich auch nicht aus BT-Drucks. 7/ 910, S. 79, wie von KOPP, VwVfG, § 54 Rn. 26; KUNIG, DVBl 1992, S. 1193 (1195 Fn. 29) angenommen wird. Dort ist lediglich die Rede davon, daß "entgegenstehende Rechtsvorschriften" nicht solche außerhalb des VwVfG zu sein brauchen.

[609]KOPP, VwVfG, § 54 Rn. 30; MAURER, Allg. Verwaltungsrecht, § 14 Rn. 32.

[610]Vgl. Wortlaut des § 166 III 3 BauGB und BUSCH in: KNACK, VwVfG, § 40 Rn. 7. 1.

[611]Zu einem möglichen Verzicht auf Grundrechtspositionen siehe MAURER, Allg. Verwaltungsrecht, § 14 Rn. 34; PIETZCKER, Der Staat 1978, S. 527 (534 ff.).

[612]BONK in: STELKENS/ BONK/ SACHS, VwVfG, § 54 Rn. 47; HENNEKE in: KNACK, VwVfG, § 54 Rn. 7. 1; KOPP, VwVfG , § 54 Rn. 26; BT-Drucks. 7/ 910, S. 97.

[613]Das Verhältnismäßigkeitsprinzip erhält in § 56 I 2 VwVfG eine besondere Ausformung,

verstoßen. Um eine Verletzung des Gleichheitssatzes zu vermeiden, ist in gleich gelagerten Fällen (hinsichtlich Eigentum an Ausgleichsflächen) allen Vorhabenträgern ein Vertragsschluß anzubieten, so daß allen die möglichen Vorteile der Selbstdurchführung der Ausgleichsmaßnahmen (die Selbstdurchführung ist möglicherweise günstiger als für die Durchführung der Gemeinde zu zahlen) zugute kommen können.[614]

(cc) Verstoß gegen §§ 11 II BauGB, 56 VwVfG

Auch gegen § 11 II BauGB, § 56 VwVfG darf der Vertrag auf Grund des Vorrangs des Gesetzes nicht verstoßen. § 56 I 1 VwVfG verlangt, daß die Gegenleistung des Bürgers für einen bestimmten Zweck vereinbart ist und zur Erfüllung öffentlicher Aufgaben dient. Darüber hinaus muß die Gegenleistung den gesamten Umständen nach angemessen sein und im sachlichen Zusammenhang mit der vertraglichen Leistung der Behörde stehen, § 56 I 2 VwVfG, sog. Koppelungsverbot.[615] Besteht auf die Leistung der Behörde ein Anspruch, so kann gem. § 56 II VwVfG nur eine solche Gegenleistung vereinbart werden, die bei Erlaß eines Verwaltungsakts Inhalt einer Nebenbestimmung nach § 36 VwVfG sein könnte. Diese Anforderungen werden in § 11 I Nr. 2, II BauGB teils aufgenommen, teils auf die städtebaulichen Erfordernisse abgestimmt konkretisiert.[616] So wurde das Erfordernis der Angemessenheit in § 11 II 1 BauGB übernommen. Der Gehalt des § 56 II VwVfG findet sich in § 11 II 2 BauGB wieder. Diese Prinzipien gelten für alle städtebaulichen Verträge.[617] Durch die Benennung der verschiedenen möglichen Vertragsgegenstände in § 11 I Nr. 1-3 BauGB wird sichergestellt, daß bei diesen die Leistung des Bürgers stets im Zusammenhang mit der Bauleitplanung oder der Baugenehmigung und damit dem Verwaltungshandeln steht. Dadurch wird der Sachzusammenhang zwischen der Leistung des Bürgers und der der Verwaltung gewahrt.[618] Gem. § 11 I Nr. 2 BauGB muß darüber hinaus Vertragsinhalt die Förderung und Sicherung der mit der Bauleitplanung verfolgten Ziele sein. Durch diese Anforderung wird bei einem Vertrag gem. § 11 I Nr. 2 BauGB regelmäßig ein bestimmter Zweck zur Erfüllung öf-

---

HENNEKE in: KNACK, VwVfG, § 56 Rn. 5. 3; BUNZEL/ COULMAS/ METSCHER/ SCHMIDT-EICHSTAEDT, Städtebauliche Verträge, S. 46, aA: MEYER in: MEYER/ BORGS, VwVfG, § 56 Rn. 21, vgl. dazu Punkt B. II. 2. b. ee. (2) (b) (bb).

[614] Vgl. BLECKMANN, NVwZ 1990, S. 601 (607); KOPP, VwVfG, § 54 Rn. 29.

[615] MAURER, Allg. Verwaltungsrecht, § 14 Rn. 17.

[616] KRAUTZBERGER in: ERNST/ ZINKAHN/ BIELENBERG, BauGB, § 6 BauGBMaßnG Rn. 147, noch zur Rechtslage vor Inkrafttreten des BauROG 1998.

[617] OERDER, BauR 1998, S. 22 (28); KRAUTZBERGER in: ERNST/ ZINKAHN/ BIELENBERG, BauGB, § 6 BauGBMaßnG Rn. 113, noch zur Rechtslage vor Inkrafttreten des BauROG 1998.

[618] BUNZEL/ COULMAS/ METSCHER/ SCHMIDT-EICHSTAEDT, Städtebauliche Verträge, S. 45.

fentlicher Aufgaben verfolgt. Liegt ein Vertrag gem. § 11 I Nr. 2 BauGB vor, so erübrigt sich eine Prüfung des Sachzusammenhangs, der Zweckbindung der Gegenleistung und der öffentlichen Aufgabenerfüllung. Soweit § 11 BauGB als speziellere Norm einschlägig ist, findet § 56 VwVfG somit keine Anwendung.

Verträge zwischen der Gemeinde und Vorhabenträgern/ Investoren mit dem Inhalt der Durchführung von Ausgleichsmaßnahmen fallen unter § 11 I Nr. 2 BauGB. Auf diese Verträge ist daher ausschließlich § 11 BauGB anwendbar. Hingegen beruhen Abwendungsvereinbarungen, in deren Rahmen Ordnungsmaßnahmen übertragen werden, auf § 166 III 3 BauGB, § 169 I Nr. 4 BauGB i. V. m. § 146 III 1 BauGB. Sie unterfallen nicht dem § 11 I Nr. 2 BauGB. Für diese Verträge findet § 11 II BauGB, der für alle städtebaulichen Verträge gilt, Anwendung. Im übrigen ist § 56 I VwVfG zu beachten.

(aaa) Einordnung der Vertragstypen als Austauschverträge

Die Anwendung des § 56 VwVfG setzt voraus, daß es sich um einen Austauschvertrag handelt. Diese Voraussetzung ist in § 11 BauGB nicht ausdrücklich normiert, der Gesetzgeber ging offensichtlich davon aus, daß Verträge gem. § 11 I Nr. 1-3 BauGB stets Austauschverträge sind.

Gem. § 56 I 1VwVfG ist ein Austauschvertrag ein öffentlich-rechtlicher Vertrag im Sinne des § 54 S. 2 VwVfG, in dem sich der Vertragspartner der Behörde zu einer Gegenleistung verpflichtet. Dabei setzt eine Gegenleistung des Vertragspartners voraus, daß sich auch die Behörde zu einer Leistung verpflichtet. Darüber hinaus liegt aber auch dann ein Austauschvertrag vor, wenn sich nur der Vertragspartner der Behörde zu einer Leistung verpflichtet, diese aber in einem untrennbaren Zusammenhang steht zu einer Leistung der Behörde, die zwar nicht vertraglich festgelegt, aber außervertraglich versprochen oder stillschweigend vorausgesetzt wurde (sog. hinkender Austauschvertrag).[619] In einem Abwendungsvertrag gem. § 166 III 3 BauGB der oben beschriebenen Art[620] wird regelmäßig das Absehen vom Grunderwerb auf seiten der Gemeinde und die Übernahme der Ordnungsmaßnahmen auf seiten des Grundeigentümers Vertragsinhalt werden, so daß es sich um einen echten Austauschvertrag im Sinne des § 56 I 1 VwVfG handelt. Anders ist dies, wenn sich der Vorhabenträger - sei es ein Einzelner oder ein Investor - zur Durchführung von Ausgleichsmaßnahmen verpflichtet. Eine Leistung der Gemeinde ist regelmäßig nicht Vertragsinhalt.[621] Dennoch erfolgt die Übernahme der Durchführung von Aus-

---

619 BVerwGE 42, 331 (333); Bonk in: Stelkens/ Bonk/ Sachs, VwVfG, § 56 Rn. 17; Ule/ Laubinger, VwVfG, § 68 Rn. 33; Henneke in: Knack, VwVfG, § 56 Rn. 1. 3; Maurer, Allg, Verwaltungsrecht, § 14 Rn. 17.

620 Siehe Punkt B. II. 2. b. cc. (2).

621 Vgl. das Regelungsbeispiel bei Bunzel/ Coulmas/ Metscher/ Schmidt-Eichstaedt,

gleichsmaßnahmen nur, um damit die Genehmigungsvoraussetzungen für das Bauvorhaben zu schaffen. Vorausgesetzte Leistung der Behörde ist also die Erteilung der Baugenehmigung bei Übernahme der Durchführung durch den Vorhabenträger. Dies gilt auch für die Übernahme der Durchführung von Ausgleichsmaßnahmen im Durchführungsvertrag beim Vorhaben- und Erschließungsplan. Zunächst soll mit der Verpflichtung zur Übernahme der Erschließung und der Durchführung der Vorhaben zwar die Aufstellung eines Bebauungsplans erreicht werden, die Verpflichtung zur Durchführung von Ausgleichsmaßnahmen erfolgt aber bereits im Hinblick auf die Erfüllung der Baugenehmigungsvoraussetzungen.

(bbb) Anspruch auf Leistung der Behörde

Die Vereinbarung einer vom Vertragspartner zu erbringenden Leistung ist unzulässig, wenn er auch ohne sie einen Anspruch auf die Gegenleistung hätte, § 11 II 2 BauGB.[622] Auf das Absehen vom Grunderwerb im Rahmen einer Abwendungsvereinbarung besteht kein Anspruch, aber auf die Baugenehmigung, die als Leistung der Gemeinde in den beschriebenen Verträgen zwischen der Gemeinde und dem Vorhabenträger/ Investor[623] vorausgesetzt wird. Baugenehmigungsvoraussetzung ist allerdings die gesicherte Durchführung der im Bebauungsplan vorgesehenen Ausgleichsmaßnahmen[624], so daß eine vertragliche Regelung der Durchführung von Ausgleichsmaßnahmen möglich ist.

(ccc) Voraussetzungen der §§ 11 II BauGB, 56 I VwVfG

Handelt es sich um einen Vertrag zwischen Gemeinde und dem Vorhabenträger/ Investor, so sind die materiellen Voraussetzungen den §§ 56 I VwVfG, 11 BauGB zu entnehmen. Da dieser Vertrag unter § 11 I Nr. 2 BauGB fällt, ist ein bestimmter Zweck zur Erfüllung öffentlicher Aufgaben regelmäßig erfüllt, ebenso ist der erforderliche Sachzusammenhang gegeben, eine Prüfung dieser Voraussetzungen muß also nicht erfolgen. Zu achten ist damit gem. § 11 II 1 BauGB lediglich auf die Angemessenheit der Leistung des Bürgers, insbesondere auf den Umfang und die konkrete Ausführung der Maßnahmen.

Liegt eine Abwendungsvereinbarung im Rahmen einer städtebaulichen Entwicklungsmaßnahme vor, so ist § 56 I VwVfG zu beachten, allein das Angemessenheitsgebot ist § 11 II 1 BauGB zu entnehmen. Die Durchführung der Ausgleichsmaßnahmen wird - und das wird im Vertrag auch eindeutig bestimm-

---

Städtebauliche Verträge, S. 76 f.

[622]Da § 11 II 2 BauGB für alle städtebaulichen Verträge gilt, ist im vorliegenden Zusammenhang allein diese Vorschrift zu beachten und nicht etwa § 56 II VwVfG.

[623]Punkt B. II. 2. b. bb.

[624]Siehe Punkt A. II. 1. b., 2.

bar sein[625] - zu dem Zweck übernommen, den Durchgangserwerb zu vermeiden. Die Durchführung der Ausgleichsmaßnahmen ist Aufgabe der Gemeinde, § 169 I Nr. 4 BauGB i. V. m. § 147 S. 1 BauGB, so daß die Übernahme dieser Pflichten der Erfüllung öffentlicher Aufgaben dient. Auch ein Sachzusammenhang zwischen Verzicht auf den Durchgangserwerb und Übernahme der Durchführung von Ausgleichsmaßnahmen ist unproblematisch gegeben. So kann lediglich die Angemessenheit der übernommenen Durchführungsverpflichtung im Einzelfall Schwierigkeiten bereiten.

Dennoch sollte genau auf die Einhaltung der Voraussetzungen des § 56 VwVfG bzw. § 11 II BauGB geachtet werden, da andernfalls Nichtigkeit des Vertrags die Folge ist, § 59 II Nr. 4 VwVfG.

ff. Sicherungen

Allein die Verpflichtung zur Durchführung von Ausgleichsmaßnahmen gibt noch keine Garantie dafür, daß diese Maßnahmen auch tatsächlich durchgeführt werden. Um dem Zweck der naturschutzrechtlichen Eingriffsregelung - Realisierung der Eingriffskompensation - gerecht zu werden, bedarf es daher zusätzlicher Sicherungen.[626] Welche Möglichkeiten der Sicherung wahrgenommen werden, muß im einzelnen in den Vertragsverhandlungen entschieden werden.

(1) Unterwerfung unter die sofortige Vollstreckung, § 61 I VwVfG

Gem. § 61 I 1 VwVfG kann sich jeder Vertragschließende der sofortigen Vollstreckung aus einem öffentlich-rechtlichen Vertrag im Sinne des § 54 S. 2 VwVfG unterwerfen. Eine solche Unterwerfung hat zur Folge, daß der Vertrag selbst Vollstreckungstitel ist[627] und keine Anstrengung einer Klage aus dem Vertrag zur Gewinnung eines Urteils als Vollstreckungstitel (§ 168 I Nr. 1 VwGO) notwendig ist. Auf diese Weise kann zum einen Zeit und Geld gespart werden, zum anderen dient die Möglichkeit, direkt aus dem Vertrag vollstrecken zu können, als Druckmittel hinsichtlich der Einhaltung der Vertragspflichten.

Die Vollstreckungsunterwerfung kann sich auf jeden vollstreckungsfähigen Vertragsinhalt beziehen[628], also auch auf eine Handlung in Form der Durchfüh-

---

[625] Dazu nur: HENNEKE in: KNACK, VwVfG, § 56 Rn. 5. 1; KOPP, VwVfG, § 56 Rn. 9.

[626] Vgl. allgemein zu Sicherungsmitteln bei städtebaulichen Verträgen: BUNZEL/ COULMAS/ METSCHER/ SCHMIDT-EICHSTAEDT, Städtebauliche Verträge, S. 138 ff.

[627] KOPP, VwVfG, § 61 Rn. 1; GIEHL, BayVwVfG, Art. 61 Anm. II 1.

[628] ULE/ LAUBINGER, VwVfG, § 72 Rn. 20; OBERMAYER, VwVfG, § 61 Rn. 11; BONK in: STELKENS/ BONK/ SACHS, VwVfG, § 61 Rn. 17; BUNZEL/ COULMAS/ METSCHER/ SCHMIDT-EICHSTAEDT, Städtebauliche Verträge, S. 138.

rung von Ausgleichsmaßnahmen. Ist die Unterwerfungserklärung Teil des Vertragsinhalts, bedarf sie der Schriftform, § 57 VwVfG.[629] Erfolgt die Unterwerfungserklärung nicht im Vertrag, sondern in einer selbständigen Erklärung[630], wird das Schriftformerfordernis teilweise als entbehrlich betrachtet.[631] Um Unsicherheiten zu vermeiden, sollte aber stets auf das Vorliegen einer schriftlichen Unterwerfungserklärung geachtet werden. Gem. § 61 I 3 VwVfG ist die Unterwerfungs unter die sofortige Vollstreckung nur wirksam, wenn sie von der fachlich zuständigen Aufsichtsbehörde der vertragschließenden Behörde genehmigt worden ist. Streitig ist, ob diese Genehmigung nur erforderlich ist, wenn sich die vertragschließende Behörde der sofortigen Vollstreckung unterwirft[632] oder auch, wenn nur der Bürger dies tut.[633] Auch diesbezüglich empfiehlt sich zur Vermeidung etwaiger Unsicherheiten, die Genehmigung stets einzuholen.

(2) Vertragsstrafe

Eine Vertragsstrafe kann der Schuldner für den Fall versprechen, daß er seine Hauptverbindlichkeit nicht oder nicht in gehöriger Weise erfüllt, vgl. § 339 S. 1 BGB. Zweck der Vertragsstrafe ist es, die Erfüllung der Hauptverbindlichkeit als Druckmittel zu sichern und dem Gläubiger den Schadensbeweis zu ersparen.[634]

Da es bei der Vertragsstrafe gem. §§ 339 ff. BGB um die Absicherung der Hauptverbindlichkeit geht, ist das Strafversprechen regelmäßig im Hauptvertrag enthalten.[635] Auch in öffentlich-rechtlichen Verträgen sind Strafversprechen zulässig, die §§ 339 ff. BGB finden dann über § 62 S. 2 VwVfG entsprechende Anwendung.[636] Demnach kann der Vertragspartner der Gemeinde ein Strafver-

---

629 ULE/ LAUBINGER, VwVfG, § 72 Rn. 21; BONK in: STELKENS/ BONK/ SACHS, VwVfG, § 61 Rn. 14; KOPP, VwVfG, § 61 Rn. 6; OBERMAYER, VwVfG, § 61 Rn. 22.

630 Die Unterwerfung in einer selbständigen Erklärung ist möglich: GIEHL, BayVwVfG, Art. 61 Anm. II 2 b; ULE/ LAUBINGER, VwVfG, § 72 Rn. 21; BONK in: STELKENS/ BONK/ SACHS, VwVfG, § 61 Rn. 15; MEYER in: MEYER/ BORGS, VwVfG, § 61 Rn. 7; HENNEKE in: KNACK, VwVfG, § 61 Rn. 4.

631 MEYER in: MEYER/ BORGS, VwVfG, § 61 Rn. 7; HENNEKE in: KNACK, VwVfG, § 61 Rn. 4.

632 So MEYER in: MEYER/ BORGS, VwVfG, § 61 Rn. 12; BONK in: STELKENS/ BONK / SACHS, VwVfG, § 61 Rn. 22; GIEHL, BayVwVfG, Art. 61 Anm. II 3 a.

633 So ULE/ LAUBINGER, VwVfG, § 72 Rn. 23; KOPP, VwVfG, § 61 Rn. 6; OBERMAYER, VwVfG, § 61 Rn. 32; KOWALSKI, NVwZ 1992, S. 351 (352).

634 BGHZ 82, 398 (401); HEINRICHS in: PALANDT, BGB, Vorbem. § 339 Rn. 1; GOTTWALD in: MüKo, BGB, Vor § 339 Rn. 3.

635 RIEBLE in: STAUDINGER, BGB, § 339 Rn. 11.

636 BVerwGE 74, 78 (80 f.); HEINRICHS in: PALANDT, BGB, Vorbem. § 339 Rn. 3; KESSLER/ KORTMANN, DVBl 1977, S. 690 (691); BONK in: STELKENS/ BONK/ SACHS, VwVfG, § 62

sprechen für den Fall abgeben, daß er die Ausgleichsmaßnahmen nicht oder nicht in gehöriger Weise durchführt. In diesem Zusammenhang ist die Funktion der Vertragsstrafe als Druckmittel zur Erfüllung der Hauptverbindlichkeit interessant, das Ersparen des Schadensbeweises - sofern bei Nichterfüllung ökologischer Anforderungen überhaupt von einem Schaden der Gemeinde gesprochen werden kann - hat auf die Sicherung der Durchführung der Ausgleichsmaßnahmen keinen Einfluß.

Gem. § 339 S. 1 BGB ist die Strafe verwirkt, wenn der Schuldner in Verzug kommt (§§ 284, 285 BGB). Dies setzt Verschulden voraus. Die Vertragsstrafe kann aber durch ausdrückliche Abrede auch unabhängig vom Verschulden versprochen werden.[637] Dies wäre im Hinblick auf die Sicherung der Durchführung von Ausgleichsmaßnahmen aber nicht erforderlich; kann der Vertragspartner der Gemeinde die Maßnahmen aus Gründen nicht durchführen, die nicht auf seinem Verschulden beruhen, so nützt auch eine Vertragsstrafe als Druckmittel - und nur diese Funktion hat die Vertragsstrafe im vorliegenden Zusammenhang - nichts mehr. Die Vertragsstrafe ist als Druckmittel nur dann wirksam, wenn sie für den Vertragspartner der Gemeinde auch spürbar ist. Dennoch darf die Vertragsstrafe nicht zu einer Knebelung des Schuldners führen oder seine wirtschaftliche Existenz gefährden.[638] [639]

(3) Bürgschaft

Als weitere Möglichkeit zur Sicherung der Verpflichtung zur Durchführung von Ausgleichsmaßnahmen kommt die Beibringung einer Bankbürgschaft in Betracht. Für den Bürgschaftsvertrag gelten die §§ 765 ff. BGB. Selbst wenn man die Bürgschaft für eine öffentlich-rechtliche Hauptforderung ebenfalls als öffentlich-rechtlich qualifiziert, mit der Begründung, die Forderung gegen den Bürgen müsse dieselbe Rechtsnatur wie die Forderung aus der Hauptschuld haben[640], so gelten die §§ 765 ff. BGB über § 62 S. 2 VwVfG entsprechend.

Die Bürgschaft kann für jede obligatorische Verbindlichkeit des Hauptschuldners übernommen werden, also nicht nur für Geldforderungen, sondern

---

Rn. 19; HENNEKE in: KNACK, VwVfG, § 62 Rn. 3.

[637]BGHZ 72, 174 (178); HEINRICHS in: PALANDT, BGB, § 339 Rn. 3; GOTTWALD in: MüKo, BGB, § 339 Rn. 16; aA.: RIEBLE in: STAUDINGER, BGB, § 339 Rn. 119.

[638]HEINRICHS in: PALANDT, BGB, § 343 Rn. 3; BUNZEL/ COULMAS/ METSCHER/ SCHMIDT-EICHSTAEDT, Städtebauliche Verträge, S. 150.

[639]Ein Regelungsbeispiel für die Vereinbarung von Vertragsstrafen in städtebaulichen Verträgen findet sich bei BUNZEL/ COULMAS/ METSCHER/ SCHMIDT-EICHSTAEDT, Städtebauliche Verträge, S. 151.

[640]So LG Frankfurt, NVwZ 1984, S. 267 (267); KG NVwZ 1983, S. 572 (573); aA.: BGH NJW 1984, S. 1622 (1623); OLG Frankfurt, NVwZ 1983, S. 573 (573 f.); ZULEEG, JuS 1985, S. 106 (110) nach ausführlicher Auseinandersetzung mit der Problematik.

ebenso für eine auf eine vertretbare, unvertretbare oder höchstpersönliche Leistung gerichtete Verbindlichkeit.[641] Die Verpflichtung zur Durchführung von Ausgleichsmaßnahmen als eine vertretbare Leistung ist demnach durch eine Bürgschaft sicherbar. Der Übernahme von Bürgschaften liegt insbesondere bei Bankbürgschaften regelmäßig ein Geschäftsbesorgungsvertrag gem. § 675 BGB in Form eines Avalkreditvertrages zugrunde, der den Schuldner nach der Bankpraxis bei Stellung der Bürgschaft zur Zahlung einer Avalprovision verpflichtet.[642] Auf diese Weise kann die Bürgschaft als Druckmittel für den Vertragspartner der Gemeinde dienen, die Ausgleichsmaßnahmen durchzuführen. Doch darüber hinaus ist die Sicherung einer Verpflichtung durch eine Bürgschaft hauptsächlich darauf gerichtet, den Bürgen in Anspruch nehmen zu können, falls der Hauptschuldner seiner Verpflichtung nicht nachkommen kann. Der Inhalt der Bürgenpflicht kann sich zwar auch auf die Vornahme einer Handlung richten, regelmäßig wird die Bürgschaftsschuld aber eine Geldforderung sein.[643] Insbesondere wird sich eine Bank wohl kaum zur Durchführung von Ausgleichsmaßnahmen bereit erklären. Damit kann die Bürgschaft nur dazu dienen, die Kosten für eine gegebenenfalls erforderliche Ersatzvornahme zu decken oder eine Vertragsstrafe abzusichern.[644] Was die Kosten für die Ersatzvornahme betrifft, so handelt es sich dabei nicht mehr um die Sicherung der Durchführung der Ausgleichsmaßnahmen, sondern um die Sicherung der durch die Ersatzvornahme anfallenden Kosten. Eine solche wird aber von § 135a II 1 HS 3 BauGB gerade nicht verlangt. Auch bei der Durchführung der Ausgleichsmaßnahmen durch die Gemeinde gem. § 135 a II 1 HS 2 BauGB bestehen keine Sicherungen hinsichtlich der anfallenden Kosten. Bezüglich der Absicherung von Vertragsstrafen geht es nicht mehr darum, die Durchführung der Ausgleichsmaßnahmen zu sichern, sondern nur um die Auszahlung der Vertragsstrafe. Die Bürgschaft eignet sich folglich nicht als Sicherung für die Verpflichtung zur Durchführung von Ausgleichsmaßnahmen.

(4) Ankaufsrecht

Die Gemeinde kann die Verpflichtung des Vertragspartners zur Durchführung von Ausgleichsmaßnahmen auch dadurch sichern, daß sie sich ein Ankaufsrecht an dem betreffenden Grundstück einräumen läßt.[645] Dies ist nur dann möglich, wenn der Vertragspartner auch Eigentümer der Ausgleichsfläche ist. Auf diese

---

[641] HABERSACK in: MüKo, BGB, § 765 Rn. 65 m. w. N.

[642] HORN in: STAUDINGER, BGB, § 765 Rn. 105.

[643] HABERSACK in: MüKo, BGB, § 765 Rn. 79.

[644] BUNZEL/ COULMAS/ METSCHER/ SCHMIDT-EICHSTAEDT, Städtebauliche Verträge, S. 140.

[645] Vgl. BUNZEL/ COULMAS/ METSCHER/ SCHMIDT-EICHSTAEDT, Städtebauliche Verträge, S. 141 ff.; auch GRZIWOTZ, Baulanderschließung, S. 200 zum ähnlichen "Weilheimer Modell".

Weise kann die Gemeinde notfalls selbst für die Durchführung der Ausgleichsmaßnahmen sorgen. Der Grundstückseigentümer muß der Gemeinde ein aufschiebend bedingtes Kaufangebot machen; der Kaufvertrag kommt zustande, sobald ein Vertragsverstoß in Form der Nichtdurchführung der Ausgleichsmaßnahmen vorliegt.[646] Da die Ausgleichsmaßnahmen spätestens zeitgleich mit dem Eingriff in Natur und Landschaft vorzunehmen sind, was sich im Rückschluß aus § 135a II 2 BauGB ergibt[647], ist auch für den Vertragsverstoß auf diesen Zeitpunkt abzustellen. BUNZEL/ COULMAS/ METSCHER/ SCHMIDT-EICHSTAEDT weisen allerdings zutreffend darauf hin, daß die Ausübung des Kaufrechts dann unbillig ist, wenn der Vertragspartner bereits mit der Ausführung der Ausgleichsmaßnahmen begonnen hat und eine Fertigstellung abzusehen ist.[648] Eine Limitierung des Kaufpreises zur Vermeidung der Bodenspekulation wird regelmäßig nicht nötig sein, da sich die Qualität von Ausgleichsflächen nach Aufstellung des Bebauungsplanes nicht mehr wesentlich ändern wird. Für eine Erschließung wie sie für Bauland nötig ist, wird sich für diese Flächen größtenteils kein Erfordernis ergeben.

Der bedingte Anspruch der Gemeinde auf Übertragung des Eigentums am Grundstück kann durch eine Auflassungsvormerkung gem. § 883 BGB gesichert werden; gem. § 883 I 2 BGB ist auch die Vormerkung zur Sicherung eines bedingten Anspruchs möglich. Ist eine Auflassungsvormerkung ins Grundbuch eingetragen, so ist eine Beleihung des Grundstücks durch ein Grundpfandrecht nicht mehr möglich, da die Kreditinstitute eine solche nur vornehmen, wenn ihrem Grundpfandrecht gegenüber der Auflassungsvormerkung der Vorrang eingeräumt wird.[649] Gäbe die Gemeinde einem entsprechenden Begehren nach, würde sie den Sicherungszweck der Vormerkung vereiteln und damit möglicherweise auch die Sicherung der Durchführung der Ausgleichsmaßnahmen gefährden. Die Einräumung einer Vorrangstellung des Grundpfandrechts eines Kreditinstituts wäre nur dann denkbar, wenn die Finanzierung der im Vertrag mit der Gemeinde übernommenen Verpflichtungen nur über eine Beleihung des Grundstücks möglich wäre.[650] Um zu verhindern, daß in einem solchen Fall eine vom Bestand der Forderung unabhängige Grundschuld zu anderweitigen Sicherungszwecken gebraucht wird, kann zwischen Gemeinde und Kreditinstitut eine schuldrechtliche Vereinbarung über den Sicherungszweck getroffen werden. Das Kreditinstitut kann sich in dieser Vereinbarung verpflichten, die Valutierung der Grundschuld nur für die Finanzierung der vom Grundstückseigentümer durchzuführenden Maßnahmen vorzunehmen, bis die Auflassungsvormerkung

646 BUNZEL/ COULMAS/ METSCHER/ SCHMIDT-EICHSTAEDT, Städtebauliche Verträge, S. 141.

647 Vgl. auch Punkt A. II. 3. f.

648 BUNZEL/ COULMAS/ METSCHER/ SCHMIDT-EICHSTAEDT, Städtebauliche Verträge, S. 143.

649 SICHTERMANN/ HENNINGS, Eintragungen im Grundbuch, S. 149.

650 Vgl. GRZIWOTZ, Baulanderschließung, S. 215; BUNZEL/ COULMAS/ METSCHER/ SCHMIDT-EICHSTAEDT, Städtebauliche Verträge, S. 145.

gelöscht wird. Zusätzlich kann die Valutierung von der Zustimmung der Gemeinde abhängig gemacht werden.[651] Die Finanzierung von Ausgleichsmaßnahmen ist aber wohl regelmäßig auch ohne eine Beleihung des Ausgleichsgrundstücks möglich.

(5) Öffentliche Baulast[652]

Um die Verpflichtung zur Durchführung von Ausgleichsmaßnahmen zu sichern, könnte sich die Eintragung einer öffentlichen Baulast anbieten. Die öffentliche Baulast ist eine öffentlich-rechtliche Verpflichtung, die der Grundstückseigentümer durch Erklärung gegenüber der Bauaufsichtsbehörde zu einem sein Grundstück betreffenden Tun, Dulden oder Unterlassen übernehmen kann und die sich nicht schon aus öffentlich-rechtlichen Vorschriften ergibt.[653] Hat sich der Grundstückseigentümer gegenüber der Gemeinde vertraglich zur Durchführung von Ausgleichsmaßnahmen auf seinem Grundstück verpflichtet, so kann diese Verpflichtung zu einem Tun auch grundsätzlich Inhalt einer Baulast sein.

Möchte der Vorhabenträger die Durchführung von Ausgleichsmaßnahmen auf einem fremden Grundstück übernehmen, so kann seine entsprechende Verpflichtung nicht durch eine öffentliche Baulast gesichert werden - ihm fehlt die Eigentümerstellung bezüglich des Ausgleichsgrundstücks. Zwar könnte sich der Grundstückseigentümer durch eine öffentliche Baulast zur Duldung der Ausgleichsmaßnahmendurchführung verpflichten, damit wäre aber gerade nicht die Durchführung der Ausgleichsmaßnahmen gesichert, sondern eben nur deren Duldung.

Durch die Baulast können nur solche Verpflichtungen gesichert werden, die sich nicht schon aus öffentlich-rechtlichen Vorschriften ergeben, vgl. § 107 I MusterbauO. Dazu zählen auch Verpflichtungen, die dem Bauherrn oder Eigentümer im Wege einer Nebenbestimmung auferlegt werden können.[654] Statt mit dem Vorhabenträger/ Investor, der zugleich Eigentümer der Ausgleichsflächen ist, einen Vertrag über die Durchführung von Ausgleichsmaßnahmen zu schließen, könnte die Gemeinde dem Vorhabenträger eine entsprechende Nebenbestimmung zur Baugenehmigung aufgeben und auf diese Weise den Vollzug der Ausgleichsmaßnahmen sichern. In dieser Konstellation ist die Übernahme einer Baulast daher nicht möglich.

---

[651] Zu dieser Möglichkeit des Rücktritts mit der Vormerkung: GRZIWOTZ, Baulanderschließung, S. 215 f.; BUNZEL/ COULMAS/ METSCHER/ SCHMIDT-EICHSTAEDT, Städtebauliche Verträge, S. 145.

[652] Vgl. zur öffentlichen Baulast Punkt B. II. 1. d. bb.

[653] Vgl. § 107 I MusterbauO, abgedruckt bei HAASE, Landesbauordnungen, S. 611.

[654] THIEL/ RÖßLER/ SCHUMACHER, BauR in NRW, § 78 Anm. 1; SAUTER, LBauOBW, § 71 Rn. 12; HILGERS, NJW 1988, S. 1366 (1367).

Werden Ordnungsmaßnahmen (= Ausgleichsmaßnahmen) in einer Abwendungsvereinbarung im Rahmen einer städtebaulichen Entwicklungsmaßnahme übernommen, so besteht anstelle dieser Vereinbarung nicht die Möglichkeit der Regelung durch einen Verwaltungsakt. Unmittelbar aus öffentlich-rechtlichen Vorschriften ergibt sich die Verpflichtung, Ordnungsmaßnahmen zu übernehmen, in diesem Zusammenhang ebenfalls nicht. Sinn und Zweck der Baulast ist es, einem Bauvorhaben entgegenstehende öffentlich-rechtliche Hindernisse zu beseitigen.[655] Für ein Bauvorhaben ist Genehmigungsvoraussetzung, daß die Durchführung der erforderlichen Ausgleichsmaßnahmen sichergestellt ist.[656] Indem der Grund zur Sicherung seiner in der Abwendungsvereinbarung übernommenen Verpflichtung eine öffentliche Baulast übernimmt, schafft er die Genehmigungsvoraussetzungen für Bauvorhaben. Auch die baurechtliche Relevanz der Baulast ist in diesem Fall gegeben, da durch die Übernahme von Ausgleichsmaßnahmen planungsrechtliche Erfordernisse sichergestellt werden, die Baugenehmigungsvoraussetzung sind.[657]

Allerdings wird regelmäßig keine schuldrechtliche Vereinbarung zwischen Grundstückseigentümer und Bauvorhabenträger erforderlich sein.[658] Beweggrund für die Übernahme einer Baulast und damit für die Sicherung der in der Abwendungsvereinbarung übernommenen Verpflichtungen ist allein der Umstand, daß der Grundstückseigentümer sein Grundstück behalten möchte.

(6) Kündigungsrecht

Die Gemeinde kann zwar im Rahmen städtebaulicher Entwicklungsmaßnahmen die Durchführung von Ordnungsmaßnahmen vertraglich auf den Grundstückseigentümer übertragen, § 169 I Nr. 4 BauGB i. V. m. § 136 III 1 BauGB. Ist die zügige und zweckmäßige Durchführung der vertraglich übernommenen Maßnahmen nach § 146 III 1 BauGB durch einzelne Eigentümer aber nicht gegeben, so hat die Gemeinde insoweit selbst für die Durchführung der Maßnahmen zu sorgen oder sie selbst zu übernehmen, § 146 III 2 BauGB. Hat die Gemeinde jederzeit die Möglichkeit, die Ausgleichsmaßnahmen bei Nichtdurchführung durch den Grundstückseigentümer selbst vorzunehmen, so liegt darin eine ausreichende Sicherung.

Eine Übernahme der Durchführung der Ausgleichsmaßnahmen durch die Gemeinde setzt voraus, daß die Abwendungsvereinbarung bei Nichtdurchführung der übernommenen Verpflichtungen durch den Grundstückseigentümer

---

[655] FINKELNBURG/ ORTLOFF, Öffentliches Baurecht, Bd. II, S. 61.

[656] Vgl. Punkt A. II. 1. b., 2.

[657] Zum Erfordernis der baurechtlichen Relevanz siehe Punkt B. II. 1. d. bb.

[658] Zu einer solchen Vereinbarung: KRAWIETZ, DVBl 1973, S. 605 (610); KLUTH/ NEUHÄUSER, NVwZ 1996, S. 738 (739); FINKELNBURG/ ORTLOFF, Öffentliches Baurecht, Bd. II, S. 61; Punkt B. II. 1. d. bb.

kündbar ist. Ein entsprechendes Kündigungsrecht sollte daher im Abwendungsvertrag vereinbart werden.[659] Ist die Gemeinde nicht mehr vertraglich an das Absehen vom Grunderwerb gebunden, kann sie die für Ausgleichsmaßnahmen erforderlichen Flächen notfalls im Wege der Enteignung (§ 169 III BauGB) erlangen, um die Ausgleichsmaßnahmen selbst durchführen zu können.

(7) Sicherung bei Weiterveräußerung

Veräußert der Grundstückseigentümer sein Grundstück, bevor er die Ausgleichsmaßnahmen vorgenommen hat, ist die Durchführung der Ausgleichsmaßnahmen nicht mehr gewährleistet, da die vertraglichen Vereinbarungen zwischen Grundstückseigentümer und Gemeinde für den Erwerber nicht gelten. Daher ist es erforderlich, die Zulässigkeit einer Weiterveräußerung davon abhängig zu machen, daß der Erwerber in die Vertragspflichten des ursprünglichen Eigentümers eintritt. Für den Fall einer vertragswidrigen Weiterveräußerung kann ein dingliches Vorkaufsrecht zugunsten der Gemeinde bestellt werden (§ 1094 I BGB)[660], so daß die Gemeinde notfalls selbst die Durchführung der Ausgleichsmaßnahmen übernehmen kann. Derartige Vereinbarungen sind nicht nötig, wenn eine öffentliche Baulast eingetragen wurde. Diese ruht als öffentliche Last auf dem Grundstück und wirkt auch gegenüber dem Rechtsnachfolger.[661]

Auch wenn sich der Vorhabenträger zur Durchführung der Ausgleichsmaßnahmen auf einem fremden Grundstück verpflichtet, ist die Durchführung nicht mehr möglich, wenn der Grundstückseigentümer sein Grundstück veräußert. Die zwischen Grundstückseigentümer und Gemeinde bestehende Vereinbarung der Duldung von Maßnahmen seitens des Grundstückseigentümers gilt nicht für den Erwerber. Daher ist es sinnvoll, den Grundstückseigentümer nicht nur zur Duldung der Durchführung von Ausgleichsmaßnahmen zu verpflichten, sondern auch dazu, eine Weiterveräußerung des Grundstücks nur vorzunehmen, wenn auch der Erwerber sich zur Duldung verpflichtet. Für den Fall der vertragswidrigen Veräußerung kann wie oben beschrieben verfahren werden. Ob der Grundstückseigentümer eine solche Verpflichtung eingehen wird/ will, ist Verhandlungssache und hängt entscheidend davon ab, welche Vereinbarung zwischen Grundstückseigentümer und Vorhabenträger zugrundeliegt.

---

[659] Vgl. FISLAKE in: SCHLICHTER/ STICH, Berliner Kommentar, § 147 Rn. 28.

[660] Vgl. GRZIWOTZ, Baulanderschließung, S. 200; BUNZEL/ COULMAS/ METSCHER/ SCHMIDT-EICHSTAEDT, Städtebauliche Verträge, S. 144.

[661] SAUTER, LBauOBW, § 71 Rn. 5; vgl. § 107 I 2 MusterbauO, abgedruckt bei HAASE, Landesbauordnungen, S. 611.

c. Umlegung, §§ 45 ff. BauGB

Zur Rechtsnatur der Umlegung und zur Einbeziehung der Ausgleichsflächen in die Umlegung sei auf die obigen Ausführungen verwiesen.[662]

aa. Zuteilung gem. § 59 I BauGB

Sind die Ausgleichsflächen als öffentliche Flächen im Bebauungsplan festgesetzt, so besteht die Möglichkeit des Vorwegabzugs gem. § 55 II, V BauGB, um mittels der Umlegung Ausgleichsflächen zu gewinnen. Ist jedoch im Bebauungsplan eine private Festsetzung (z. B. als private Grünfläche gem. § 9 I Nr. 15 BauGB) erfolgt, so ist eine Zuteilung aus der privaten Verteilungsmasse gem. § 59 I BauGB zu privaten Nutzungszwecken denkbar. Das zugeteilte Ausgleichsgrundstück stünde dann im Privateigentum des bauwilligen privaten Grundstückseigentümers.[663] Die Durchführung der Ausgleichsmaßnahmen obläge dem privaten Grundstückseigentümer; die Gemeinde könnte diese Durchführung durch das Aufgeben einer Nebenbestimmung zur Baugenehmigung sicherstellen. Diese Vorgehensweise würde eine Einzelzuordnung der Ausgleichsfläche zum privaten Baugrundstück erfordern, andernfalls könnte die Verantwortlichkeit des einzelnen Grundstückseigentümers für die Durchführung von Ausgleichsmaßnahmen nicht hinreichend genau bestimmt werden.

OTTE und STEMMLER sprechen sich allerdings gegen die Zulässigkeit der Festsetzung der Ausgleichsflächen als Flächen mit privater Zweckwidmung aus, da diese Flächen mangels Gebrauchs- und Vermögensvorteils nicht der zweckmäßigen und wirtschaftlichen Ausnutzung der Zuteilungsgrundstücke dienen könnten.[664] Eine solch isolierte Betrachtung der Ausgleichsflächen ist jedoch nicht angebracht. Bauflächen und Ausgleichsflächen stehen in einem engen Zusammenhang, der sich dadurch auszeichnet, daß die Ausgleichsflächen Voraussetzung für die Schaffung von Bauflächen sind. Dieser Zusammenhang rechtfertigt es auch, die Ausgleichsflächen in der Umlegung quasi als "natürlichen Annex" zu den Bauflächen gem. § 59 I BauGB zuzuteilen.[665] Der Gesetzgeber sah dies offenbar genauso, denn mit dem BauROG 1998 hat § 59 I

---

[662]Punkt B. II. 1. g. aa. und bb.

[663]Für eine solche Möglichkeit der Zuteilung zu privaten Nutzungszwecken: SCHMIDT-ASSMANN, Studien zur Umlegung, S. 93; DEUTSCHER STÄDTETAG, NVwZ 1995, S. 876 (880); DIETERICH/ LEMMEN, GuG 1991, S. 301 (304); DIETERICH/ TEIGEL in: Forum für Stadtentwicklungs- und Kommunalpraxis, S. 77 (81); LETZNER, GuG 1995, S. 206 (209); HECKER, VR 1994, S. 73 (81); BUNDESREGIERUNG, BT-Drucks. 13/ 6392, S. 62 f.

[664]OTTE, DÖV 1995, S. 802 (814); STEMMLER/ OTTE in: ERNST/ ZINKAHN/ BIELENBERG, BauGB, § 59 Rn. 12.

[665]So BUNDESREGIERUNG, BT-Drucks. 13/ 6392, S. 63.

BauGB n. F. in Kraft, der die Flächen zum Ausgleich im Sinne des § 1a III BauGB in die Zuteilung einschließt. Gem. § 59 I BauGB hat die Zuteilung der Grundstücke in gleicher oder gleichwertiger Lage[666] und entsprechend den nach §§ 57, 58 errechneten Anteilen zu erfolgen.

Schwierigkeiten bereitet insbesondere die Einhaltung des in §§ 57, 58 BauGB niedergelegten Grundsatzes der mindestens wertgleichen Landabfindung.[667] Beim Einwurf werden sowohl die Bauflächen als auch die Ausgleichsflächen grundsätzlich als Rohbauland bewertet.[668] Der objektive Bodenwert der Ausgleichsflächen ist aber ein niedrigerer, da die Flächen ihrer Funktion nach nur Agrarlandqualität besitzen. Die tatsächlich vorhandenen Zuteilungswerte sind damit geringer als die Einwurfswerte, eine mindestens wertgleiche Landabfindung kann nicht erfolgen.[669] Eine Annäherung von Einwurfs- und Zuteilungswerten aneinander, um die bestehende Diskrepanz zu verringern, kann entweder durch eine Erhöhung der Zuteilungswerte oder eine Minderung der Einwurfswerte erfolgen. Eine Erhöhung der Zuteilungswerte scheidet jedoch als Lösungsmöglichkeit aus, da durch eine solche Vorgehensweise ein objektiv falscher Bodenwert entstünde. Der objektive Bodenwert bestimmt sich nämlich nach Vergleichspreisen[670] und läßt damit unberücksichtigt, ob die Ausgleichsflächen für Baugrundstücke erforderlich sind, vgl. §§ 7, 13 WertV.[671] Eine Lösung über die Minderung der Einwurfswerte ist auf Grund des zu beachtenden Solidarprinzips nur dann möglich, wenn diese gleichmäßig für alle Grundstückseigentümer im Umlegungsgebiet erfolgt. Als eine zu verwirklichende Lösung hinsichtlich der Minderung der Einwurfswerte wird vielfach die allgemeine Dämpfung des Rohbaulandwertes betrachtet, die sich darauf gründet, daß für ein Baugrundstück wegen des erforderlichen naturschutzrechtlichen Ausgleichs mehr Flächen benötigt werden und dadurch der Wert der Rohbaulandgrundstücke sinkt.[672] Auch der Gesetzgeber nahm diesen Gedanken auf und führte mit

---

666 Zu den Grundsätzen der lage- oder lagewertgleichen Zuteilung unter Einbeziehung der Ausgleichsflächen siehe SCHMIDT-ASSMANN, Studien zur Umlegung, S. 94 ff.

667 Siehe zu diesem Grundsatz: Punkt B. II. 1. g. aa.

668 Siehe dazu im einzelnen: Punkt B. II. 1. g. cc. (2) (b).

669 Vgl. zu dieser Problematik: HECKER, VR 1994, S. 73 (82); SANDMANN, GuG 1995, S. 1 (10); REINHARDT, GuG 1993, S. 289 (291), DERS., VR 1994, S. 88 (102); DIETERICH/ LEMMEN, GuG 1991, S. 301 (305 f.); SCHMIDT-ASSMANN, Studien zur Umlegung, S. 99; STAHR, VR 1995, S. 129 (132).

670 SIMON in: KLEIBER/ SIMON/ WEYERS, WertV `88, Rn. 111.

671 DIETERICH/ TEIGEL in: Forum für Stadtentwicklungs- und Kommunalpraxis, S. 77 (81 f.); vgl. auch SANDMANN, GuG 1995, S. 1 (10).

672 SANDMANN, GuG 1995, S. 1 (11); DEUTSCHER STÄDTETAG, NVwZ 1995, S. 876 (880); DIETERICH, Baulandumlegung, Rn. 210a; DIETERICH/ LEMMEN, GuG 1991, S. 301 (306); SCHMIDT-ASSMANN, Studien zur Umlegung, S. 100; vgl. auch DIETERICH/ TEIGEL in: Forum für Stadtentwicklungs- und Kommunalpraxis, S. 77 (82); HECKER, VR 1994, S. 73 (83 f.).

dem BauROG 1998 den § 57 BauGB n. F. ein. Hier heißt es in Satz 2: "Jedem Eigentümer soll ein Grundstück mindestens mit dem Verkehrswert zugeteilt werden, den sein früheres Grundstück auch unter Berücksichtigung der Pflicht zur Bereitstellung von Flächen zum Ausgleich im Sinne des § 1a Abs. 3 (...) hatte." Alle Flächen sind demnach beim Einwurf mit einem gedämpften Rohbaulandwert zu bewerten.[673] Allerdings tritt hier dieselbe Problematik auf wie beim Vorwegabzug gem. § 55 II BauGB. Der Rohbaulandwert kann nicht beliebig gesenkt werden, um auf diese Weise in jedem Fall eine wertgleiche Landabfindung zu gewährleisten[674]; durch die Senkung des Rohbaulandwertes darf es nicht zu einem faktischen Entzug der Grundstücke kommen, welcher die Wirkung einer Enteignung hätte. Der gedämpfte Rohbaulandwert kann zwar dazu beitragen, daß sich Einwurfs- und Zuteilungswerte einander annähern und somit überhaupt Ausgleichsflächen aus der Verteilungsmasse zugeteilt werden können ohne den Grundsatz der mindestens wertgleichen Landabfindung zu verletzen. Er entbindet aber nicht davon, im Einzelfall darauf zu achten, daß der Rohbaulandwert nur so weit gesenkt wird wie es eigentumsrechtlich zulässig ist. § 57 S. 2 BauGB ist in diesem Sinne verfassungskonform auszulegen. Wo genau die Zulässigkeitsgrenze bezüglich der Dämpfung des Rohbaulandwertes liegt, bleibt allerdings noch abzuwarten; sie ist von der Akzeptanz der Grundeigentümer und der Einschätzung der Gerichte abhängig. Eine unbegrenzte Flächenbeschaffung ist demnach auch mit Hilfe der Zuteilung gem. § 59 I BauGB nicht möglich.

bb. Zuteilung als Gemeinschaftsanlage, § 61 I 2 BauGB

Durch §§ 55-60 BauGB, insbesondere durch § 59 BauGB wird die Verteilung der eingeworfenen Grundstücke geregelt. § 61 BauGB ergänzt die Verteilungsvorschriften[675], indem er ermöglicht, daß die an den Einwurfsgrundstücken bestehenden Rechte an den Bebauungsplan und die Veränderung der Grundstücke durch die Umlegung angepaßt werden und daß gegebenenfalls zur Verwirklichung des Bebauungsplans neue Rechte bestellt werden.[676] Gem. § 61 I 2 BauGB können Gemeinschaftsanlagen festgelegt und ihre Rechtsverhältnisse geregelt werden.

---

[673]BT-Drucks. 13/6392, S. 62.

[674]Siehe Punkt B. II. 1. g. cc. (2) (b).

[675]DIETERICH, Baulandumlegung, Rn. 273; STANG in: SCHRÖDTER, BauGB, § 61 Rn. 1; STICH in: SCHLICHTER/ STICH, Berliner Kommentar, § 61 Rn. 1.

[676]STANG in: SCHRÖDTER, BauGB, § 61 Rn. 1.

(1) Festlegung von Ausgleichsflächen als Gemeinschaftsanlage

Sinn der Gemeinschaftsanlagen ist es, eine gemeinsame Nutzung bestimmter Anlagen für mehrere Grundstücke zu ermöglichen.[677]

Eine Festlegung der Ausgleichsflächen für mehrere Baugrundstücke als Gemeinschaftsanlage brächte den Vorteil mit sich, daß eine großräumigere Gestaltung dieser Flächen möglich wäre. Durchführung der Ausgleichsmaßnahmen und Unterhaltung könnten für alle gemeinsam geregelt werden und so den einzelnen Baugrundstückseigentümer entlasten.[678] Aus diesen Gründen wäre eine Festlegung der Ausgleichsflächen als Gemeinschaftsanlage durchaus sinnvoll. Gem. § 61 I 2 BauGB können Gemeinschaftsanlagen festgelegt werden, wenn sie der zweckmäßigen und wirtschaftlichen Ausnutzung der Grundstücke dienen. Vor Inkrafttreten des BauROG 1998 war streitig, ob Ausgleichsflächen überhaupt die Voraussetzungen der Gemeinschaftsanlage erfüllen können.[679] Gegen die Möglichkeit der Festlegung von Ausgleichsflächen als Gemeinschaftsanlage wurde hauptsächlich vorgebracht, die Ausgleichsflächen hätten keinen Anlagecharakter[680] und gewährten keinen Nutzungsvorteil im Sinne eines gemäß dem Wortlaut des § 61 I 2 BauGB - "zweckmäßige und wirtschaftliche Ausnutzung" - zu fordernden Gebrauchs- und Vermögensvorteils.[681] In der Tat fehlt den Ausgleichsflächen der Anlagecharakter, wenn man mit diesem Begriff stets auch eine bestimmte Einrichtung oder Vorrichtung verbindet. Dies ist jedoch nicht zwingend, denn auch die als Gemeinschaftsanlagen anerkannten Stellplätze definieren sich primär über die dafür erforderliche Fläche - wie auch die Ausgleichsflächen.[682] Was den geforderten Nutzungsvorteil in Form von Gebrauchs- und Vermögensvorteil betrifft, kann nur eingewendet werden, daß nach dem Wortlaut des § 61 I 2 BauGB lediglich von einem "Ausnutzen" die

---

[677] DIETERICH, Baulandumlegung, Rn. 301.

[678] Zu den Vorteilen vgl. DIETERICH, Baulandumlegung, Rn. 306; auch SCHMIDT-ASSMANN, Studien zur Umlegung, S. 101.

[679] Dafür: GAENTZSCH, NuR 1986, S. 89 (94); DERS., NuR 1990, S. 1 (7); SCHMIDT-ASSMANN, Studien zur Umlegung, S. 101 ff.; STEINFORT, VerwArch 1995, S. 107 (132 ff.); SANDMANN, GuG 1995, S. 1 (5 f.); DIETERICH, Baulandumlegung, Rn. 306; dagegen: STEMMLER/ OTTE in: ERNST/ ZINKAHN/ BIELENBERG, BauGB, § 61 Rn. 55; HECKER, VR 1994, S. 73 (82); REINHARDT, VR 1994, S. 88 (95); GIERKE in: BRÜGELMANN, BauGB, § 9 Rn. 337; STICH, GuG 1992, S. 301 (310), letztere beiden allerdings noch zur Rechtslage vor dem Investitionserleichterungs- und Wohnbaulandgesetz.

[680] STEMMLER/ OTTE in: ERNST/ ZINKAHN/ BIELENBERG, BauGB, § 61 Rn. 55.

[681] STEMMLER/ OTTE in: ERNST/ ZINKAHN/ BIELENBERG, BauGB, § 61 Rn. 55; HECKER, VR 1994, S. 73 (82); vgl. auch REINHARDT, VR 1994, S.. 88 (95); STICH, GuG 1992, S. 301 (310), die beiden letzteren allerdings noch zur Rechtslage vor dem Investitionserleichterungs- und Wohnbaulandgesetz.

[682] SCHMIDT-ASSMANN, Studien zur Umlegung, S. 102; i. E. ähnlich, mit anderem Argumentationsansatz: STEINFORT, VerwArch 1995, S. 107 (134).

Rede ist. Daraus kann nicht geschlossen werden, die Gemeinschaftsanlage müßte auch im engeren Sinne benutzbar sein. Vielmehr dürfte es ausreichend sein, wenn durch die Gemeinschaftsanlage eine andere im Bebauungsplan vorgesehene Nutzung zugelassen werden kann.[683] Ein solcher Fall liegt bei Ausgleichsflächen vor, da die Nutzung der Baugrundstücke zugelassen werden kann, wenn die Durchführung der Ausgleichsmaßnahmen durch die Festlegung einer Gemeinschaftsanlage gesichert ist.[684] Ein Gebrauchsvorteil ist demnach nicht zu fordern. Durch die Zuordnung der Ausgleichsflächen zu den Baugrundstücken bewirken erstere die Bebauungsmöglichkeit. Diese stellt einen wirtschaftlichen Nutzungsvorteil ("wirtschaftliche Ausnutzung der Grundstücke", § 61 I 2 BauGB) und damit einen Vermögensvorteil dar.[685] Offenbar war auch der Gesetzgeber der Meinung, Ausgleichsflächen könnten die Voraussetzungen einer Gemeinschaftsanlage erfüllen. Durch das BauROG 1998 wurde dies klargestellt und die Möglichkeit der Festlegung von Ausgleichsflächen als Gemeinschaftsanlage in § 61 I 2 BauGB ausdrücklich normiert.[686]

Für die Festlegung einer Gemeinschaftsanlage ist es nicht erforderlich, daß im Bebauungsplan bereits eine Festsetzung gem. § 9 I Nr. 22 BauGB getroffen wurde.[687] Allerdings ist eine Festlegung als Gemeinschaftsanlage nur möglich, wenn sie in Übereinstimmung mit den Zielen des Bebauungsplans erfolgt, § 61 I 2 BauGB. Ziel eines Bebauungsplans, in dem Flächen für Ausgleichsmaßnahmen ausgewiesen sind, ist es regelmäßig, die Bebaubarkeit von Grundstücken durch die Zuordnung der Ausgleichsflächen zu den Baugrundstücken zu sichern. Die Festlegung von Ausgleichsflächen als Gemeinschaftsanlagen geht mit diesem Ziel konform. Ob eine Festlegung als Gemeinschaftsanlage im einzelnen auch zweckmäßig ist, liegt im Ermessen der Umlegungsstelle (Gemeinde, § 46 I BauGB).[688]

Charakteristisch für die Gemeinschaftsanlage ist der Bezug auf einen überschaubar abgegrenzten Benutzerkreis.[689] Um diesem Charakteristikum gerecht

---

[683] SCHMIDT-ASSMANN, Studien zur Umlegung, S. 103; GAENTZSCH in: SCHLICHTER/ STICH, Berliner Kommentar, § 9 Rn. 51.

[684] Vgl. Punkt A. II. 3. e.

[685] STEINFORT, VerwArch 1995, S. 107 (134); SANDMANN, GuG 1995, S. 1 (6), SCHMIDT-ASSMANN, Studien zur Umlegung, S. 103.

[686] Vgl. BT-Durcks. 13/ 6392, S. 63.

[687] SCHRIEVER in: BRÜGELMANN, BauGB, § 61 Rn. 79; DIETERICH, Baulandumlegung, Rn. 302; STEMMLER/ OTTE in: ERNST/ ZINKAHN/ BIELENBERG, BauGB, § 61 Rn. 56; SANDMANN, GuG 1995, S. 1 (5); SCHMIDT-ASSMANN, Studien zur Umlegung, S. 103; DERS. in: FS für ERNST, S. 367 (378).

[688] DIETERICH, Baulandumlegung, Rn. 302.

[689] BVerwG UPR 1989, S. 274 (275); SCHMIDT-ASSMANN in: FS für ERNST, S. 367 (368); STEMMLER/ OTTE in: ERNST/ ZINKAHN/ BIELENBERG, BauGB, § 61 Rn. 55; GIERKE in: BRÜGELMANN, BauGB, § 9 Rn. 353; BIELENBERG in: ERNST/ ZINKAHN/ BIELENBERG, BauGB,

zu werden, ist eine Zuordnung der Gemeinschaftsanlagen zu den Bauflächen gem. § 9 Ia 2 BauGB erforderlich; auf diese Weise wird der Bezug zum Benutzerkreis hergestellt.[690]

Im übrigen wird die Festlegung von Ausgleichsflächen als Gemeinschaftsanlage dem privatnützigen Gesamtcharakter der Umlegung gerecht; da die Gemeinschaftsanlage die Kompensation für durch Bebauung entstehende Eingriffe sicherstellen soll und ohne eine solche keine Bebauung stattfinden kann, dürfte an der Privatnützigkeit einer Gemeinschaftsanlage kein Zweifel bestehen.[691]

(2) Regelung der Rechtsverhältnisse

§ 61 I 2 BauGB normiert nicht nur die Befugnis der Umlegungsstelle (Gemeinde), Gemeinschaftsanlagen festzulegen, sondern auch ihre Rechtsverhältnisse zu regeln. Sowohl die Festlegung der Gemeinschaftsanlage als auch die Begründung des Gemeinschaftsrechtsverhältnisses erfolgen durch den Umlegungsplan (§ 66 BauGB, insbes. § 66 II BauGB).[692] Bei der Begründung der Rechtsverhältnisse hat sich die Umlegungsstelle der allgemeinen Rechtsformen des Zivilrechts und öffentlichen Rechts zu bedienen[693], wobei für die Gestaltung von Gemeinschaftsrechtsverhältnissen vor allem die Formen des Zivilrechts in Betracht kommen.[694] Im Umlegungsplan kann aber über die Begründung der Rechtsverhältnisse hinaus auch die Konkretisierung des Inhalts dieser Rechtsverhältnisse erfolgen, soweit das gewählte Rechtsverhältnis disponible Regelungen enthält.[695] Auf diese Weise können Rechte und Pflichten der an der Gemeinschaftsanlage Beteiligten (Vorhabenträger) umfassend geregelt werden.[696]

Die Umlegungsstelle kann die Rechtsverhältnisse regeln, indem sie entweder Einzel- oder Gemeinschaftsrechtsverhältnisse begründet.[697] Als Einzelrechtsverhältnis wäre z. B. eine Grunddienstbarkeit denkbar, als Gemeinschaftsrechtsverhältnis käme Gesamthands- oder Bruchteilseigentum in Betracht.[698] Gemein-

---

§ 9 Rn. 122; STICH in: SCHLICHTER/ STICH, Berliner Kommentar, § 9 Rn. 52.

[690] STEINFORT, VerwArch 1995, S. 107, (134); SCHMIDT-ASSMANN, Studien zur Umlegung, S. 104; aA: REINHARDT, VR 1994, S. 88 (95).

[691] Vgl. auch Punkt B. II. 1. g. bb. (1).

[692] SCHMIDT-ASSMANN in: FS für ERNST, S. 367 (378); SCHRIEVER in: BRÜGELMANN, BauGB, § 61 Rn. 83.

[693] DIETERICH, Baulandumlegung, Rn. 302; SCHMIDT-ASSMANN in: FS für ERNST, S. 367 (379).

[694] SCHMIDT-ASSMANN, Gemeinschaftsanlagen, S. 26.

[695] SCHMIDT-ASSMANN in: FS für ERNST, S. 367 (379); DERS., Gemeinschaftsanlagen, S. 26.

[696] Vgl. SCHMIDT-ASSMANN, Studien zur Umlegung, S. 104.

[697] LÖHR in: BATTIS/ KRAUTZBERGER/ LÖHR, BauGB, § 61 Rn. 19; STEMMLER/ OTTE in: ERNST/ ZINKAHN/ BIELENBERG, BauGB, § 61 Rn. 57.

[698] Vgl. nur STEINFORT, VerwArch 1995, S. 107 (134 f.); SCHMIDT-ASSMANN, Gemeinschafts-

schaftsrechtsverhältnisse können grundsätzlich auch ohne das Einverständnis der Betroffenen begründet werden; dies sollte aber auf Grund des Verhältnismäßigkeitsgrundsatzes nur dann geschehen, wenn durch ein Einzelrechtsverhältnis die Errichtung und Erhaltung der Gemeinschaftsanlage nicht sichergestellt werden kann.[699] Begrenzt wird die Gestaltungsbefugnis der Umlegungsstelle im Hinblick auf solche einverständliche Regelungen lediglich durch den Umlegungszweck - die Herbeiführung einer zweckmäßigen baulichen Nutzbarkeit.[700]

Durch die Begründung von Rechtsverhältnissen und die Konkretisierung ihres Inhalts in Form der näheren Ausgestaltung von Rechten und Pflichten ist auch die Realisierung von Ausgleichsmaßnahmen möglich. Es kommen beispielsweise folgende Gestaltungen in Betracht: Die Eigentümer der Baugrundstücke erhalten gemeinschaftliches Eigentum an der ihren Grundstücken zugeordneten Ausgleichsfläche. Sie übertragen per Vertrag einem von ihnen oder einem Dritten Errichtung und Unterhaltung der Ausgleichsmaßnahmen. Die Berechtigung des Durchführenden kann durch eine beschränkt persönliche Dienstbarkeit gesichert werden. [701]Die mehreren Baugrundstücken zugeordnete Ausgleichsfläche kann auch nur in das Eigentum eines einzelnen Baugrundstückseigentümers gestellt werden. Mit diesem können dann individuelle Regelungen bezüglich der Durchführung der Ausgleichsmaßnahmen getroffen werden.[702]

Nach § 61 II BauGB sind Vermögensvor- und nachteile, die durch die Aufhebung, Änderung oder Begründung von Rechten nach § 61 I 1, 2 BauGB entstehen[703], in Geld auszugleichen. Nachteile, die den Baugrundstückseigentümern dadurch entstehen, daß ihnen die Ausgleichsfläche wie im zweiten Beispiel zwar als Annex zu den Baugrundstücken gem. § 59 I BauGB zugeteilt wurde, sie aber kein Eigentum daran erhalten, können somit gem. § 61 II BauGB ausgeglichen werden. Eine Festlegung der Ausgleichsflächen als Gemeinschaftsanlage und die Regelung ihrer Rechtsverhältnisse kann damit grundsätzlich zur Sicherstellung der Durchführung von Ausgleichsmaßnahmen dienen. Allerdings gilt es folgendes zu bedenken: Durch den Umlegungsplan kann zwar nicht nur die Be-

---

anlagen, S. 26.

[699]STICH in: SCHLICHTER/ STICH, Berliner Kommentar, § 61 Rn. 5; STEMMLER/ OTTE in: ERNST/ ZINKAHN/ BIELENBERG, BauGB, § 61 Rn. 57; DIETERICH, Baulandumlegung, Rn. 1; STANG in: SCHRÖDTER, BauGB, § 61 Rn. 5; SCHRIEVER in: BRÜGELMANN, BauGB, § 61 Rn. 78; STEINFORT, VerwArch 1995, S. 107 (135); vgl. auch SANDMANN, GuG 1995, S. 1 (5).

[700]STEMMLER/ OTTE in: ERNST/ ZINKAHN/ BIELENBERG, BauGB, § 61 Rn. 7; STICH in: SCHLICHTER/ STICH, Berliner Kommentar, § 61 Rn. 2; SCHRIEVER in: BRÜGELMANN, BauGB, § 61 Rn. 3.

[701]So bei STEINFORT, VerwArch 1995, S. 107 (134 f.).

[702]Siehe SCHMIDT-ASSMANN, Studien zur Umlegung, S. 104.

[703]STEMMLER/ OTTE in: ERNST/ ZINKAHN/ BIELENBERG, BauGB, § 61 Rn. 3; vgl. auch DIETERICH, Baulandumlegung, Rn. 301 zum Verhältnis von § 61 I 1 zu § 61 I 2 BauGB.

gründung von Rechtsverhältnissen erfolgen, sondern auch die Konkretisierung ihres Inhalts, soweit keine indisponiblen Regelungen des Zivilrechts betroffen sind. Die Abwicklung des Gemeinschaftsrechtsverhältnisses erfolgt aber in zivilrechtlichen Formen.[704] Verletzt z. B. ein Einzelner seine Pflichten aus einem Gemeinschaftsverhältnis, so ist darauf im Rahmen des Gemeinschaftsverhältnisses von den Beteiligten, nicht aber von der Gemeinde zu reagieren. Der Umlegungsplan hat nur privatrechtsgestaltende Wirkung, die keine Dauerwirkung auf Grund öffentlich-rechtlichen Aktes ist.[705] Die begründeten Rechtsverhältnisse unterliegen somit der privatautonomen Gestaltungsmöglichkeit der Eigentümer, soweit nicht schon durch den Umlegungsplan Regelungen getroffen wurden.[706] Die Gemeinde kann es daher nicht unterbinden, daß sich Gemeinschaftsrechtsverhältnisse im Rahmen der Zivilrechtsordnung verändern; so kann sie es beispielsweise nicht verhindern, daß eine Gemeinschaft aus wichtigem Grunde gekündigt wird, § 749 II BGB, da dieses Recht nicht ausgeschlossen werden kann, § 749 III BGB.[707] Da eine der Gemeinde mißfallende Entwicklung keinerlei Auswirkung auf die Zuteilung hat, bleibt der Gemeinde daher nur eine Möglichkeit, um solche Entwicklungen zu vermeiden und damit die Herstellung und Unterhaltung der Gemeinschaftsanlage langfristig zu sichern: Sie muß sich von Anfang an um möglichst interessengerechte und damit langfristig verläßliche Regelungen der Rechtsverhältnisse bemühen, sie muß sich von der Funktionsfähigkeit der Rechtsverhältnisse im Hinblick auf die dauerhafte Sicherung der Gemeinschaftsanlage leiten lassen.[708] Eine Garantie hinsichtlich der ordnungsgemäßen Durchführung von Ausgleichsmaßnahmen gibt dies jedoch nicht. Ob unter diesen Voraussetzungen die Zuteilung der Ausgleichsflächen als Gemeinschaftsanlage gem. § 61 I 2 BauGB eine ausreichende anderweitige Sicherung der Durchführung von Ausgleichsmaßnahmen im Sinne des § 135a II 1 HS 3 BauGB darstellen kann, ist zweifelhaft. Ist die Gemeinde allerdings der Ansicht, sie habe eine langfristig verläßliche Regelung getroffen, so kann man davon ausgehen, daß dies auch zumindest bis zur Durchführung der Ausgleichsmaßnahmen[709], die spätestens mit Erfolgen des Eingriffs (Bebauung) vorgenommen werden muß[710], der Fall ist. Ist die Gemeinde sich aber der Ver-

---

[704] SCHMIDT-ASSMANN, Gemeinschaftsanlagen, S. 26.

[705] SCHMIDT-ASSMANN, Gemeinschaftsanlagen, S. 26.

[706] SCHMIDT-ASSMANN, Studien zur Umlegung, S. 104; DERS., Gemeinschaftsanlagen, S. 30.

[707] SCHMIDT-ASSMANN, Gemeinschaftsanlagen, S. 30.

[708] SCHMIDT-ASSMANN, Studien zur Umlegung, S. 104; DERS. in: FS für ERNST, S. 367 (379); STEINFORT, VerwArch 1995, S. 107 (135); STEMMLER/ OTTE in: ERNST/ ZINKAHN/ BIELENBERG, BauGB, § 61 Rn. 57.

[709] Von der Durchführung der Ausgleichsmaßnahmen ist die Unterhaltung zu unterscheiden.

[710] Siehe Punkt A. II. 3. f.

läßlichkeit der getroffenen Regelung nicht sicher, muß sie - wenn möglich - zu anderen Mitteln der Flächenbeschaffung greifen.[711]

d. Pflanzgebot, § 178 BauGB

Zur Verwirklichung der Festsetzungen nach § 9 I Nr. 25 BauGB kann die Gemeinde den Eigentümer eines Grundstücks dazu verpflichten, sein Grundstück diesen Festsetzungen entsprechend zu bepflanzen, § 178 BauGB. Da sich für die Festsetzung von Ausgleichsflächen u. a. eine Festsetzung gem. § 9 I Nr. 25 BauGB eignet[712], bietet sich möglicherweise auch für die Verwirklichung der Ausgleichsmaßnahmen ein Pflanzgebot gem. § 178 BauGB an. Dazu müßte eine Bepflanzung zunächst aus städtebaulichen Gründen alsbald erforderlich sein, § 175 II BauGB. Dies ist regelmäßig der Fall, wenn es sich um Bepflanzungen zum Ausgleich von Eingriffen in Natur und Landschaft handelt, denn die Sicherung der Durchführung von Ausgleichsmaßnahmen ist Baugenehmigungsvoraussetzung.[713] Da das Pflanzgebot nach Landesverwaltungsvollstreckungsrecht vollstreckbar ist[714], können die Bepflanzungen notfalls im Wege einer Ersatzvornahme durch die Gemeinde vorgenommen werden, so daß die Durchführung von Ausgleichsmaßnahmen ausreichend gesichert wäre. Damit steht aber noch nicht fest, daß die Anordnung eines Pflanzgebots regelmäßig in Betracht gezogen werden kann, wenn es um die Realisierung von Ausgleichsmaßnahmen geht. Die Gemeinde kann nur dann ein Pflanzgebot erlassen, wenn sie sich im Rahmen des Zwecks der Ermächtigung hält, § 40 VwVfG.[715] Der Zweck der Ermächtigung ist durch Auslegung zu bestimmen[716], wobei hier mit der h. M.[717] als Auslegungsziel die Bestimmung des normativen Gesetzessinns (objektive Theorie)[718] und nicht des gesetzgeberischen Willens (subjektive Theorie)[719] verfolgt werden soll.

---

[711] Ohne diese Einschränkung: SCHMIDT-ASSMANN, Studien zur Umlegung, S. 101 ff.

[712] Punkt A. II. 3. c. aa.

[713] Vgl. Punkt A. II. 1. b., 2.

[714] BIELENBERG in: ERNST/ ZINKAHN/ BIELENBERG, BauGB, § 178 Rn. 3; LEMMEL in: SCHLICHTER/ STICH, Berliner Kommentar, § 178 Rn. 3.

[715] Der Einfachheit halber wird von den Regelungen des BundesVwVfG ausgegangen, die ihre Entsprechung in den Landesverwaltungsverfahrensgesetzen finden.

[716] BVerfGE 8, 274 (307 ff.); KEPPELER, Versagungsermessen, S. 96; ALEXY, JZ 1986, S. 701 (709); MENGER, VerwArch 1973, S. 203 (207).

[717] ENGISCH, Juristisches Denken, S. 111.

[718] So LARENZ/ CANARIS, Methodenlehre, S. 139; ZIPPELIUS, S. 29 ff.; weitere Nachweise bei ENGISCH, Juristisches Denken, S. 111 Fn. 24 und KEPPELER, S. 98.

[719] Nachweise bei HASSOLD, ZZP, S. 192 (193 f.); ENGISCH, Juristisches Denken, S. 110 f.

Die Auslegung ist mit der Ermittlung des Wortsinns zu beginnen.[720] Dieser ergibt bei § 178 BauGB, daß die Realisierung der Festsetzung gem. § 9 I Nr. 25 BauGB durch ein Pflanzgebot möglich ist, also auch die Realisierung der in dieser Form festgesetzten Ausgleichsmaßnahmen. Zieht man den Bedeutungszusammenhang des Gesetzes als Auslegungskriterium hinzu[721], so verdient auch die naturschutzrechtliche Eingriffsregelung bzw. der mit dieser zusammenhängende Normenkomplex im BauGB Beachtung. Die naturschutzrechtliche Eingriffsregelung ist auf dem Verursacherprinzip aufgebaut. Dieses Prinzip ist in § 8 II BNatSchG verankert. Danach hat grundsätzlich der Verursacher des Eingriffs für eine Kompensation zu sorgen. Dieses Verursacherprinzip setzt sich in § 135a BauGB fort. Gem. § 135a I BauGB hat der Vorhabenträger festgesetzte Maßnahmen zum Ausgleich durchzuführen. Obliegt die Durchführung der Ausgleichsmaßnahmen der Gemeinde, so hat der Vorhabenträger die anfallenden Kosten zu tragen, § 135a II 1 HS 2 BauGB. Auch bei der Sicherung der Durchführung von Ausgleichsmaßnahmen auf andere Weise muß daher diesem Prinzip Rechnung getragen werden. So obliegt dem Vorhabenträger auch bei den meisten anderweitigen Sicherungsmöglichkeiten die Durchführung der Ausgleichsmaßnahme - z. B. bei der Sicherung durch Nebenbestimmung zur Baugenehmigung, bei der Zuteilung der Ausgleichsflächen an die Vorhabenträger im Rahmen der Umlegung und auch bei vertraglichen Regelungen mit dem Vorhabenträger. Bei der Abwendungsvereinbarung im Rahmen einer städtebaulichen Entwicklungsmaßnahme führt zwar der Grundstückseigentümer die Ausgleichsmaßnahmen durch, er bekommt die Kosten dafür aber angerechnet, § 169 I Nr. 7 BauGB i. V. m. § 155 I Nr. 2 BauGB bzw. ersetzt, § 169 I Nr. 7 BauGB i. V. m. § 155 VI BauGB. Letztlich muß der Vorhabenträger die Kosten für die Ausgleichsmaßnahmen tragen, wenn er ein Baugrundstück zum Neuordnungswert erwirbt. Wird dem Grundstückseigentümer, der nicht zugleich Vorhabenträger ist, ein Pflanzgebot zur Sicherung der Durchführung von Ausgleichsmaßnahmen aufgegeben, so hat er sowohl die Durchführung vorzunehmen als auch die anfallenden Kosten zu tragen. Eine Entschädigung gem. § 40 II BauGB kommt nicht in Betracht, da durch das Naturschutzrecht geforderte Anpflanzungen im Rahmen der entschädigungsfreien Sozialbindung des Eigentums liegen.[722] Bei einer solchen Verfahrensweise wird dem Verursacherprinzip nicht entsprochen. Da aber bei der Auslegung auf die Einheit der Rechtsordnung geachtet werden muß[723], kann es nicht Zweck des § 178 BauGB sein, Grund-

---

[720] LARENZ/ CANARIS, Methodenlehre, S. 163.

[721] Zu diesem Kriterium: LARENZ/ CANARIS, Methodenlehre, S. 145, 164; ZIPPELIUS, Methodenlehre, S. 64.

[722] Näher dazu: BREUER in: SCHRÖDTER, BauGB, § 41 Rn. 20; BIELENBERG in: ERNST/ ZINKAHN/ BIELENBERG, BauGB, § 41 Rn. 54.

[723] LARENZ/ CANARIS, Methodenlehre, S. 164; ZIPPELIUS, Methodenlehre, S. 59 f.; KEPPELER, Versagungsermessen, S. 107 .

stückseigentümern ein Pflanzgebot zur Sicherung der Durchführung von Ausgleichsmaßnahmen aufzugeben, die nicht auch Vorhabenträger sind. Vielmehr kann ein Pflanzgebot nach dem ermittelten Zweck des § 178 BauGB nur gegenüber dem Vorhabenträger ausgesprochen werden, der auch Eigentümer von Ausgleichsflächen ist.[724]

[724]Undifferenziert zur Möglichkeit der Sicherung der Durchführung von Ausgleichsmaßnahmen durch Pflanzgebot: KRAUTZBERGER in: BATTIS/ KRAUTZBERGER/ LÖHR, BauGB, § 178 Rn. 4; BIELENBERG in: ERNST/ ZINKAHN/ BIELENBERG, BauGB § 178 Rn. 2; STEINFORT, VerwArch 1995, S. 107 (144).

Schlußbetrachtung

Festzuhalten bleibt zum Schluß: Der Gemeinde stehen zwar mehrere Instrumente zur Beschaffung naturschutzrechtlicher Ausgleichsflächen zur Verfügung, ein "Universalinstrument" gibt es jedoch nicht. Vielmehr hängt es von zahlreichen Faktoren des Einzelfalles ab, ob sich ein Instrument zu diesem Zwecke eignet bzw. welches Instrument gewählt werden kann. Aus diesem Grunde lassen sich auch schwerlich geeignete und weniger geeignete Instrumente zur Beschaffung naturschutzrechtlicher Ausgleichsflächen nennen.

Prinzipiell läßt sich jedoch folgendes sagen:

- Basiert die Anwendbarkeit der Flächenbeschaffungsinstrumente auf dem Einverständnis der betroffenen Grundstückseigentümer wie beim freihändigen Erwerb, der freiwilligen Umlegung, der beschränkt persönlichen Dienstbarkeit, der öffentlichen Baulast und dem Übernahmeanspruch, so wird sich die Flächenbeschaffung zumeist als schwierig darstellen, da die betroffenen Grundstückseigentümer häufig selbst kein irgendwie geartetes Interesse an der Durchführung von naturschutzrechtlichen Ausgleichsmaßnahmen haben. In diesen Fällen wird die Erlangung des Einverständnisses zu der betreffenden Maßnahme gegebenenfalls durch Verhandlungsgeschick der Gemeinde zu erlangen sein.
- Auch das Vorkaufsrecht wird mangels Vorkaufsfall seltener zur Anwendung gelangen können.
- Gleiches läßt sich für die Enteignung sagen. Auf Grund des ultima-ratio-Prinzips darf sie immer nur als letztes Mittel eingesetzt werden.
- Eine Flächenbeschaffung (im weiteren Sinne) mit Hilfe von Nebenbestimmungen zur Baugenehmigung und Pflanzgeboten wird dadurch eingeschränkt, daß diese Maßnahmen nur gegenüber Grundstückseigentümern ergriffen werden können, die zugleich Bauvorhabenträger sind.

  Hingegen handelt es sich bei der amtlichen Umlegung um ein Instrument, dessen Anwendungsvoraussetzungen meist gegeben sein werden. Zu achten ist hier nur auf die Lage und Anzahl der in die Umlegung einbezogenen Grundstücke.
- Auf vertraglicher Ebene bieten sich vielfältige Gestaltungsmöglichkeiten, um die Durchführung von Ausgleichsmaßnahmen zu gewährleisten. Obwohl auch der Vertrag auf dem Einvernehmen der Vertragspartner basiert, wird er sich als Flächenbeschaffungsinstrument (im weiteren Sinne) häufig eignen, da die potentiellen Vertragspartner der Gemeinde, wie der Bauvorhabenträger oder ein Investor, regelmäßig selbst ein Interesse an der Durchführung von Ausgleichsmaßnahmen haben.

Trotz oder vielmehr gerade wegen dieser der Gemeinde zur Verfügung stehenden vielfältigen Möglichkeiten ist sie im Einzelfall vor eine schwierige Aufgabe gestellt, die eine genaue Auseinandersetzung mit der Materie, aber auch Verhandlungaufwand und -geschick erfordert. Es bleibt jedoch zu hoffen, daß Anwendungspraxis und -erfahrung der Gemeinden im Laufe der Zeit zu einer zügigen, effizienten und weitgehend unproblematischen Bewältigung der Flächenbeschaffung führen.

Literaturverzeichnis

ACHTERBERG, NORBERT, Der öffentlich-rechtliche Vertrag, JA 1979, S. 356 ff.

ACHTERBERG, NORBERT, Allgemeines Verwaltungsrecht, 2. Auflage, Heidelberg 1986, zit.: Achterberg, Allg. Verwaltungsrecht.

ALEXY, ROBERT, Ermessensfehler, JZ 1986, S. 701 ff.

ALTERNATIVKOMMENTAR zum Grundgesetz für die Bundesrepublik Deutschland, Hrsg.: Rudolf Wassermann, Band 1, 2. Auflage, Neuwied 1989, zit.: Bearbeiter in: Alternativkommentar, GG.

ARGEBAU, Fachkommission "Städtebau", Muster-Einführungserlaß zu Artikel 1, 2, 3, 5, 11 und 13 des Gesetzes zur Erleichterung von Investitionen und der Ausweisung und Bereitstellung von Wohnbauland (Investitionserleichterungs- und Wohnbaulandgesetz) - Vorschriften mit Bezug zum Städtebaurecht - und Mustererlaß zum Maßnahmegesetz zum Baugesetzbuch, Stand: 20. Juni 1993, zit.: ARGEBAU, Muster-Einführungserlaß.

ARGEBAU/ RUNKEL, PETER, Verhältnis von naturschutzrechtlicher Eingriffsregelung und Baurecht in: Kormann, Joachim (Hrsg.), Das neue Bundesbaurecht, UPR-Spezial, Band 6, München 1994, S. 75 ff., zit.: ARGEBAU/ Runkel in: Kormann, Bundesbaurecht.

AX, DOROTHEE, Die städtebauliche Entwicklungsmaßnahme im Überblick, BauR 1996, S. 803 ff.

BATTIS, ULRICH, Eigentumsschutz und Entschädigung, NVwZ 1982, S. 585 ff.

BATTIS, ULRICH/ KRAUTZBERGER, MICHAEL/ LÖHR, ROLF-PETER, Baugesetzbuch, Kommentar, 6. Auflage, München 1998, zit.: Bearbeiter in Battis/ Krautzberger/ Löhr, BauGB.

BAUR, FRITZ, Private Baulandumlegung in: Damrau, Jürgen/ Kraft, Alfons/ Fürst, Walter, Festschrift für Otto Mühl, Stuttgart 1981, S. 71 ff., zit.: Baur in: FS für Mühl.

BAUR, FRITZ/ STÜRNER, ROLF, Lehrbuch des Sachenrechts, 16. Auflage, München 1992, zit.: Baur/ Stürner, Sachenrecht.

BENDER, BERND/ SPARWASSER, REINHARD, Umweltrecht, Grundzüge des öffentlichen Umweltschutzrechts, 2. Auflage, Heidelberg 1990.

BERKEMANN, JÖRG, Rechtliche Instrumente gegenüber Eingriffen in Natur und Landschaft, NuR 1993, S. 97 ff.

BIELENBERG, WALTER, Fortentwicklung des Umlegungsrechts nach dem Bundesbaugesetz, DÖV 1973, S. 21 ff.

BIELENBERG, WALTER/ KOOPMANN, KLAUS-DIETER/ KRAUTZBERGER, MICHAEL, Städtebauförderungsrecht, Band I, Städtebauliche Sanierungs- und Entwicklungsmaßnahmen, Kommentar und Handbuch, München, Stand: Januar 1998, zit.: Bearbeiter in: Bielenberg/ Koopmann/ Krautzberger, Städtebauförderungsrecht.

BIRK, HANS-JÖRG, Die neuen städtebaulichen Verträge, Stuttgart u. a. 1994, zit.: Birk, Städtebauliche Verträge.

BIRK, HANS-JÖRG, Die Kostenerstattung bei naturschutzrechtlichen Eingriffsregelungen unter besonderer Berücksichtigung des Erschließungsbeitragsrechts, VBlBW 1998, S. 81 ff.

BLECKMANN, ALBERT, Verfassungsrechtliche Probleme des Verwaltungsvertrages, NVwZ 1990, S. 601 ff.

BLUME, ECKEHART, Rechtsfragen bei der Umsetzung von Landschaftsplänen, NuR 1989, S. 332 ff.

BLUME, ECKEHART, Das Verhältnis von Baurecht und Naturschutzrecht nach dem Investitionserleichterungs- und Wohnbaulandgesetz, NVwZ 1993, S. 941 ff.

BLUME, ECKEHART, Geltungsbereich des Bebauungsplans und naturschutzrechtliche Kompensation, NVwZ 1994, S. 973 ff.

BREUER, RÜDIGER, Entschädigungsrechtliche Konsequenzen von Eingriffen in die Baufreiheit, DÖV 1978, S. 189 ff.

BREUER, RÜDIGER, Die Bedeutung des § 8 BNatSchG für Planfeststellungen und qualifizierte Genehmigungen nach anderen Fachgesetzen, NuR 1980, S. 89 ff.

BREUER, RÜDIGER, Anmerkung zum Urteil des BVerfG vom 10. 03. 1981, DVBl 1981, S. 971 ff.

BROHM, WINFRIED, Öffentliches Baurecht, München 1997, zit.: Brohm, Baurecht.

BRÜCKNER, RALF, Zur Bereitstellung von Flächen für naturschutzrechtliche Ausgleichs- und Ersatzmaßnahmen in der Baulandumlegung, VR 1995, S. 378 ff.

BRÜGELMANN, HERMANN, Baugesetzbuch, Kommentar, Stuttgart u. a., Stand: Januar 1998, zit.: Bearbeiter in: Brügelmann, BauGB.

VON BRÜNNECK, ALEXANDER, Das Wohl der Allgemeinheit als Voraussetzung der Enteignung, NVwZ 1986, S. 425 ff.

BULL, HANS PETER, Allgemeines Verwaltungsrecht, 5. Auflage, Heidelberg 1997, zit.: Bull, Allg. Verwaltungsrecht.

BULLINGER, MARTIN, Leistungsstörungen beim öffentlich-rechtlichen Vertrag, DÖV 1977, S. 812 ff.

BUNDESVEREINIGUNG DER KOMMUNALEN SPITZENVERBÄNDE, Erläuterungen zur Mustersatzung zur Erhebung von Kostenerstattungsbeiträgen nach § 8a BNatSchG, 20. Oktober 1993, zit.: Bundesvereinigung, Erläuterungen zur Mustersatzung.

BUNZEL, ARNO, Wohin mit den Ausgleichs- und Ersatzmaßnahmen bei der verbindlichen Bauleitplanung?, NVwZ 1994, S. 960 ff.

BUNZEL, ARNO/ COULMAS, DIANA/ METSCHER, WALTER/ SCHMIDT-EICHSTAEDT, GERD, Städtebauliche Verträge, Rechtliche Grundlagen, Hinweise zur Vertragsgestaltung, Regelungsbeispiele und Vertragsmuster, Berlin 1995, zit.: Bunzel/ Coulmas/ Metscher/ Schmidt-Eichstaedt, Städtebauliche Verträge.

BUNZEL, ARNO/ LUNEBACH, JOCHEM, Städtebauliche Entwicklungsmaßnahmen, ein Handbuch, Berlin 1994, zit.: Bunzel/ Lunebach, Entwicklungsmaßnahmen.

BUNZEL, ARNO/ LUNEBACH, JOCHEM, Die neue städtebauliche Entwicklungsmaßnahme, erste Erfahrungen aus der kommunalen Praxis, DÖV 1993, S. 649 ff.

BURMEISTER, JOACHIM H., Der Schutz von Natur und Landschaft vor Zerstörung, Düsseldorf 1988, zit.: Burmeister, Schutz.

BUSSE, JÜRGEN, Kooperatives Recht im Bauplanungsrecht, BayVBl 1994, S. 353 ff.

CHOLEWA, WERNER/ DYONG, HARTMUT/ VON DER HEIDE, HANS-JÜRGEN/ SAILER, WOLFGANG, Baugesetzbuch, Kommentar, 3. Auflage, München 1994, zit.: Cholewa/ Dyong/ v. d. Heide/ Sailer, BauGB.

CZYBULKA, DETLEF, Die Eingriffsregelung im Naturschutzgesetz Baden-Württembergs (§ 11 NatSchGBW), VBlBW 1991, S. 85 ff.

DEGENHART, CHRISTOPH, Der öffentlichrechtliche Abfindungsvergleich, NVwZ 1982, S. 71 ff.

DEGENHART, CHRISTOPH, Möglichkeiten und Grenzen der städtebaulichen Entwicklungsmaßnahme neuen Rechts, DVBl 1994, S. 1041 ff.

DEGENHART, CHRISTOPH, Staatsrecht I, Staatszielbestimmungen, Staatsorgane, Staatsfunktionen, 13. Auflage, Heidelberg 1997, zit.: Degenhart, Staatsrecht I

DEUTSCH, MARKUS, Planungsschadensrecht (§§ 39 ff. BauGB) und Eigentumsgrundrecht (Art. 14 GG), DVBl 1995, S. 546 ff.

DEUTSCHER STÄDTETAG, Baurecht und Naturschutz: Hinweise des Deutschen Städtetages (DST) zur Umsetzung der naturschutzrechtlichen Eingriffsregelung (§ 8a BNatSchG), NVwZ 1995, S. 876 ff.

DIETERICH, HARTMUT, Baulandumlegung, 3. Auflage, München 1996.

DIETERICH, HARTMUT/ LEMMEN, FRANZ-JOSEF, Bewältigung der naturschutzrechtlichen Eingriffsregelung durch Umlegung?, GuG 1991, S. 301 ff.

DIETERICH, HARTMUT/ TEIGEL, MONIKA, Die Bereitstellung der Ausgleichsflächen in gesetzlichen Umlegungsverfahren, Möglichkeiten und Grenzen, in: Forum für Stadtentwicklungs- und Kommunalpraxis, Naturschutzrechtliche Eingriffsregelungen und Kommunale Bauleitplanung - § 8a BNatSchG -, Stuttgart 1996, S. 77 ff., zit.: Dieterich/ Teigel in: Forum für Stadtentwicklungs- und Kommunalpraxis, Eingriffsregelungen.

DI FABIO, UDO, Freiwillige Baulastübernahme und hoheitliche Durchsetzung, BauR 1990, S. 25 ff.

DOLDE, KLAUS-PETER, Städtebauliche Enteignung und planerische Abwägung in: Franßen, Everhardt (Hrsg.), Bürger-Richter-Staat, Festschrift für Horst Sendler, München 1991, S. 225, zit.: Dolde in: FS für Sendler.

DOLDE, KLAUS-PETER, Das Recht der Bauleitplanung 1984/ 85, NJW 1986, S. 815 ff.

DRIEHAUS, HANS-JOACHIM, Erschließungs- und Ausbaubeiträge, 4. Auflage, München 1995, zit.: Driehaus, Erschließungsbeiträge.

DÜRR, HANSJOCHEN, Das Verhältnis des Naturschutzrechts zum Baurecht und Fachplanungsrecht in der Rechtsprechung der Verwaltungsgerichte, UPR 1991, S. 81 ff.

DÜRR, HANSJOCHEN, Die Auswirkungen der §§ 8a-c BNatSchG auf das öffentliche Baurecht, BauR 1994, S. 460 ff.

ECKER, MICHAELA/ ENGEL, RÜDIGER/ SCHÄFER, BÄRBEL, Neue Anforderungen an die Bauleitplanung durch die naturschutzrechtliche Eingriffsregelung nach §§ 8a-c BNatSchG, VBlBW 1994, S. 217 ff.

EFSTRATIOU, PAVLOS-MICHAEL, Die Bestandskraft des öffentlichrechtlichen Vertrags, Berlin 1988, zit.: Efstratiou, Öffentlichrechtlicher Vertrag.

EHRLEIN, MATTHIAS, Die naturschutzrechtliche Eingriffsregelung (§ 8 BNatSchG), VBlBW 1990, S. 121 ff.

EMIG, GÜNTER, Umwandlung von Brache in landwirtschaftlich genutzte Fläche - ein Eingriff in Natur und Landschaft nach § 8 des Bundesnaturschutzgesetzes?, NuR 1988, S. 178 ff.

ENDERLE, MARTIN, Naturschutz und Bauleitplanung im Investitionserleichterungs- und Wohnbaulandgesetz, VerwRundschau 1995, S. 37 ff.

ENGELHARDT, DIETER/ BRENNER, WALTER/ FISCHER-HÜFTLE, PETER, Naturschutzrecht in Bayern, Kommentar, München, Stand: Januar 1997, zit.: Engelhardt/ Brenner/ Fischer-Hüftle, BayNatSchG.

ENGISCH, KARL, Einführung in das juristische Denken, 9. Auflage, Stuttgart 1997, zit.: Engisch, Juristisches Denken.

ERICHSEN, HANS-UWE (Hrsg.), Allgemeines Verwaltungsrecht, 10. Auflage, Berlin 1995, zit.: Bearbeiter in: Erichsen, Verwaltungsrecht.

ERNST, WERNER/ ZINKAHN, WILLY/ BIELENBERG, WALTER, Baugesetzbuch, Kommentar, München, Stand: Juni 1997, zit.: Bearbeiter in: Ernst/ Zinkahn/ Bielenberg, BauGB bzw. BauGBMaßnG.

ERZ, WOLFGANG, Grundsätzliche Probleme der Ausgleichbarkeit von Eingriffen in: Akademie für Naturschutz und Landschaftspflege (Hrsg.), Ausgleichbarkeit von Eingriffen in den Naturhaushalt, Laufener Seminarbeiträge 9/ `83, Laufen/ Salzach 1983, S. 14 ff., zit.: Erz, Seminarbeiträge 9/ `83.

FELDER, WINFRIED, Naturschutzrechtliche Eingriffsregelung im Bauleitplanungsrecht gem. § 8a I 1 BNatSchG, NuR 1994, S. 53 ff.

FELDER, WINFRIED, Naturschutzrechtliche Eingriffsregelung im Bauleitplanungsrecht gemäß § 8a Abs. 1 S. 1 BNatSchG in: Carlsen, Claus (Hrsg.), Naturschutz und Bauen, Schriftenreihe Natur und Recht, Band 2, Berlin/ Wien 1995, S. 41 ff., zit.: Felder in Carlsen, Naturschutz.

FICKERT, HANS CARL, Der Verkehrswegebau im Lichte des neuen Naturschutz- und Landschaftspflegerechts, BayVBl 1978, S. 681 ff.

FINKELNBURG, KLAUS/ ORTLOFF, KARSTEN-MICHAEL, Öffentliches Baurecht, Band I, Bauplanungsrecht, 3. Auflage, München 1995, zit.: Finkelnburg/ Ortloff, Öffentliches Baurecht, Bd. I.

FINKELNBURG, KLAUS/ ORTLOFF, KARSTEN-MICHAEL, Öffentliches Baurecht, Band II, Bauordnungsrecht, Nachbarschutz, Rechtsschutz, 3. Auflage, München 1994, zit.: Finkelnburg/ Ortloff, Öffentliches Baurecht, Bd. II.

FISCHER-HÜFTLE, PETER, Eingriffsregelung und Bauleitplanung (§ 8a BNatSchG), NuR 1996, S. 64 ff.

FÖRSTER, HANS/ GRUNDEI, ALBRECHT H./ STEINHOFF, DIETRICH/ DAGEFÖRDE, HANS-JÜRGEN/ WILKE, DIETER, Bauordnung für Berlin vom 28. Februar 1985, Kommentar mit Rechtsverordnungen und Ausführungsvorschriften, 4. Auflage, Braunschweig 1986, zit.: Förster/ Grundei/ Steinhoff/ Dageförde/ Wilke, BauO Berlin.

FORSTHOFF, ERNST, Lehrbuch des Verwaltungsrechts, Band 1, Allgemeiner Teil, 10. Auflage, München 1973, zit.: Forsthoff, Verwaltungsrecht.

FRIEDLEIN, HERBERT/ WEIDINGER, WILHELM/ GRAß, GÜNTER, Bayerisches Naturschutzgesetz, Kommentar, 2. Auflage, Köln u. a. 1983, zit.: Friedlein/ Weidinger/ Graß, BayNatSchG.

FRIEHE, HEINZ-JOSEF, Die Konkurrentenklage gegen einen öffentlich-rechtlichen Subventionsvertrag, DÖV 1980, S. 673 ff.

FUCHS, GERHARD, Allgemeine Erfahrungen mit der praktischen Handhabung des Ausgleichs von Eingriffen in den Naturhaushalt in: Akademie für Naturschutz und Landschaftspflege (Hrsg.), Ausgleichbarkeit von Eingriffen in den Naturhaushalt, Laufener Seminarbeiträge 9/ `83, Laufen/ Salzach 1983, S. 19 ff., zit.: Fuchs, Seminarbeiträge 9/ `83.

GAENTZSCH, GÜNTER, Die naturschutzrechtliche Eingriffsregelung, NuR 1986, S. 89 ff.

GAENTZSCH, GÜNTER, Bauleitplanung und Baugenehmigungspraxis unter den Anforderungen des Naturschutzes und der Umweltverträglichkeit, NuR 1990, S. 1 ff.

GARBE, THORSTEN, Die naturschutzrechtliche Eingriffsregelung und ihre Bedeutung im Bauplanungsrecht, Berlin 1996, zit.: Garbe, Eingriffsregelung.

GASSNER, ERICH, Eingriffe in Natur und Landschaft, ihre Regelung und ihr Ausgleich nach § 8 BNatSchG, NuR 1984, S. 81 ff.

GASSNER, ERICH, Naturschutz im neuen Baugesetzbuch, UPR 1987, S. 249 ff.

GASSNER, ERICH, Zur Verwirklichung des Integritätsinteresses in der naturschutzrechtlichen Eingriffsregelung, NuR 1988, S. 67 ff.

GASSNER, ERICH, Naturschutzrechtliche Eingriffsregelung im Bauleitplanungsrecht, NuR 1993, S. 252 ff.

GASSNER, ERICH, Das Recht der Landschaft, Radebeul 1995.

GIEHL, FRIEDRICH, Verwaltungsverfahrensrecht in Bayern, Kommentar zum BayVwVfG und zum BayVwZVG, München, Stand: Juli 1997, zit.: Giehl, BayVwVfG.

GÖLDNER, DETLEF, Gesetzmäßigkeit und Vertragsfreiheit im Verwaltungsrecht, JZ 1976, S. 352 ff.

GRABIS, HANS/ KAUTHER, HELMUT/ RABE, KLAUS/ STEINFORT, FRANK, Bau- und Planungsrecht, 3. Auflage, Berlin u. a. 1992, zit.: Grabis/ Kauther/ Rabe/ Steinfort, Bau- u. PlanungsR.

GRAMLICH, LUDWIG, Realförderung privater Schulen und eigentumsrechtliche Bestandsgarantie, NVwZ 1990, S. 32 ff.

GREIVING, STEFAN, Eingriffsregelung und Bauleitplanung, Kommunale Planungspraxis und Handlungsempfehlungen, Dortmund 1995, zit.: Greiving, Eingriffsregelung.

GRUBER, MEINHARD, Die Kostenerstattungsbetragssatzung nach § 8a BNatSchG, BayVBl 1995, S. 420 ff.

GRZIWOTZ, HERBERT, Zur "Doppelsicherung" baurechtlicher Genehmigungsvoraussetzungen (Baulast, Dienstbarkeit), BauR 1990, S. 20 ff.

GRZIWOTZ, HERBERT, Baulanderschließung, München 1993.

HAASE, GÜNTHER, Die Landesbauordnungen, 2. Auflage, Wiesbaden/ Berlin 1971.

HABER, WOLFGANG/ LANG, RUTH/ JESSEL, BEATE/ SPANDAU, LUTZ/ KÖPPEL, JOHANN/ SCHALLER, JÖRG, Entwicklung von Methoden zur Beurteilung von Eingriffen nach § 8 BNatSchG, Baden-Baden 1993, zit.: Haber/ Lang/ Jessel/ Spandau/ Köppel/ Schaller, Beurteilung von Eingriffen.

HASSOLD, GERHARD, Wille des Gesetzgebers oder objektiver Sinn des Gesetzes - subjektive oder objektive Theorie der Gesetzesauslegung, ZZP 94 (1981), S. 192 ff.

HECKER, LOTHAR, Baulandumlegung und Naturschutz, Lösungsansätze für die naturschutzrechtliche Eingriffsregelung, VR 1994, S. 73 ff.

HILGERS, HANS, Nochmals: Fehler und Fehlerfolgen bei der Baulasteintragung - zugleich ein Beitrag zur Rechtsnatur der Baulast, NJW 1988, S. 1366 ff.

HILL, HERMANN, Das hoheitliche Moment im Verwaltungsrecht der Gegenwart, DVBl 1989, S. 321 ff.

HIMMELMANN, STEFFEN/ POHL, ANDREAS/ TÜNNESEN-HARMES, CHRISTIAN, Handbuch des Umweltrechts, München, Stand: Februar 1996, zit.: Bearbeiter in: Himmelmann/ Pohl/ Tünnesen-Harmes, Umweltrecht.

HOPPE, WERNER/ BECKMANN, MARTIN, Umweltrecht, München 1989.

HOPPE, WERNER/ GROTEFELS, SUSAN, Öffentliches Baurecht, 1. Auflage, München 1995, zit.: Hoppe/ Grotefels, Öff. Baurecht.

HOPPENBERG, MICHAEL, Handbuch des öffentlichen Baurechts, München, Stand: Juli 1997, zit.: Bearbeiter in: Hoppenberg, Öffentliches Baurecht.

HUBER, PETER-MICHAEL, Allgemeines Verwaltungsrecht, 2. Auflage, Heidelberg 1997, zit.: Huber, Allg. Verwaltungsrecht.

JÄDE, HENNING, Neue Aspekte städtebaulicher Verträge, BayVBl 1992, S. 549 ff.

JANNASCH, ALEXANDER, Bauleitplanung und naturschutzrechtlicher Eingriff, DÖV 1994, S. 950 ff.

KAULE, GISELHER, Ökologische Gesichtspunkte bei der Abgrenzung der Reichweite der Eingriffe nach Raum und Zeit in: Akademie für Naturschutz und Landschaftspflege (Hrsg.), Ausgleichbarkeit von Eingriffen in den Naturhaushalt, Laufener Seminarbeiträge 9/'83, Laufen/ Salzach 1983, S. 24 ff., zit.: Kaule, Seminarbeiträge 9/'83.

KEMPEN, BERNHARD, Der Eingriff des Staates in das Eigentum, Köln u. a. 1991, zit.: Kempen, Eingriff des Staates in das Eigentum.

KEPPELER, JÜRGEN, Die Grenzen des behördlichen Versagungsermessens unter besonderer Berücksichtigung des Zwecks der Ermächtigung, Konstanz 1989, zit.: Keppeler, Versagungsermessen.

KESSLER, RONALD/ KORTMANN, KLAUS-JÜRGEN, Die Vertragsstrafe im öffentlichrechtlichen Vertrag, DVBl 1977, S. 690 ff.

KETTELER, GERD/ KIPPELS, KURT, Umweltrecht, Köln u. a. 1988.

KLEIBER, WOLFGANG/ SIMON, JÜRGEN/ WEYERS, GUSTAV, WertV ' 88, Wertermittlungsverordnung 1988, Praxisnahe Erläuterungen zur Ermittlung der Verkehrswerte von Grundstücken nach neuem Recht, Köln 1989, zit.: Kleiber/ Simon/ Weyers, WertV ' 88.

KLINGE, WERNER, Zum Stand der Diskussion über die naturschutzrechtliche Eingriffsregelung in der Bauleitplanung, BauR 1995, S. 289 ff.

KLOEPFER, MICHAEL, Umweltrecht, München 1989.

KLUTH, WINFRIED/ NEUHÄUSER, EVA JULIA, Der Anspruch auf Baulasteintragung, NVwZ 1996, S. 738 ff.

KNACK, HANS-JOACHIM, Verwaltungsverfahrensgesetz (VwVfG), Kommentar, 5. Auflage, Köln u. a. 1996, zit.: Bearbeiter in: Knack, VwVfG.

KOCH, HANS-JOACHIM, Der Baurechtskompromiß im Meinungsstreit in: Ramsauer, Ulrich (Hrsg.), Die naturschutzrechtliche Eingriffsregelung, Baden-Baden 1995, S. 9 ff., zit.: Koch in: Ramsauer, Eingriffsregelung.

KOLODZIEJCOK, KARL-GÜNTHER/ RECKEN, JOSEF, Naturschutz, Landschaftspflege und einschlägige Regelungen des Jagd- und Forstrechts, Berlin, Stand: Juli 1996, zit.: Kolodziejcok/ Recken, Naturschutz.

KOLODZIEJCOK, KARL-GÜNTHER, Die naturschutzrechtliche Eingriffs- und Ausgleichsregelung, ihre Zielsetzungen und Systematik, NuR 1992, S. 309 ff.

KOPP, FERDINAND O., Verwaltungsverfahrensgesetz, 6. Auflage, München 1996, zit.: Kopp, VwVfG.

KOWALSKI, ANDRÉ, Zur Unterwerfung des Bürgers unter die sofortige Vollstreckung eines öffentlichrechtlichen Vertrages, § 61 I VwVfG, NVwZ 1992, S. 351 ff.

KRAFT, INGO, System der Klassifizierung eigentumsrelevanter Regelungen, BayVBl 1994, S. 97 ff.

KRAUTZBERGER, MICHAEL, Das Investitionserleichterungs- und Wohnbaulandgesetz, NVwZ 1993, S. 520 ff.

KRAUTZBERGER, MICHAEL, Ziele und Voraussetzungen städtebaulicher Entwicklungsmaßnahmen, WiVerw 1993, S. 85 ff.

KRAUTZBERGER, MICHAEL, Naturschutzrechtliche Eingriffsregelung und Städtebaurecht, Zur Neuregelung im Bau- und Raumordnungsgesetz 1998, NuR 1998, S. 455 ff.

KRAWIETZ, WERNER, Die Baulast als Rechtsinstitut, DVBl 1973, S. 605 ff.

KROHN, GÜNTER, Das Planungsschadensrecht im Spannungsfeld zwischen Inhaltsbestimmung des Eigentums und Enteignung in: Berkemann, Jörg/ Gaentzsch, Gunter/ Halama, Günter/ Heeren, Helga/ Hien, Eckart/ Lemmel, Hans-Peter (Hrsg.), Planung und Plankontrolle, Festschrift für Otto Schlichter, Köln u. a. 1995, S. 439 ff., zit.: Krohn in: FS für Schlichter.

KROHN, GÜNTER/ LÖWISCH, GOTTFRIED, Eigentumsgarantie, Enteignung, Entschädigung, 3. Auflage, Köln 1984, zit.: Krohn/ Löwisch, Eigentumsgarantie.

KUCHLER, FERDINAND, Naturschutzrechtliche Eingriffsregelung und Bauplanungsrecht, Berlin 1989, zit.: Kuchler, Eingriffsregelung.

KUCHLER, FERDINAND, Die Rechtsfolgen der naturschutzrechtlichen Eingriffsregelung, NuR 1991, S. 465 ff.

KUCHLER, FERDINAND, Naturschutzrechtliche Ausgleichsabgaben und Geldleistungspflichten, NuR 1994, S. 209 ff.

KUCHLER, FERDINAND, Der Bebauungsplan mit geteiltem Geltungsbereich, LKV 1994, S. 101 ff.

KUNIG, PHILIP, Verträge und Absprachen zwischen Verwaltung und Privaten, DVBl 1992, S. 1193 ff.

KUSCHNERUS, ULRICH, Eingriffe in Natur und Landschaft und ihre Bewältigung in der Praxis in: Carlsen, Claus (Hrsg.), Naturschutz und Bauen, Eingriffe in Natur und Landschaft und ihr Ausgleich, insbesondere in der Bauleitplanung, Schriftenreihe Natur und Recht, Band 2, Berlin/ Wien 1995, S. 11 ff., zit.: Kuschnerus in: Carlsen, Naturschutz.

LABBÉ, WALTER, Baugesetzbuch und Art. 14 GG, AnwBl 1989, S. 530 ff.

LANDESREGIERUNG NIEDERSACHSEN, Verhältnis der naturschutzrechtlichen Eingriffsregelung zum Baurecht, gemeinsamer Runderlaß des Sozialministeriums und des Umweltministeriums vom 20. 04. 1995, Nds. Ministerialblatt 1995, S. 671 ff., zit.: Runderlaß Niedersachsen.

LARENZ, KARL/ CANARIS, CLAUS-WILHELM, Methodenlehre der Rechtswissenschaft, 3. Auflage, Berlin u. a. 1995, zit.: Larenz/ Canaris, Methodenlehre.

LEGE, JOACHIM, Enteignung als Güterbeschaffungsvorgang. Folgt der BGH dem BVerfG? Und bleibt dieses sich treu?, NJW 1993, S. 2565 ff.

LEGE, JOACHIM, Zwangskontrakt und Güterdefinition, Zur Klärung der Begriffe "Enteignung" und "Inhalts- und Schrankenbestimmung des Eigentums", Berlin 1995, zit.: Lege, Zwangskontrakt.

LEISNER, WALTER, Städtebauliche Entwicklungsmaßnahmen und Eigentum Privater, NVwZ 1993, S. 935 ff.

LEMMEN, FRANZ-JOSEF, Bauland durch städtebauliche Entwicklungsmaßnahmen, Köln 1993, zit.: Lemmen, Entwicklungsmaßnahmen.

LETZNER, REINER, Kompensationsflächen nach § 8 BNatSchG in der Umlegung, GuG 1995, S. 206 ff.

LÖHR, ROLF-PETER, Der geteilte Himmel über Städtebauern und Naturschützern, LKV 1994, S. 324 ff.

LOHRE, KARL-WERNER, Fehler und Fehlerfolgen bei der Baulasteintragung, NJW 1987, S. 877 ff.

LOUIS, HANS-WALTER, Naturschutz und Baurecht, Zur Bedeutung der §§ 8a und c BNatSchG für die Berücksichtigung der Belange des Naturschutzrechts im Baurecht, ZUR 1993, S. 146 ff.

LOUIS, HANS-WALTER, Die Abwägung der Belange von Naturschutz und Landschaftpflege in der Bauleitplanung auf der Grundlage des § 1 Abs. 5 Nr. 7 BauGB und des § 8a Abs. 1 BNatSchG, DÖV 1994, S. 903 ff.

LOUIS, HANS-WALTER, Die Festsetzung von Ausgleichs- und Ersatzmaßnahmen sowie die Zuordnung zu bestimmten Flächen (§ 8a I 2, 4 BNatSchG) in: Ramsauer, Ulrich (Hrsg.), Die naturschutzrechtliche Eingriffsregelung, Baden-Baden, 1995, S. 113 ff., zit.: Louis in: Ramsauer, Eingriffsregelung.

LOUIS, HANS-WALTER, Das Verhältnis zwischen Baurecht und Naturschutz unter Berücksichtigung der Neuregelung durch das BauROG, NuR 1998, S. 113 ff.

LOUIS, HANS-WALTER/ KLATT, GÜNTER, Anforderungen des Naturschutzrechts an die Bauleitplanung und deren Vollzugsakte, NuR 1987, S. 347 ff.

LÜBBE-WOLFF, GERTRUDE (Hrsg.), Umweltschutz durch kommunales Satzungsrecht, Berlin 1993, zit.: Bearbeiter in: Lübbe-Wolff, Umweltschutz.

LÜERS, HARTWIG, Bauland tut not, Zum Bericht der Bund-Länder-Kommission Wohnbauland, BBauBl 1991, S. 646 ff.

LÜERS, HARTWIG, Investitionserleichterungs- und Wohnbaulandgesetz, LKV 1993, S. 185 ff.

MAINCZYK, LORENZ, Baugesetzbuch, Kommentar, 2. Auflage, Stuttgart 1994, zit.: Mainczyk, BauGB.

MAINCZYK, LORENZ, Bundeskleingartengesetz, Praktiker-Kommentar, 6. Auflage, München 1994, zit.: Mainczyk, BkleingG.

VON MANGOLDT, HERMANN/ KLEIN, FRIEDRICH, Das Bonner Grundgesetz, Berlin/ Frankfurt 1966, zit.: v. Mangoldt/ Klein, GG.

MAURER, HARTMUT, Der Verwaltungsvertrag - Probleme und Möglichkeiten, DVBl 1989, S. 798 ff.

MAURER, HARTMUT, Allgemeines Verwaltungsrecht, 11. Auflage, München 1997, zit.: Maurer, Allg. Verwaltungsrecht.

MENGER, CHRISTIAN-FRIEDRICH, Zum Koppelungsverbot bei öffentlich-rechtlichen Verträgen, VerwArch 1973, S. 203 ff.

MEYER, HANS/ BORGS-MACIEJEWSKI, HERMANN, Verwaltungsverfahrensgesetz, Kommentar, 2. Auflage, Frankfurt 1982, zit.: Bearbeiter in: Meyer/ Borgs, VwVfG.

MITSCHANG, STEPHAN, Die Belange von Natur und Landschaft in der kommunalen Bauleitplanung, Rechtsgrundlagen, Planungserfordernisse, Darstellungs- und Festsetzungsmöglichkeiten, 2. Auflage, Berlin 1996, zit.: Mitschang, Belange von Natur und Landschaft.

MITSCHANG, STEPHAN, Stellungnahme der Begleitforschung zum Modellvorhaben "Bremer Industriepark", erarbeitet im Auftrag der Bundesrepublik Deutschland, vertreten durch das Bundesministerium für Raumordnung, Bauwesen und Städtebau, dieses vertreten durch die Bundesanstalt für Landeskunde und Raumordnung, Bonn, Kaiserslautern 1996, zit.: Mitschang, "Bremer Industriepark".

VON MÜNCH, INGO/ KUNIG, PHILIP (Hrsg.), Grundgesetz-Kommentar, Band 1, 4. Auflage, München 1992, zit.: Bearbeiter in: v. Münch/ Kunig, GG.

MÜNCHENER KOMMENTAR zum Bürgerlichen Gesetzbuch, Band 2, Schuldrecht, Allgemeiner Teil, §§ 241-432, Hrsg.: Kurt Rebmann, Franz-Jürgen Säcker, 3. Auflage, München 1994, Band 5, Schuldrecht, Besonderer Teil III, §§ 705-853, PartGG, ProdHaftG, Hrsg.: Kurt Rebmann, Franz Jürgen Säcker, Roland Rixecker, 3. Auflage, München 1997, Band 6, Sachenrecht, WEG, ErbbauVO, SachenRBerG, SchuldRÄndG, Hrsg.: Kurt Rebmann, Franz-Jürgen Säcker, Roland Rixecker, 3. Auflage, München 1997, zit.: Bearbeiter in: MüKo, BGB.

NEUHAUSEN, KARL-HEINZ, Die reaktivierte Entwicklungsmaßnahme, DÖV 1991, S. 146 ff.

NEUMANN, FRANZ L./ NIPPERDEY, HANS CARL/ SCHEUNER, ULRICH (HRSG.), Die Grundrechte, Handbuch der Theorie und Praxis der Grundrechte, Bd. 2, Berlin 1954, zit.: Bearbeiter in: Neumann/ Nipperdey/ Scheuner, Grundrechte.

NÜßGENS, KARL/ BOUJONG, KARLHEINZ, Eigentum, Sozialbindung, Enteignung, München 1987, zit.: Nüßgens/ Boujong, Eigentum.

NUMBERGER, ULRICH, Rechtsprobleme der Baulandumlegung, BayVBl 1988, S. 737 ff.

OBERMAYER, KLAUS, Leistungsstörungen beim öffentlich-rechtlichen Vertrag, BayVBl 1977, S. 546 ff.

OBERMAYER, KLAUS, Kommentar zum Verwaltungsverfahrensgesetz, Hrsg.: Dirk Ehlers, Christoph Link, 2. Auflage, Neuwied/ Frankfurt a. M. 1990, zit.: Obermayer, VwVfG.

OERDER, MICHAEL, Praktische Probleme der Städtebaulichen Verträge nach § 11 BauGB, BauR 1998, S. 22 ff.

OLDIGES, MARTIN, Rechtsfragen zur Bedeutung der naturschutzrechtlichen Eingriffsregelung in der Bauleitplanung, Rechtsgutachten erstattet im Auftrag des Bundesministeriums für Raumordnung, Bauwesen und Städtebau, Bonn 1996, zit.: Oldiges, Eingriffsregelung.

OTTE, EGGERT, Fortentwicklung des Bodenrechts, DÖV 1995, S. 802 ff.

PAETOW, STEFAN, Die gerichtliche Überprüfbarkeit der Entscheidung über die Zulassung von Eingriffen in Natur und Landschaft, NuR 1986, S. 144 ff.

PALANDT, OTTO, Bürgerliches Gesetzbuch, 56. Auflage, München 1997, zit.: Bearbeiter in: Palandt, BGB.

PAPIER, HANS-JÜRGEN, Eigentumsgarantie des Grundgesetzes im Wandel, Heidelberg 1984, zit.: Papier, Eigentumsgarantie.

PAPIER, HANS-JÜRGEN, Anmerkung zum Urteil des BVerfG vom 24. 03. 1987, JZ 1987, S. 619 ff.

PEINE, FRANZ-JOSEPH, Die Bedeutung des § 8a I 1 BNatSchG für die Bauleitplanung in: Ramsauer, Ulrich (Hrsg.), Die naturschutzrechtliche Eingriffsregelung, Baden-Baden 1995, S. 39 ff., zit.: Peine in: Ramsauer, Eingriffsregelung.

PETERS, HEINZ-JOACHIM, Umweltverwaltungsrecht, 2. Auflage, Heidelberg 1996

PIELOW, LUDGER, Verursacherhaftung nach dem Bundesnaturschutzgesetz. Eine Einführung in die Problematik, NuR 1979, S. 15 ff.

PIELOW, LUDGER, Ist die Eingriffsregelung nach § 8 BNatSchG ein Papiertiger?, NuR 1987, S. 165 ff.

PIEROTH, BODO/ SCHLINK, BERNHARD, Grundrechte, Staatsrecht II, 13. Auflage, Heidelberg 1997, zit.: Pieroth/ Schlink, Grundrechte.

PIETZCKER, JOST, Die Rechtsfigur des Grundrechtsverzichts, Der Staat 1978, S. 527 ff.

PREISLER-HOLL, LUISE/ AMMERMANN, KATHRIN/ BÖHME, CHRISTA/ HENKEL, MICHAEL J./ MEYER, ULRIKE, Planerische Vorsorge für Ausgleich und Ersatz in Bauleitplänen, Berlin 1996, zit.: Preisler-Holl/ Ammermann/ Böhme/ Henkel/ Meyer, Planerische Vorsorge.

QUAAS, MICHAEL, Städtebauliche Verträge zur Umsetzung der naturschutzrechtlichen Eingriffsregelung, NVwZ 1995, S. 840 ff.

REINHARDT, WILFRIED, Baulandumlegung in den neuen Bundesländern, GuG 1993, S. 289 ff.

REINHARDT, WILFRIED, Die Baulandumlegung im Spannungsfeld zwischen der Bauleitplanung und der Landespflege, Lösungsvorschläge, VR 1994, S. 88 ff.

REINHARDT, WILFRIED, Die Eigentumsverhältnisse und die Realisierung des Bebauungsplans als Bestandteile der Abwägung im Rahmen des Aufstellungsverfahrens, DÖV 1995, S. 21 ff.

RICHARZ, HANS/ STEINFORT, FRANK, Erschließung in der kommunalen Praxis, Bonn 1994, zit.: Richarz/ Steinfort, Erschließung.

RITTSTIEG, HELMUT, Grundgesetz und Eigentum, NJW 1982, S. 721 ff.

RÖSGEN, PETER, Rechtliche Zulässigkeit der Bodenbehandlung mit stickstoffhaltigen Düngemitteln, Agrarrecht 1983, S. 141 ff.

RONELLENFITSCH, MICHAEL, Eingriffe in Natur und Landschaft bei der wasserwirtschaftlichen Planfeststellung, VerwArch 1986, S. 177 ff.

RONELLENFITSCH, MICHAEL, Rechts- und Verwaltungsaspekte der naturschutzrechtlichen Eingriffsregelungen, NuR 1986, S. 284 ff.

RUNKEL, PETER, Naturschutz- und Landschaftsrecht bei der Bauleitplanung, DVBl 1992, S. 1402 ff.

RUNKEL, PETER, Das Verhältnis der naturschutzrechtlichen Eingriffsregelung zum Baurecht nach dem Investitionserleichterungs- und Wohnbaulandgesetz, UPR 1993, S. 203 ff.

RUNKEL, PETER, Die naturschutzrechtliche Eingriffsregelung in der Bauleitplanung, NVwZ 1993, S. 1136 ff.

RUNKEL, PETER, Naturschutz und Baurecht, Verhältnis der naturschutzrechtlichen Eingriffsregelung zum Baurecht - §§ 8a bis 8c BNatSchG, BBauBl 1994, S. 19 ff. und 172 ff.

SALZWEDEL, JÜRGEN, Grundzüge des Umweltrechts, Berlin 1982, zit.: Bearbeiter in: Salzwedel, Umweltrecht.

SANDMANN, HANS-JOACHIM, Zur Bewältigung der naturschutzrechtlichen Eingriffs- und Ausgleichsregelung in Bebauungsplänen und in der Baulandumlegung, GuG 1995, S. 1 ff.

SAUTER, HELMUT, Landesbauordnung für Baden-Württemberg, Kommentar, Band 1, 3. Auflage, Stuttgart u. a. 1995, Stand: Oktober 1997, zit.: Sauter, LBauOBW.

SCHENKE, WOLF-RÜDIGER, Der rechtswidrige Verwaltungsvertrag nach dem Verwaltungsverfahrensgesetz, JuS 1977, S. 281 ff.

SCHERZBERG, ARNO, Grundfragen des verwaltungsrechtlichen Vertrages, JuS 1992, S. 205 ff.

SCHIMPF, CHRISTIAN, Der verwaltungsrechtliche Vertrag unter besonderer Berücksichtigung seiner Rechtswidrigkeit, Berlin 1982, zit.: Schimpf, Verwaltungsrechtl. Vertrag.

SCHINK, ALEXANDER, Die Eingriffsregelung im Naturschutz- und Landschaftsrecht, DVBl 1992, S. 1390 ff.

SCHINK, ALEXANDER, Der Baurechtskompromiß, Zur Neuregelung des Verhältnisses der naturschutzrechtlichen Eingriffsregelung zum Bauplanungsrecht durch das Investitionserleichterungs- und Wohnbaulandgesetz, NuR 1993, S. 365 ff.

SCHINK, ALEXANDER, Die Durchführung von Ersatzmaßnahmen nach § 8a III BNatSchG und die Kostenverteilung nach Abs. 4 in: Ramsauer, Ulrich (Hrsg.), Die naturschutzrechtliche Eingriffsregelung, Baden-Baden 1995, S. 124 ff., zit.: Schink in: Ramsauer, Eingriffsregelung.

SCHINK, ALEXANDER, Die Durchführung von Ersatzmaßnahmen nach § 8a III BNatSchG und die Kostenverteilung nach Abs. 4 in: Carlsen, Claus (Hrsg.), Naturschutz und Bauen, Eingriffe in Natur und Landschaft und ihr Ausgleich, insbesondere in der Bauleitplanung, Schriftenreihe Natur und Recht, Band 2, Berlin/ Wien 1995, S. 67 ff., zit.: Schink in: Carlsen, Naturschutz.

SCHLICHTER, OTTO/ STICH, RUDOLF, Berliner Kommentar zum Baugesetzbuch, 2. Auflage, Köln u. a. 1995, zit.: Bearbeiter in: Schlichter/ Stich, Berliner Kommentar.

SCHMIDT, JÖRG, Die Bedeutung der naturschutzrechtlichen Eingriffsregelung für die Aufstellung von Bebauungsplänen, UPR 1992, S. 361 ff.

SCHMIDT, JÖRG, Die Neuregelung des Verhältnisses zwischen Baurecht und Naturschutz, NVwZ 1998, S. 337 ff.

SCHMIDBAUER, WILHELM, Enteignung zugunsten Privater, Berlin 1989, zit.: Schmidbauer, Enteignung.

SCHMIDT-ASSMANN, EBERHARD, Grundfragen des Städtebaurechts, Göttingen 1972, zit.: Schmidt-Aßmann, Städtebaurecht.

SCHMIDT-ASSMANN, EBERHARD, Übernahmeansprüche im Enteignungsrecht, BauR 1976, S. 145 ff.

SCHMIDT-ASSMANN, EBERHARD, Die Grundsätze des Naturschutzes und der Landschaftspflege, NuR 1979, S. 1 ff.

SCHMIDT-ASSMANN, EBERHARD, Regelung von Gemeinschaftsrechtsverhältnissen für Gemeinschaftsanlagen im Rahmen der Bebauungsplanung, Forschungsprojekt BMBau RS II 4-704102-78. 48 (1979) im Auftrag des Bundesministers für Raumordnung, Bauwesen und Städtebau, Bonn 1979, zit.: Schmidt-Aßmann, Gemeinschaftsanlagen.

SCHMIDT-ASSMANN, EBERHARD, Gemeinschaftsanlagen und Gemeinschaftsrechtsverhältnisse im Städtebau in: Westermann, Harry/ Menger, Christian-Friedrich/ Bielenberg, Walter/ Hoppe, Werner/ Schmidt-Aßmann, Eberhard/ David, Carl-Heinz (Hrsg.), Raumplanung und Eigentumsordnung, Festschrift für Werner Ernst, München 1980, S. 367 ff., zit.: Schmidt-Aßmann in: FS für Ernst.

SCHMIDT-ASSMANN, EBERHARD, Zur Verfassungsmäßigkeit der erweiterten Umlegung, rechtsgutachtliche Stellungnahme zu den §§ 79a-d des Regierungsentwurfs eines Gesetzes zur Erleichterung der Bereitstellung von Bauland (Bundesrats-Dr. 232/ 81), Heidelberg 1981, zit.: Schmidt-Aßmann, Erweiterte Umlegung.

SCHMIDT-ASSMANN, EBERHARD, Die eigentumsrechtlichen Grundlagen der Umlegung, DVBl 1982, S. 152 ff.

SCHMIDT-ASSMANN, EBERHARD, Formen der Enteignung (Art. 14 III GG), JuS 1986, S. 833 ff.

SCHMIDT-ASSMANN, EBERHARD, Bemerkungen zum Boxberg-Urteil des BVerfG, NJW 1987, S. 1587 ff.

SCHMIDT-ASSMANN, EBERHARD, Studien zum Recht der städtebaulichen Umlegung, Eigentumsgarantie, naturschutzrechtliche Eingriffsregelung und Flächenbeiträge, Berlin 1996, zit.: Schmidt-Aßmann, Studien zur Umlegung.

SCHMIDT-ASSMANN, EBERHARD/ KREBS, WALTER, Rechtsfragen städtebaulicher Verträge, Vertragstypen und Vertragsrechtslehren, 2. Auflage, Berlin u. a. 1992, zit.: Schmidt-Aßmann/ Krebs, Städtebauliche Verträge.

SCHMIDT-EICHSTAEDT, GERD, Inhalt und Grenzen der Rechtspflicht zu Ausgleichs- und Ersatzmaßnahmen im Zusammenhang mit der Errichtung baulicher Anlagen, DVBl 1994, S. 1165 ff.

SCHRÖDTER, HANS, Baugesetzbuch, Kommentar, 5. Auflage, München 1992, zit.: Bearbeiter in: Schrödter, BauGB.

SCHROETER, HANS-WOLFGANG, Die Bedeutung des Bundesnaturschutzgesetzes für die fernstraßenrechtliche Planung, DVBl 1979, S. 14 ff.

SCHULTE, HANS, Die Tragweite der naturschutzrechtlichen Eingriffsregelung für das Grundeigentum, VerwArch 1986, S. 372 ff.

SCHWERDTFEGER, GUNTHER, Öffentliches Recht in der Fallbearbeitung, 9. Auflage, München 1993, zit.: Schwerdtfeger, Öffentliches Recht.

SEELE, WALTER, Zur bodenpolitischen Bedeutung der Landumlegung - insbesondere im Hinblick auf eine Weiterentwicklung der Umlegung nach dem Bundesbaugesetz, VR 1982, S. 353 ff.

SEITZ, JOCHEN, Planungshoheit und Grundeigentum, Die verfassungsrechtlichen Schranken der städtebaulichen Entwicklungsmaßnahme, Frankfurt u. a. 1999, zit.: Seitz, Planungshoheit und Grundeigentum.

SENDLER, HORST, Die Bedeutung des Abwägungsgebots in § 1 Abs. 6 BauGB für die Berücksichtigung der Belange des Umweltschutzes in der Bauleitplanung, UPR 1995, S. 41 ff.

SICHTERMANN, SIEGFRIED/ HENNINGS, DOROTHEE, Bedeutung und Behandlung der Eintragungen in Abt. II des Grundbuches, 11. Auflage, Stuttgart 1988, zit.: Sichtermann/ Hennings, Eintragungen im Grundbuch.

STAHR, GEROLD, Bodenordnung und naturschutzrechtlicher Eingriff, VR 1995, S. 129 ff.

STAUDINGER, Kommentar zum Bürgerlichen Gesetzbuch, 2. Buch, Recht der Schuldverhältnisse, §§ 328-361, 13. Bearbeitung, Berlin 1995, §§ 765-778, 13. Bearbeitung, Berlin 1997, zit.: Bearbeiter in: Staudinger, BGB.

STEINER, UDO, Besonderes Verwaltungsrecht, 5. Auflage, Heidelberg 1995, zit.: Bearbeiter in: Steiner, Bes. Verwaltungsrecht.

STEINER, UDO, Grünanlagen als vorwegausscheidungsfähige Flächen im Umlegungsrecht, NVwZ 1995, S. 12 ff.

STEINFORT, FRANK, Naturschutz und Städtebau ein unlösbarer Konflikt?, Der Städtetag 1993, S. 10 ff.

STEINFORT, FRANK, Die Umsetzung der naturschutzrechtlichen Eingriffsregelung, VerwArch 1995, S. 107 ff.

STELKENS, PAUL/ BONK, HEINZ-JOACHIM/ SACHS, MICHAEL, Verwaltungsverfahrensgesetz, Kommentar, 4. Auflage, München 1993, zit.: Bearbeiter in Stelkens/ Bonk/ Sachs, VwVfG.

STICH, RUDOLF, Notwendigkeit und Inhalt der Umweltverträglichkeit (UVP) für die kommunale Bauleitplanung, UPR 1989, S. 166 ff.

STICH, RUDOLF, Naturschutzrechtliche Eingriffs- und Ausgleichsregelungen und ihre Auswirkungen auf die gemeindliche Bauleitplanung und die Umlegung in Bebauungsplangebieten, GuG 1992, S. 301 ff.

STICH, RUDOLF, Die Aufgaben der Gemeinden zur Durchführung förmlicher städtebaulicher Entwicklungsmaßnahmen, WiVerw 1993, S. 104 ff.

STICH, RUDOLF, Verträge zwischen Gemeinden und privaten Vorhabenträgern nach dem neuen Bundesbaurecht in: Kormann, Joachim (Hrsg.), Das neue Bundesbaurecht, UPR-Spezial, Band 6, München 1994, S. 9 ff., zit.: Stich in: Kormann, Bundesbaurecht.

STICH, RUDOLF, Rechtsprobleme bei der Umsetzung der Forderungen des Umweltschutzes nach § 1a BauGB 1998 in die städtebaulichen Planungen und bei deren Vollzug, UPR 1998, S. 121 ff.

STOLLMANN, FRANK, Zum Verhältnis von Eingriffstatbestand und Landwirtschaftsklausel im Naturschutzrecht, DVBl 1993, S. 643 ff.

STOLLMANN, FRANK, Zur Neuregelung des Verhältnisses von naturschutzrechtlicher Eingriffsregelung und Bauleitplanung, VerwRundschau 1993, S. 339 ff.

STOLLMANN, FRANK, Zur praktischen Umsetzung des "Baurechtskompromisses", UPR 1994, S. 170 ff.

TESMER, WILHELM, Das "Stuttgarter Modell" zur Durchführung freiwilliger Bodenordnungen, ZfV 1971, S. 161 ff.

THIEL, FRITZ/ RÖßLER, HANS-GÜNTER/ SCHUMACHER, WILHELM, Baurecht in Nordrhein-Westfalen, Kommentar und Vorschriftensammlung, Band 2, Köln u. a. 1994, Stand: September 1997, zit.: Thiel/ Rößler/ Schumacher, BauR in NRW.

TIDICK, FRANK-UWE, Die dauerhafte Sicherung der Zweckbestimmung von Flächen für Ausgleichs- und Ersatzmaßnahmen in: Ramsauer, Ulrich (Hrsg.), Die naturschutzrechtliche Eingriffsregelung, Baden-Baden 1994/ 95, S. 161 ff., zit.: Tidick in: Ramsauer, Eingriffsregelung.

UEBERSOHN, GERHARD, Die Implementation der naturschutzrechtlichen Eingriffsregelung, NuR 1989, S. 114 ff.

ULE, CARL HERMANN/ LAUBINGER, HANS-WERNER, Verwaltungsverfahrensrecht, 4. Auflage, Köln u. a. 1995, zit.: Ule/ Laubinger, VwVfG.

UMWELTBUNDESAMT (HRSG.), Naturschutzrechtliche Eingriffsregelung und Städtebau, Dokumentation des Expertengesprächs zur praktischen Umsetzung der §§ 8a-8c BNatSchG vom 07. bis 08. März 1994 im Ernst-Reuter-Haus in Berlin von: Michael Josef Henkel, Arno Bunzel, Ulrike Meyer, Luise Priesler-Holl, Robert Sander, Berlin 1994, zit.: Teilnehmer in: Umweltbundesamt, Eingriffsregelung.

VONDUNG, ROLF R., Die freiwillige Umlegung, Tatsächliche und rechtliche Grundlagen mit einem Überblick über die historische Entwicklung der Umlegung, Filderstadt 1986, zit.: Vondung, Freiwillige Umlegung.

WOLFF, HANS J./ BACHOF, OTTO/ STOBER, ROLF, Verwaltungsrecht I, 10. Auflage, München 1994.

ZABEL, HANS-JOACHIM, Naturschutzrecht und Umlegung, DÖV 1995, S. 725 ff.

ZIPPELIUS, REINHOLD, Einführung in die juristische Methodenlehre, 3. Auflage, München 1980, zit.: Zippelius, Methodenlehre.

Sachverzeichnis

Kölner Schriften zu Recht und Staat

Herausgegeben von Hartmut Schiedermair

Printed by
CPI books GmbH, Leck

FSC
www.fsc.org
MIX
Papier | Fördert
gute Waldnutzung
FSC® C083411

Kolibri 360 GmbH
Ferdinand-Jühlke-Straße 7
99095 Erfurt, Deutschland
produktsicherheit@kolibri360.de